给教师一件"新武器"
——教育诊疗

王晓春 著

中国轻工业出版社

图书在版编目（CIP）数据

给教师一件"新武器"：教育诊疗/王晓春著. —北京：中国轻工业出版社，2009.10（2023.8重印）

ISBN 978-7-5019-7013-1

Ⅰ. 给… Ⅱ. 王… Ⅲ. 中小学－教育方法 Ⅳ. G632.0

中国版本图书馆CIP数据核字（2009）第110165号

保留所有权利。非经中国轻工业出版社"万千教育"书面授权，任何人不得以任何方式（包括但不限于电子、机械、手工或其他尚未被发明或应用的技术手段）复印、拍照、扫描、录音、朗读、存储、发表本书中任何部分或本书全部内容（包括但不限于光盘、音频、视频等）。中国轻工业出版社"万千教育"未授权任何机构提供源自本书内容的电子文件阅览、收听或下载服务。如有此类非法行为，查实必究。

责任编辑：吴　红

策划编辑：吴　红　　　　责任终审：杜文勇

责任校对：刘志颖　　　　责任监印：吴维斌

出版发行：中国轻工业出版社（北京东长安街6号，邮编：100740）

印　　刷：三河市鑫金马印装有限公司

经　　销：各地新华书店

版　　次：2023年8月第1版第7次印刷

开　　本：740×1050　1/16　印张：14.25　彩插：2

字　　数：162千字

印　　数：16000—18000

书　　号：ISBN 978-7-5019-7013-1　定价：26.00元

读者热线：010-65181109，65262933

发行电话：010-85119832　传真：010-85113293

网　　址：http://www.chlip.com.cn　http://www.wqedu.com

电子信箱：1012305542@qq.com

如发现图书残缺请拨打读者热线联系调换

90384J6X101ZBW

前言

我们的教育,多的是行政色彩(官本位)、宣传鼓动色彩(把教育当活动搞)、教化色彩(教育者像道学先生)、文艺色彩(煽情表演),缺少的是科学精神和科学态度。

然而"科学"这个词,上上下下,大家嘴里可没少说。学校还不时参加一些教育科研课题什么的,"做科研型教师"的口号喊得也挺响。不过您只要深入了解一下就会发现,在大多数校长、教师的心目中,所谓教育"科学",似乎就是把教育行为量化、精细化、模式化、固定化、冷冻化。总之,只要一谈科学,几乎就等于死板和机械,等于冷冰冰。科学的名声就这样被败坏了,像假冒伪劣产品毁坏名牌产品的声誉一样。

什么是科学精神?什么是科学态度?那就是实事求是,就是透过现象看本质,就是寻找事物的客观规律,就是具体情况具体分析,就是合乎逻辑的思考,就是任何观点都需要论证,不能信口开河。

这样看来,在我们周围的实际教育活动中,反科学的东西要远远多于科学的东西。我们的教育是相当主观的。我们常常并不了解甚至根本不想了解教育对象,就在那里想当然地"塑造"他们,一旦碰了钉子,就大呼"不可思议",埋怨学生"不接受"我们的教育。这不禁使人想起一个笑话。说有一位医生医术极差,人们责备他,他辩解道:"我明明是按医书开的方子,可是病人偏不按书上说的那样得病,我有什么办法!"我并不是说教师应该跟在学生后面做尾巴,教育是有既定目标的，但是我们要引导学生达到教育目标，起码应该首先了解他们的实际情况。究竟是我们的主观想法应该符合客观实际，还是客观实际应该屈就我们的主观愿望，这是科学与反科学的根本区别。

我们的教育还有一个明显的缺点：严重缺乏创造性。

如果剥去流行的新潮口号的外衣，实地观察教师的具体教育行为，你会发现，大部分（甚至绝大部分）教师还在用他们老师的老师的老师的办法教育学生，无论是教育理念还是具体招数，都没有什么变化。新瓶装的皆是旧酒。让你眼花缭乱的，只是不断改换的包装。

教育者真实的创造性体现在哪里？

这是我多年来经常思考的一个问题。

教育是一门缺乏原创性的科学。这主要并不是因为教育家们智商低，而是因为教育本质上缺乏自然科学那样严格的独立性，它的边界比较模糊，而且它（尤其是基础教育）的侧重点是传递、传承某种东西，而不是创造新的东西。这就注定了教育有某种"寄生性"，它必须不断从其他各类学科中汲取营养来丰富发展自己；这也注定了它有某种程度的"滞后性"，教育总是跟在哲学、心理学、人类学、伦理学、社会学、文学、管理学等的后面，随着其他学科的更新而变化。教育无法领导科学潮流。从来都是哲学出现了新学派，心理学出现了新学派，文学出现了新流派，教育才会出现新的流派。教育的新流派几乎总是其他学科新学派在教育界的回声。

如此说来，教育者岂不注定了根本就没有创新的机遇了吗？教育岂不是与创造性无缘了吗？

这正是问题的关键。

教育绝对需要创造性，但教育的创造性是另一种创造性，是消化吸收融会贯通式的创造性，要的是把各种学科的智慧都"拿来"为教育（提高学生素质）服务，要的是综合的理解能力和实践能力。

教育者应该是最典型的"拿来主义"者，是消化能力最强的人，是特别善于整合各种知识的人，是具备自己稳定视角的"杂家"。

其他学科的产品是知识，而教育的产品是人。教育学是一门研究如何影响人、培养人的学问。

哲学告诉我们人的本质是什么，心理学告诉我们人们的心灵是怎样的，人类学告诉我们人怎样变成某种人，社会学告诉我们人与人的关系，文学告诉我们人们在怎样生活，伦理学告诉我们人应该怎样做人……它们给我们提供了各种思想资料和思路。没有这些学科做基础，教育就不可能有深度。你连什么是人都没搞清楚，如何教育人？

但是，所有这些科学，都没有直接告诉我们现代学校应该如何教育孩子，如何使孩子社会化。而这，就是教育科学的任务。教育者的创造性，就体现在这个地方。这是一种用教育者的眼光吸收一切知识、加以整合与改造的本领，是一种很高级的创造性。

所以，教育者最忌讳的是两件事：封闭和照搬。

教育只要一封闭，必然枯萎。因为教育本身缺乏原创性，离开了其他学科的"输入"和滋养，教育就成了无源之水、无本之木；教师就会变成重复机械动作的"教育技工""教育护士"。

然而学习其他学科的时候，又必须消化，绝不能生吞活剥，绝不能卖弄"学术性"。你吃了牛肉，不能脸上长出牛肉疙瘩来。你必须学习心理学，但是当你作为教育者的时候，你应该用教育者的语言而不是心理学家的语言说话；你必须学习文学，但是当你作为语文教师谈论文学的时候，应该主要用语文教师的语言，而不是文学批评家的语言；你必须学习管理学，但你不能变成老板；你必须学习伦理学，但你不可变成道学先生……一切都应该是经过消化的，都应该用教育的语言而不是照搬别人的学术语言来表达。

向一切人学习，同时永远坚持自己教育者的主体立场，绝不盲目跟着任何人跑，这才是真正的教育者。而教育者的创造性就表现在，什么东西到了我这里，我都能创造性地让它为教育服务。

教育者应该是学习欲望最强烈的人，同时又是消化能力最强的人。我对自己的期望，就是努力做这样的人。

所以，在专业方面，我有两大爱好，一是读书写笔记，二是分析具体的教育教学问题，前者是和理论握手，后者是与实践拥抱。我真的希望自己是理论与实践之间的一座"桥"。"做桥"的感觉很爽。

本书就是本着这种精神，提出建立学生心灵档案和进行教育诊疗的概念的。

我借鉴的主要是心理学，特别是荣格和阿德勒的理论。我的目的是给教师一种"新武器"，以补救常用武器之不足。更重要的是，我希望通过教育诊疗方法的运用，涵养教师的科学精神和科学的思维方式，增加教育的科学色彩。

我用早期记忆分析、词语联想等方式诊断学生问题已经多年了。今年1月份，我邀请马东杰（重点中学初中教师）、张薇（普通中学初中教师）、赵琳（小学教师）组成了一个民间的课题研究小组（后来又增加了小学的李铜老师），提出了建立"心灵档案"的构想。这几位老师就在他们所在学校的有关班级建立了心灵档案。其中有初二两个班，初一一个班，小学四年级三个班，小学五年级一个班。然后我们就分别自选题目，进行研究，写出文章。不久，出版社找我来约稿，于是我决定把初步研究成果先编成一集出版，同时继续进行研究。我们认为这只是个开始。把心灵档案用于教育诊疗，到底能做哪些事，能起多大作用，有何利弊，我们只认识到目前的程度，应该是很初步的。为了有利于讨论，我在书中把我收集到的对"心灵档案"的质疑意见都一一进行了讨论。

本书分上、下篇两大部分。上篇是概括介绍教育诊疗技术与"心灵档案"，下篇是运用"心灵档案"进行教育诊疗的案例。下篇又分三个小部分：第一部分是对个体学生诊疗的案例，第二部分是对学生群体进行诊疗的案例，第三部分是教师自我诊疗的案例。上篇完全是我写的，下篇主要是我写的，也收集了四位老师的初步研究成果（我做了点评），还有我与网友讨论的案例。

阅读本书，上、下篇先看哪一部分都可以，喜欢案例的读者，可以先看下篇。

欢迎批评指正。如果您对我有所指教，请到下列网站提出您的意见：

1.王晓春交流平台：

http://sq.k12.com.cn/discuz/thread-238166-1-1.html

2.王晓春教育教学随笔：

http://blog.cersp.com/index/1125889.jspx

3.王晓春专栏：

http://www.teacherclub.com.cn/tresearch/wrindex.jsp?cid=00001&wrid=WR_768552

王晓春

2009年4月16日

目 录

上篇　教育诊疗技术与"心灵档案" 1

一、教师为什么需要教育诊疗技术？ 2

　　(一) 教育的四种思路 2

　　(二) "因材施教"为何如此困难？ 4

　　(三) 给教师一件"新武器"——教育诊疗 7

　　　1.假设——面对症状，能估计几种可能的病症及原因 8

　　　2.验证——知道通过什么手段和途径验证这些假设 9

　　　3.诊断——用排除法等，初步锁定问题的类型和程度 9

　　　4.处方——根据学生、教师、家长多方具体情况制定干预措施 10

二、心灵档案的建立与解读技巧 11

　　(一) 画心中的果树 (检测手段之一) 11

　　　1.适用对象 11

　　　2.做法 11

　　　3.解读参考 11

　　(二) 画全家福 (检测手段之二) 14

　　　1.适用对象 14

　　　2.做法 14

　　　3.解读参考 14

(三)画"五项图"(检测手段之三) 19

    1.什么是"五项图"? 19

    2.适用对象 19

    3.做法 19

    4.解读参考 19

(四)回忆早期记忆(检测手段之四) 25

    1.什么是早期记忆? 25

    2.早期记忆为什么重要? 26

    3.早期记忆分析对教师有什么用处? 27

    4.适用对象 32

    5.早期记忆的采集 32

    6.早期记忆的解读 32

(五)词语联想(检测手段之五) 42

    1.什么是词语联想? 42

    2.词语联想的适用对象 42

    3.词语联想检测的操作 43

    4.分析词语联想有何用处? 43

    5.词语联想的解读 61

(六)检测失真的补救措施 69

    1.涂鸦 70

    2.音乐联想 70

    3.自选属相 70

    4.电视评论 70

    5.释梦 70

三、怎样使用"心灵档案" 72

  (一)班集体建设方面 72

    1.确定班干部之前,可以查查心灵档案 72

    2.如果班级不稳定,可以通过早期记忆确定基本群众 72

3. 如果班级不团结，可以通过"心灵档案"了解小群体的发育态势 73
4. 了解学生特长 73
5. 了解班风 73

(二) 学习方面 74
1. 学生学习成绩明显上升或下降，"心灵档案"可以帮助教师找到原因 74
2. 了解学生智力类型（指导学习方法） 74
3. 了解偏科生 75
4. 了解学生的职业倾向 75

(三) 问题生诊疗 76
1. 问题生的发现 76
2. 问题生的诊疗 77
3. 预防突发事件 77

(四) 家校协调 77
了解学生家庭情况，增加家校协作的针对性 77

(五) 教师了解自我 78
了解教师个性与班风是否协调 78

四、对"心灵档案"的质疑 79
1. "如果早期记忆这些东西能锁定学生的个性甚至未来，教育
   还有什么作用？这不成了'教师工作无用论'了吗？" 79
2. "这是不是'遗传决定论'？" 81
3. "王老师谈教育总是拿教师与医生相比较，我认为教育学和医学不同。" .. 82
4. "王老师过于理性了。如果没有诗情画意，教育还有什么魅力？" 83
5. "这些检测手段，能保证准吗？错了怎么办？" 85
6. "这种心灵档案会不会导致教师把学生看死了？会不会毁掉
   学生的自信？" 86
7. "本来教师就够累的了，还搞什么心灵档案，这不是增加教师
   的负担吗？" 86
8. "教育诊疗是专家的事情，我们一线教师没必要学这个。" 87

9."心灵档案会不会暴露学生隐私？" 88

下篇 使用"心灵档案"诊疗的案例 91

一、个体诊疗的案例 92

他适合当班长吗？ 92
这个好学生令人担忧 95
不合时宜的笑声 99
一个"做梦族" 103
她为什么总爱忘事？ 109
他为什么爱动手打人？ 115
我对一个超常生的认识过程 119
一个有考试焦虑症的孩子 129
这个女孩是不是同性恋？ 136

二、群体诊疗的案例 145

学生的学习成绩能预报吗？ 145
低分生与高分生词语联想的差别 158
为什么这几个学生数学成绩领先？ 163
上课小动作多，能从早期记忆中看出来吗？ 171
"必然"的友谊 179

三、教师自我诊疗的案例 183

每个教师都应该调查一下自己的"心理装置" 183
我的早期记忆 188
在分析他人的同时分析自我 195
转变的不只是学生 197
在课题研究中成长 201
为"破碎瓶子"老师解梦 205

附 录 运用早期记忆分析的方法解读《从百草园到三味书屋》 209

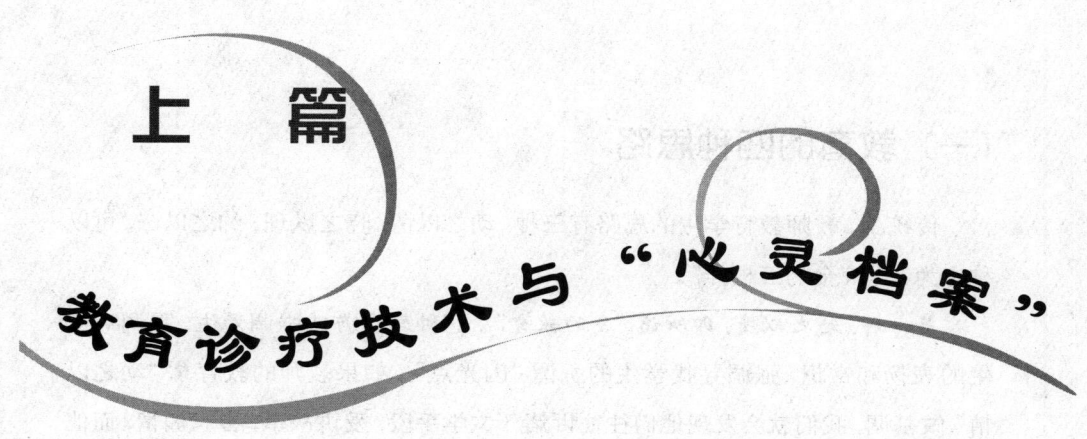

上 篇

教育诊疗技术与"心灵档案"

一、教师为什么需要教育诊疗技术？

（一）教育的四种思路

传统上，教师教育学生的思路有三种：动之以情，晓之以理，约之以法。可以称之为"程咬金的三板斧"。

第一种，动之以情，即所谓"爱的教育"。这种教育方式强调爱生，强调对学生的表扬和赏识，强调寻找学生的所谓"闪光点"。如果教师的教育拿"动之以情"做基调，我们就会发现他们往往诉诸于文学手段，爱讲故事，喜欢煽情，而他们的形象，就比较像校园里的妈妈、鼓动家、节目主持人或者演员。

这种教育思路有时有效，有时无效。然而很少有人认真研究此种教育思路对什么样的学生有效，对什么样的学生无效。而且因为"爱"是一个好听的流行词，人们不忍心说它的坏话，于是就出现了对"爱"的无节制的歌颂，甚至迷信。就好像在"文革"中，只要你讴歌工人、贫下中农，那就一路畅通，唱的调子越高，证明你觉悟越高。如今教育界也有类似的流行病，好像哪位老师"爱生"的调子唱得越高，就证明他越有师德似的。其实这不一定。铁的事实是，对于某些孩子，教师靠"爱"是无法解决他们的问题的。教育理论和经验告诉我们，侧重爱的教育，只对那些情感缺失、情感饥渴的学生教育效果明显，而这种学生并不多。于是你就明白了：很多老师瞄准了某个学生爱呀爱呀，最终仍不见效果，其实是很正常的。这种学生并不缺少爱，因此一味"加爱"无法解决问题。这和种庄稼的道理一样，如果土壤并不干旱，你还要浇水，那绝不会增产，弄不好还会把庄稼淹死了。遇到这种失败，你寒心没有用，埋怨学生不接受你的爱更是可笑，这是你自己的思路错了。你以为爱能解决一切问题，这个理论假设是错误的。

第二种，晓之以理，即所谓"说教"。这是最古老的教育方式了，孔子的主要教育方式就是如此,可以算是"认知疗法"。这种教育方式寄希望于教师"口吐真言"。你会发现这种老师嘴特别勤快,他们特别强调是非之辨、美丑之分、香臭之别,事事都要诉诸于道德。这种老师板起面孔训学生或者语重心长地教诲学生的时候,怎么看怎么像道德堂的道学先生或者牧师。

这种教育思路的理论假设是,学生之所以出毛病,只是由于不明理,他糊涂,一旦你给他说明白,他豁然开朗,他幡然醒悟,就一切都解决了。这个理论假设也是错误的。事实上很多学生完全明白道理,讲起来甚至比家长、老师还高明,或者他早就把老师的说教背得滚瓜烂熟了。那他为什么不照办呢?他可能另有一套价值观,你讲的他并不认同,也可能他缺乏足够的意志力控制自己的行为,也可能他的问题根本就是习惯问题、心理问题而不是道德问题。遇到这些情况,"晓之以理"的教育思路就会大触霉头,老师们称之为"明知故犯""屡教不改"。既然他"明知",你怎么还幻想在"知"的方面突破呢?明知走不通的路还要走,这不也是"明知故犯"吗?所以我们一定要记住:"晓之以理"的办法绝不是万能的,它只对那些确实一时糊涂,一说就能明白,明白以后就能控制自己行为的学生有作用,也就是说,认知疗法只能解决认知问题。

第三种,约之以法,即所谓"管"。这种老师的口头禅是"没有规矩,不成方圆"。他们热衷于制定各种条条框框,然后检查评比,表扬做得好的,批评惩罚做得不好的,迷信"严格"。校长们对此事往往比教师更积极。这种教育思路强调服从,强调秩序,注重外表的一致性,这是一种管理思路,很容易导致形式主义。所谓"养成教育",也基本上是这种思路。采用这种思路教育学生的教师,与其说他们像教育者,不如说他们更像一个"官员",或者一个企业经理。总之,他们给学生的第一印象是个"上司",一个"管人的人"。

这种教育思路的理论基础是所谓行为主义。行为主义认为所谓教育就是规范和训练人的行为,管住人的行为,就促进了人的发展,而只要有适当的规范和赏罚措施,就一定能控制学生的行为。大家都知道,行为主义早就是落后的理论了,它把教育降低成了表面的外部行为训练,忽视学生的心灵。迷信行为主义的教师往往把工厂、企业、公司、军队的一套管理成年人的措施迁移到学校,他们忘了学生是未成年人,你无法炒孩子鱿鱼,无法关孩子禁闭、送军法处。而且事实上约之以法的办法往往遭到学生顽强的抵抗。一旦管也管不住，罚也罚不怕，教师就束手无策了。科学和经验告诉我们，约之以法的办法，只对那些有规则意识，有法制观念，有一定的自控能力或者胆小、不敢乱说乱动的孩子有效，超出这个范围的孩子，你光靠管就只能失败。

上述三种教育思路有两个共同点：一，都是教育者自我中心，从教育者的主观愿望出发而不从学生的实际情况出发；二，都有迷信性质，夸大某种思路的作用，以为某种办法能解决一切学生的问题。虽然如此，我们得承认，这三种思路都有存在的价值，不但现在有价值，今后也有价值。它们确实能解决很多问题，只不过老师们现在用起来比较盲目。现在老师们对这几种思路往往是轮番使用。比如某学生，我管他不听，我就给他讲道理，再不听，我就使劲爱他，动之以情。再不成我又回过头来严管。如果他进步了，我就瞎高兴一番，写一篇工作总结。其实我并没搞清楚到底这三斧子哪一斧子砍中了他。下次遇到一个问题生，我就再把三柄斧子轮番挥舞一遍。恐怕这就是很多教师教育行为的真实写照。

为了弥补上述三种思路的不足，我们提出第四种教育思路：**因人施教，对症下药，即教育诊疗**。这种思路是科学的、研究型的、开放的，它并不排斥常规的"动之以情、晓之以理、约之以法"的教育方式，而是力图减少常规方式的盲目性，同时对常规方式不能解决的问题予以探究，而不是回避。这种思路竭力避免教育者自我中心，它从学生的客观实际出发，而且不认为某种方法能解决一切问题，主张对一个个学生、一个个班级首先进行"心灵体检、诊断"，然后根据情况采取不同的教育方式。其中用上述"动之以情，晓之以理，约之以法"解决不了的学生，则尝试用类似心理治疗的方式解决。采用这种方式工作的时候，教师的角色更像一位研究人员、科学家。

（二）"因材施教"为何如此困难？

因材施教的教育思想很伟大，很正确，但极容易落空。在我国，因材施教的教育思想已经有上千年的历史了，然而真能做到的并不多，今日之教育在这一点上也并没有多大进步，甚至还退步了，我们学校里盛行的是与因材施教恰恰相反的做法——"一刀切"。

为什么因材施教就这么难呢？

你去问老师，他马上就会告诉你："一个班这么多学生，哪有条件因材施教？"听起来很有道理。可是你若去看看那些"小班教学"（一个班30多人、20多人），差不多也还是那种教法，甚至那些所谓"一对一"的辅导，也不过是听众减少到只剩一个而已。最有趣的是，你若观察教师怎样教育自己的独生子女，你会发现，他的教育，也往往没有顾及孩子的个性。人数这么少，怎么还是不能因材施教？所以，用学生人数多来解释无法因材施教，说服力是很差的，这其实只是个借口而已，把自己给骗了。

因材施教如此困难，有更重要的原因。以我之愚见，其原因主要是两个：一是缺乏正确的理念，二是缺乏必要的专业技术。

你别看大家口头上都赞成因材施教，实际上从教育主管部门领导、校长到教师，大家内心深处信奉的却都是类似行为主义的教育哲学。行为主义的代表人物华生（美国心理学家）有一句名言："给我一打健康的婴儿，如果让我在由我所控制的环境中培养他们，不论他们的前辈的才能、爱好、倾向、能力、职业和种族情况如何，我保证能把其中任何一个人训练成我选定的任何一种专家：医生、律师、艺术家、富商，甚至乞丐和盗贼。"我们的教师不常常说学生是"一张白纸"吗？这意思和华生一样，就是说，学生成什么人，取决于我怎样塑造他。显然，这是教育万能论。既然教育是万能的，我还有什么必要"因材施教"？我管你什么材！我让你成什么才你就成什么。因材施教的前提是承认学生有一个客观存在的、不以教育者主观意志为转移的"材"，正像"因地制宜"的前提是承认有那么一个客观存在的"地方"一样。教育者一般是不愿承认这个东西的，因为教育万能的思想把一切功劳归于教育，能满足教师的职业荣誉感（包括虚荣心），而且采用这种假设方便统一管理，省脑筋。可惜科学研究的成果在不断打破这种主观主义。孩子从生下来就是不同的，长到6岁，个性的框架就差不多已经形成，认为学生是一张白纸，误差非常之大。但要纠正这种根深蒂固的习惯性思维，我们得准备做艰苦的工作。要说服教师和家长，使他们心服口服地承认一个古老的真理："物之不齐，物之情也。"当然，其间一定会有人指责这是在提倡"遗传决定论"。我们确实要小心陷入"遗传决定论",但是在教育界,"遗传决定论"很难成为主要危险,因为"遗传决定论"贬低教育的作用,教师本能地就会抵制。倒是打着反对"遗传决定论"的旗号张扬"教育万能论",在教育界更有市场。据我观察,多数教师只是在自己的教育行为严重受挫时才会对"教育万能论"提出质疑,但不久就"好了伤疤忘了疼",面有喜色地听你夸大教育的威力了。

我们再说因材施教难以实行的第二个原因。即使教师真的转变了观念,从灵魂深处承认学生个性有差别,能力有大小,也往往无法真正做到因材施教。为什么?因为他缺乏一套"诊断"的专业技术,无法识别和判定哪个学生属于什么"材"。这种专业技术,据我所知,师范院校是不讲的,教师培训也不讲,校长们也不提,于是因材施教与否就全靠教师个人的经验和悟性了。国外这方面的研究有不少,比如早期记忆和梦的研究,性格"内向外向"的区别,智商的测定,多元智能理论等等。这些东西都是企图发现一个人与另一个人、一类人与另一类人的差别。确实,找出差别才谈得到因材施教和对症下药。比如很多老师都认为学生上课爱发言是优点,不爱发言是缺点,遇到某学生成绩甚佳却不爱发言,往往以之为憾事。其实从因材施教的角度看,不爱发言只能算是特点,不能轻易说成是缺点。很多寡言的人思想并不肤浅,他们可能是把哇啦哇啦说话的时间用来思考了。这有什么不好?非让他们发言,尤其是为图课堂热闹让他们做低质量的发言,对他们可能反而是一种伤害。

所以,研究和普及个性诊断的专业知识,乃是当务之急。有一个小学生,攻击性很强,经常打同学。我询问了一下他的早期记忆。他说,他印象最深的是小时候和小伙伴抓虫子,抓住一只捏死一只,心中很快乐。我对他的班主任说:"你看这个孩子,他能从杀生中得到快乐,这是他的一种个性,早期记忆往往能反映一个人性格的本质方面。这种孩子,你光对他讲打人不对,讲应该团结友爱,是很难解决问题的,你应该想办法让他参加一些带有攻击性而又无害的游戏,或者让他在网上去杀生,或者让他参与灭鼠活动,释放他的攻击性,满足他的攻击欲,这样才可能减少其攻击性。"后来这位班主任告诉我,他们几个老师考察了几个班的攻击性最强的学生的早期记忆,竟然发现这些孩子早期记忆中都有攻击性内容。这就可见,有些攻击性与个性有关,单单从道德角度加以谴责,算不上因材施教，对症下药。再比如，有些孩子天生的性紧张现象比别人严重，这种学生你骂他"流氓"是没有用的，你得想办法，或转移、或安全释放、或升华他的性紧张。再比如，有些高分生成绩下降是必然的，因为他的领先本来就是暂时的，遇到这种情况，责备他不够刻苦，给他家长打电话告状，就是十分错误和有害的，他需要的是安慰，需要的是重新认识自我，找到适合自己的道路。

前些日子我在一个教师培训班上讲这个道理，一位老师质疑道："您这不是把学生看死了，给他贴标签吗？"非也。我不是把他看死了，而是竭力把他看清楚一些。看清楚以后采取的措施，其实是对学生最有利的。否则，你抱着盲目的期望，想迫使学生做他实际上做不到的事情，只能把事情搞得不可收拾。不是有些高分生突然变成厌学生甚至问题生吗？赶着鸭子上架，鸭子上不去，崩溃了。当然，这种个性诊断技术也有可能被歪曲、被简单化、粗俗化，搞成一些标签，胡乱往学生身上贴，就像有些教师动辄说学生有"多动症"一样。出这种毛病并不是因为专业知识太多了，而是因为专业知识太肤浅了，他并不会诊断。

我和我的团队目前进行的研究，就是要深入了解每个学生的个性，给每人建立一个"心灵档案"（如同一个"心灵体检表"）。也就是说，我们一定要摸清每个学生究竟是什么"材"，然后再决定如何因他的"材"而施教。这是无法回避的工作。我们再也不能蒙在鼓里教书了，再也不能主观地塑造学生了。目前我们采用的主要方法是进行几项心理测验，比如画心中的果树、画全家福、画"五项图"、回忆早期记忆、词语联想等。这些测验办法其实很容易掌握，困难在于解读。解读如果过分，会造成新的盲目，解读如果变成教条，会真的成为标签，但你又不能说解读没有规律可循。这是很艰难的工作，但是总要有人做。我们愿意尽自己的一份力量，使因材施教的口号能够落实一些，不至使其成为可望不可即的事情，一直停留在口头上。

（三）给教师一件"新武器"——教育诊疗

病人问医生："我肚子疼怎么办？"医生是不会立刻回答的，他知道肚子疼可能源于多种疾病，在没诊断之前，无法开药方。从这地方就能看出专业人员和非专业人员的区别了。非专业人员，难免提出一些傻问题。

可是，我们的教师在讨论学生问题的时候，却常有这样的提问。比如说："学生早恋怎么办？""学生上课不听讲怎么办？"或者他把学生早恋之镜头、不听讲的情况绘声绘色地描述一番，然后就问："怎么办？"

我和老师们讨论这些问题时，十个老师有九个是这样。而他们介绍自己的成功经验时也是这样，先把学生原来如何如何捣乱描述一番，然后就说我采取了什么什么措施（比如爱他，赏识他），然后这个学生就"变好了"。老师们总是毫不犹豫地从问题直接跳到采取措施，拒绝诊断！

这就奇了怪了。没有诊断环节，你的药方是怎么开出来的呢？早恋有十好几种，不注意听讲的原因至少也有十种以上，你没有调查研究，对策从何而来？

恐怕只能这样解释：他的对策不是研究情况后得出的，而是事先准备好的习惯性做法。习惯性的批评，习惯性的表扬，习惯性的惩罚，习惯性的给家长打电话……为什么我们听优秀教师介绍教育经验言之凿凿，用到自己的班里就不灵了呢？其中一个重要原因是：可能该经验的介绍者自己就是撞上的，他能撞上，你就不一定有这运气了。其实他自己也未必总是这样运气好。我从来没听到哪位班主任介绍经验时说过某种教育方法他一共用过多少次，成功了多少次，失败了多少次，成功率是多少。大家都在那儿拣好听的说。我们的班主任工作科学性究竟如何，于此可见一斑。

如果一位医生这样治病：你说肚子疼，话音未落，他就把药交到你手里了，恐怕你会吓得马上逃之夭夭，心里想：我碰上卖野药的了。同样的道理，遇到学生的问题不分青红皂白就"动之以情、晓之以理"，岂不说明教师太缺乏专业素养了吗？

然而说来遗憾，多年来我们的班主任工作情况差不多就是如此。我们缺的正是专业性的"因人施教，对症下药"。

下面我们把诊断需要的专业知识简单介绍一下。

1.假设——面对症状，能估计几种可能的病症及原因

医生都是这样。你说肚子疼，他就知道可能有哪些病，然后他先假定其中一两种，做进一步诊断。同样，教师也应该具备这样的知识，比如他应该知道学生

早恋大致有多少种类型。一旦有个学生早恋,他就可以初步做出假定,这个学生属于哪种类型,或者是哪几种类型的综合征。没有这个假设,教师就无法进一步思考。所以,这种假设正如科学家提出的假说一样,是研究的入口。

2. 验证——知道通过什么手段和途径验证这些假设

有了假设以后,他应该知道用什么方法验证这些假设。比如医生,他假设病人肚子疼是得了胆结石,他会让病人去照B超来验证,他假设病人得了肾病,会让病人去验尿。有了这些证据,他就可以排除一些假设,锁定某个假设,这就是确诊。教师也是如此,比如我根据学生早恋的情形,猜测(假设就是猜测)他可能是恋母情结发作。于是我会查看他的心灵档案,一定会询问这个男孩和母亲关系如何,和父亲关系如何,几岁与家长分床睡。如果发现这个孩子(比如是中学生,初一)至今还与母亲睡一张床,经常把父亲赶走,如果我再发现他的早期记忆中妈妈的形象特别突出,或者词语联想中多次出现"妈妈",那我就心中有数了,这个孩子的早恋很可能是恋母型的,也就是说,他是在学校寻找一个小"妈妈"。然后我再调查该男生所"恋"之女生的情况。若这位女生在外貌、性格等方面确实像男孩的母亲,那就差不多可以确诊了。

最近某教育行政单位的一位工作人员打电话给我,说他们要编一本个案分析的书,希望我能做些点评,我谢绝了。问我原因,我说,因为提供个案的人很可能不知道我需要什么材料,他们会提供一些我不需要的材料,而我需要的材料没有提供,弄得我无法分析下去。比方说我需要验尿的化验单,他却给我送来一张病人的彩色照片,这让我怎么诊断?

3. 诊断——用排除法等,初步锁定问题的类型和程度

排除了不合理的假设,剩下的假设如果合理,逻辑上说得通,那就可以初步确诊了。但是我们不能只诊断这是什么病,还要诊断病情的轻重程度。有的吃点药就会好,有的要住院,有的要开刀,有的要转院。有的能够痊愈,有的只能维持,不发展就很好了。这些,都要有初步的估计,否则治疗就是盲目的。现在很多班主任每日疲惫不堪、焦头烂额,重要原因之一是,他们采取各种措施之前没有这种评估。有些个别生能稳住就很不错了,班主任却幻想这个学生进步多么多么大,你能不碰钉子吗?

4.处方——根据学生、教师、家长多方具体情况制定干预措施

教育的处方,常常需要同时开三张。一张是应对学生的,一张是应对家长的,一张是给自己的。这才是综合治疗。比如那个恋母型的早恋生,对待他,最好是想点办法转移他的注意力。那个女孩,最好嘱咐她平平淡淡对待这个男孩。而对这个男孩的母亲,一定要建议她与孩子分床睡,而且建议父亲多参与教育。教师自己,则一定要注意少对这个男生进行一些关于早恋的一般说教,最好连"早恋"这个词都不提,减少心理暗示。如果这个男孩的早恋属于轻度,过一段时间可能就会淡化;若是重度,走火入魔了,缠住人家女孩没完,教师不得已可以建议他转学或者女孩转学。

应该说明,教育诊疗与医学诊疗并不相同,教育诊疗不可能达到医学那样量化的清晰度。但是医学的思路教育学是可以借鉴的。有了教育专业知识,并加以普及,老师们就又增加了一种新式武器。它虽然也不是万能的,但有了它,教师的工作会更具科学性和专业性,更有信心,也更有效率。

教育诊疗,除了日常的观察和访谈调查之外,我们接下来要向老师们特别推荐几种检测方式——画心中的果树,画全家福,画"五项图",回忆早期记忆,词语联想。这是从心理学借鉴来的。我们通过这些检测,获得资料,可以给每个学生建立一个"心灵档案"。在诊疗教育问题的时候,这些材料将很有参考价值。

二、心灵档案的建立与解读技巧

（一）画心中的果树（检测手段之一）

1.适用对象

此项检测适用于小学1—3年级学生。

2.做法

让学生准备纸和彩色笔，告诉他们，画一棵心中的果树。提醒学生，这不是美术作业，而是一个游戏。不是画你见过的真实的一棵果树，也不是画你见过的别人画的树，如果在美术课或课外班上老师教你画过果树，你千万不要照那样子重复，你要画的是你心里的果树的样子。树的大小、颜色、位置，都由学生自定。画的过程中，教师不要做任何导向性发言，也绝不要评论任何一个学生画得好不好、像不像，不要让学生从教师的表情和语言中看出任何倾向性，否则就会影响检测的真实性。

还要告诉学生，只管画自己的，不要看别人的，更不要照同桌的画。可能有些孩子担心自己画得不好看挨说，要对这种孩子说："你只要画自己心里的果树就是了，画成什么样子我都不会说你，也不会拿给同学和家长看。"

把学生画完的画收上来以后，如果发现不少学生画的果树如出一辙，要询问一下他们是否有相同的来源。如果学生曾经上过画果树的美术课，已形成固定的画法，则这个检测无效，需要换一个方法。如果发现个别学生画的果树与他的年龄严重不相称，要询问一下是怎么回事，不要轻率地做评论。

3.解读参考

(1) 树的大小

一般说来，树画得大说明孩子精力比较充沛，人比较大气，不小心眼，比较外向，或者比较自信。反之，树整体画得小，画面占纸的一小部分，可能说明孩子胆小、规矩、谨慎、心胸窄，或者内向，甚至有自卑心理。

（2）树的位置

一般说来，树画在正中比较好，如果画在一侧，可能说明孩子协调能力有点问题，或者有视觉障碍，或者大大咧咧，做事缺乏计划性，拿起笔来就画，事后才发现不正。如果把树画在上角或下角，那可能是心理有问题，好像老想躲开。也有一种情况，树画在一侧，但另一侧并不是空白，而是画了其他的东西，比如白云、草地、人物等，整个画面很协调，并不失衡，那么要考虑这个孩子是否有艺术天分，或者他是否模仿了别人的画。

（3）增添内容

虽然教师给学生交代得很清楚："画一棵你心中的果树"，可能还是会有一些孩子多画一些东西，对此教师不要阻拦。如果有学生问："老师，我可以把妈妈画上吗？"教师应该回答："可以，只要你愿意。"这说明他很爱自己的妈妈，或者他妈妈不在身边，他渴望见到妈妈。总之，孩子在画上自愿增添的内容，是反映孩子心灵的重要信息，一定要重视。有些孩子会画上太阳、云彩，小鸟，反映出阳光的性格。如果他居然在天上画一个月牙，那就值得注意了。可能这个孩子颇有艺术细胞，但也可能有点抑郁。有的男孩子会在树旁画一个奥特曼，于是你就知道他心里装的都是什么了。

（4）果树整体协调性

一般孩子画的树各部分大致是协调的。如果出现严重不协调现象，比如树冠特大或特小，树干过粗或过细，整个树歪歪斜斜等，总之让人看第一眼就觉得很不舒服，像一棵病树，那么应该考虑这孩子的心理可能有问题。

（5）树根

有树根，有地面，这是比较正常的画法。一些孩子画的果树没有树根，两条竖线直通下来，有的连地面都不画，这可能是有问题的。什么问题，目前我还没搞清楚，好像这种孩子做事也有点没根柢的样子。

（6）树干

树干太细，说明孩子活力不够或者缺乏自信。树干特别直，简直是两条平行线,说明这个孩子可能有点死心眼,或者思维不灵活。有些孩子在树干上画一些树结,这可能是他比较爱美,但也可能说明他心里有创伤。有的孩子在树干上画小虫子,这可能是心里有被伤害的感觉;有的还画啄木鸟之类在吃虫子,这可能是一种求助心态。

(7) 树冠

树冠是心胸的表现。树冠小,说明孩子比较内敛,或信心不足。树冠舒展、匀称,说明心态健康。树冠特别大,说明很有气魄,或者欲望强烈。

(8) 果实

树上的果实特别多,说明孩子欲望强烈。有的孩子画了干巴巴的几个果子,可以考虑这个孩子对自己缺乏信心。有的孩子在一棵树上画好多种果实,苹果、香蕉、桃、葡萄,应有尽有,这说明孩子想要的东西很多。也有的孩子画的树上结的不是水果,而是其他的东西(比如钱、元宝、100分、雪糕),这当然可以很明显地看出他的需要。有的孩子在树上画小鸟,还有鸟巢,他估计是个有爱心的孩子。

(9) 颜色

小学低年级的孩子喜欢用大块的颜色,而且色泽强烈。如果发现怪颜色,不正常(比如画的果实是黑色),孩子又并非色盲,那应该考虑孩子可能有心理问题。

(10) 用笔

观察画面所用线条,会发现有的孩子用笔很果断,笔触清晰,很少涂抹,有的则不然,笔道很乱,改了又改,据此也可以看出孩子不同的性格。

(11) 速度

做检测时,有的孩子画得很快。如果不属于敷衍了事,那么可以看出这种孩子对自己和周围环境的看法比较清晰稳定。有的孩子画得很慢,犹犹豫豫。拖很长时间,这可能是反应不灵敏,也可能是性格比较迟钝,还可能是有些糊涂。

最后要说明的是,有些孩子的画面上可能会出现一些我们看不懂的物体、线条、色块,注意不要忽略它们,应该和蔼耐心地询问孩子"这是什么",这样你可能会有意外的收获。

（二）画全家福（检测手段之二）

1. 适用对象

此项检测适用于小学生和初中生。

2. 做法

让学生准备纸和彩色笔，告诉他们，画出你全家的人。提醒学生，这不是美术作业，不要求你把每个人画得多么像，你只要把你心目中的全家福画出来就行了，也不管这些人现在是否住在一起。背景和布局，完全由自己掌握。

3. 解读参考

注意：解读全家福不能光看画面，事前事后还要询问真实情况，如果画面情况与真实情况有出入，那是最值得注意、最有研究价值的。

（1）出场人物

要注意画面上有几个人。画面反映的可能是该生家庭的真实情况，也可能不是。比如有的画面上只有父母和自己3人，然而事实上奶奶也和他们一起生活，这可能说明奶奶在家中被忽视，或者孩子与奶奶关系不好，或者婆媳关系不好。相反的情况是，明明家中只有父母和孩子3人，画面上却出现了爷爷奶奶，共5人，那这孩子很可能是爷爷奶奶带大的，上学后才回到父母身边。这幅画反映了孩子对爷爷奶奶的思念，让人隐隐感到孩子对父母的不满（如果画面上人物的表情不和谐，这种可能性就更大）。这是一种隐患，必须加以注意。我还发现有些单亲家庭的孩子画得父母双全，完完整整的一个三人家庭。这种孩子，就可能是特别希望父母破镜重圆，或者很害怕同学知道自己是单亲家庭。也有相反的情况，明明一家三口，孩子却只画自己和妈妈，爸爸没出场。这说明孩子与父亲的关系可能很紧张了，或者父母关系紧张，孩子站在母亲一边。上述两种学生，都可能成为心理问题生。也有的孩子画出好几个兄弟姐妹，要注意这可能是个大家庭，所谓兄弟姐妹是表兄弟姐妹。大家庭里熏陶出来的孩子待人接物能力一般要强一些，但也可能心眼比较多。有的学生比较奇怪，教师明明很清楚地告诉他要画家人，结果他画的全家福却没有家人，除了自己之外，画的都是朋友，或者电脑游戏中、小说中的人物。对这种孩子要注意，他可能对家庭不满，也可能耽于幻想，教师要进一步了解其情况，而不要批评他没按要求做。

(2) 人物位置、距离

人物位置非常重要。常见的情况是把自己画在中间，父母画在两侧，这种孩子就可能是所谓的"小皇帝"，以自我为中心。这时候要注意父母的排序。左边（左、右以看画人位置为准）为大。如果母亲画在左边，那说明该生父亲可能是"妻管严"，或者家庭教育由母亲主管，父亲插嘴不多。如果画面上不止3人，那么一般的规律是，谁排得离孩子近说明孩子跟谁关系好。

上面说的都是一横排。有的学生画的全家人比较多，于是就像照集体相一样，分成几排。一般说来，重要人物总是放在第一排，学生自己则常常放在一排的中间位置。如果他把自己放在最后一排或者两边，这个孩子可能比较自卑，或者这个家庭对孩子有压抑感。对于非独生子女家庭（比如两个孩子），要特别注意孩子的排位，画画者会把自己在家中的地位、父母对两个孩子是否有偏向，都反映出来。

注意人物之间的距离。有些画一家三口靠得很近，零距离，一看就很亲密。有的和爸爸靠得很近，和妈妈之间就有一条缝，这就暗示他对母亲有意见。有趣的是，我遇到过这样画的一个孩子，一打听，他平日和母亲关系甚好，而父亲在外地工作很少回家。这是怎么回事？这可能说明他想念父亲，也可能是他灵魂深处对妈妈不满，下意识地表现出来了。这种不满如果不注意，到了青春期，就可能爆发。如果一家几口之间都有明显的距离，那可能说明这家人的人际关系比较平淡甚至疏远。我还见过有学生把一家几口分别画在不同的房间里，各干各的事情，说明他们家的生活习惯可能就是如此。这种孩子，有可能比较"独"，但也可能自立能力强。我还见过有的孩子把父母画在地上，自己飞在天上，这可能是个爱幻想的孩子，但也可能是他表达了离家的愿望，那就要小心了，这或许是出走的信号。

(3) 人物大小

被检测的学生重视谁或害怕谁，他就会把这个人画得大一些。有时候画面上三个人（父亲、母亲、孩子）一般大小，然而现实中父亲块头大得多，那说明父亲在孩子心目中分量并不重,或者说明孩子平等意识比较强。有些孩子把自己画得很小,不成比例,可能是自卑。如果全家福中人物很多,而某一个人明显画得比别人都大,很突出,那说明此人在家中位置了得。也有学生把自己画得很夸张,个头超过父母,除非事实上这个学生是个超大个子,否则就说明这个孩子的自我很膨胀。总之,画中的所有人物,特别是学生自己,如果与现实生活中的情境相差明显,那一定要注意,这里透露出来的信息,最能反映孩子的感觉或愿望。

(4) 人物形象

心理健康的孩子画的全家福,人物比较丰满、协调、正常,而心理有问题的孩子画的人物则往往比较干枯,不协调,让人一眼看去就别扭、不舒服。这里指的不是艺术性,不是说画得好看不好看,像不像,而是指整个画面的架构和气氛。有的孩子画的人物很简单,也不漂亮,但是看起来很正常,这个孩子可能只是缺乏艺术细胞,或者缺乏美术训练,但心理是健康的。有些孩子画得像工笔画,简直可以展览,但从其中却可以发现心理问题。

要注意学生画人物强调身体的什么部分。一般说来,如果学生画的人物都是半身的,那说明这个孩子对家庭成员的性格、心理、相互关系比较重视,而如果画的人物都是全身的,那可能孩子对家庭成员的行为更重视一些。有的孩子画的家人脑袋大,身子小,明显不协调,那可能说明这家人比较重视思想的作用,喜欢动脑筋,甚至可能不爱运动;而有些孩子画的人物明显强调四肢,甚至夸张胳膊和腿,这种孩子可能是体力型的、动作型的,或许不喜欢动脑筋。有些孩子画的全家人都没有耳朵,那可能说明这家人缺乏互相倾听的习惯,而他自己也不想听大人说话。有些孩子画的家人各个眼睛都很大,那可能说明这家人喜欢观察,侧重视觉,这孩子就可能是视觉学习者。但是要注意,小学低年级的孩子若画人物缺少某个部位(比如耳朵),也有可能是他确实忘记了这部分。要避免"过度解读"。

注意人物动作。有的学生的画中,全家人都是静态的,有的则相反,全家人都有动作,伸胳膊踢腿的。可以考虑前者性格比较安静,而后者好动。有些学生画的人物动作十分张扬,伸臂做欢呼状,或者出拳做攻击状,等等,这都能反映人物的习惯和性格。

注意人物表情。首先要看一家人表情是否一致。比如全家人无一例外都是笑脸，那说明家庭气氛比较和谐；全家人表情都严肃，说明家庭气氛比较平淡。如果一家人表情不一致，那就有文章了。比如妈妈是笑脸，嘴角向上，而爸爸严肃，嘴角是直的，那可能是告诉你，他父母性格不同，甚至可能是下意识地指出父母有矛盾。孩子画的某个家长若怒目圆睁，那他一定是对这位家长的态度很不满了。也有的孩子把自己画得很愤怒，这说明他已经不喜欢这个家了。也有的孩子把自己画得很沮丧、很无奈，这种孩子要小心他得抑郁症。总之，人物表情很重要。孩子会把自己对家人、对家庭气氛的感觉有意无意地泄露出来，有些非常微妙。我见到过一个小学生画的全家福，明显与众不同。父亲是黑色的，母亲是红色的，他自己（一个男孩）画在中间，身子是黑的，眉毛和嘴是红的，一手拉着父亲，一手拉着母亲，然而身体离母亲稍近。我对班主任说："这幅画不对劲，这个家庭肯定有问题。"班主任告诉我，孩子父母离异，和母亲一起生活。我很震撼。孩子画的是他的愿望：他希望父母和好，他在正告父母：我是你们两个人每人的一半，你们为什么要分开？这孩子心理问题已经比较严重了，需要及时援助。

注意服饰。有些女孩子把妈妈和自己画得很漂亮，穿着衣裙，留着长发，头上还戴着花，看得出这母女俩都爱美。男生这种情况就比较少，要是有，当然更值得注意。家长若是白领，则孩子往往把他们画得衣冠楚楚，父亲西装革履，这种孩子往往对人物的身份比较重视。从服饰中还可以看出孩子的性别意识。有些孩子画的父母，只是身材和头发有区别，其他都一样；有些孩子则不然，不但画的父母的服装样式有差别，颜色也显然不同，身材、发型、装饰物都显然不同。前面一种孩子属于"傻呵呵"的类型，而后者，则可能是性别意识比较强的，懂事比较早的，甚至早熟的。这种孩子"早恋"的可能性稍大。

注意人物手中的物品。全家福中的人物，一般都是空手的，但也有拿东西的。孩子不会随便画这些东西。我见到过一个孩子画的全家人每人手中都有武器（冷兵器）。这有几种可能：也许是说这家人都酷爱武侠小说、功夫片，也许是说这家人性格都好斗，也许是说他们之间矛盾不断。其他比如爷爷手里有个烟斗，妈妈在织毛衣，爸爸在打麻将，这些都能反映家庭的气氛和人物的性格。

先画谁后画谁。教师安排学生画全家福时，应该在教室行间走动，注意一下每个学生动笔首先画的是哪个人。一般说来，首先画的人对这个孩子来说是最重要的。如果犹豫半天才决定先画谁，情况就是另一样了。

(5) 色彩

色彩明朗说明这个家庭气氛比较好，色彩昏暗说明这个家庭气氛不够好；给人物画暖色，一般是与他关系好，给人物涂灰色或黑色，说明孩子对这位家长可能有意见，或者害怕他。色彩设置得比较淡雅（比如邻近色较多），说明孩子的家长可能是知识分子。

(6) 背景和添加成分

有些孩子把全家人都放在房子里，有的还画一些家具，说明他家庭观念可能比较强。还有的画上小猫小狗，这是热爱动物的表现，也反映了家庭氛围。有些孩子把全家福设计得像照片一样，还加上边框和花纹，一般说来，他们的家庭关系可能比较和谐，孩子与家长关系较好。也有些孩子在背景上画着天空、白云，有的还有山水，这是热爱大自然的孩子。

(7) 整体印象

以上就全家福的不同侧面做了解读说明。最后要说的是，解读者更要注意自己对画的整体印象，特别是第一印象。如果解读者经验比较丰富，或者悟性好，那么第一印象就更重要。有时候不用细看局部，一眼就能看出这个家庭的主要特点：有的团结，有的温馨，有的宁静，有的欢快，有的躁动，有的平静，有的冷淡，有的紧张，有的恐怖，有的怪异，有的儒雅，有的粗俗，有的平庸……一些孩子的性格与家庭风格很一致，也有的不一致，但你总能在孩子身上找到家庭的烙印，因为他是在这块土地上长出来的苗。

如果学生拒绝画全家福怎么办？

在组织学生画全家福图的时候，甚至单独请一个学生进行此项检测的时候，都可能遇到这样的情形：学生磨磨蹭蹭不愿动笔，或者干脆不画。这种时候教师千万不要强令学生画，也不可以当众责问。不画就不画，以后再说。须知学生不画本身就是一种检验结果，这正是心理有问题的表现，他可能有难言之隐，或者抵触检测。教师心中先给他"挂个号"，过几天，找个恰当的时机再和他慢慢谈。

（三）画"五项图"（检测手段之三）

1.什么是"五项图"？

"五项图"的概念是我们自己创造的。就是让学生把一棵果树、一座房子、一本书、自己、另外一个人，整合在一幅画中。因为内容共五项，故称之为"五项图"。

为什么要选择这五项？

据我们的经验，画果树可以从一个侧面看出一个人的精神状态，他的生命力；画房子可以看出他对家庭的态度，心灵的开放程度；画书可以看出他对知识的态度，对学习的态度；画自己，可以看出他的自我定位和自我评价；画另一个人（任选）可以看出谁是他的"重要他人"，以及他的人际交往的倾向和风格。几方面综合起来，就可以大致了解他的价值观、思维方式和个性。"五项图"是内容比较全面的一种检测方式。

2.适用对象

此项检测适用于小学高年级（4—6年级）学生、初中生、高中生。

3.做法

让学生准备纸和彩色笔，把五项内容对他们说清楚。告诉他们这不是美术作业，不是绘画比赛，而是展示个人想法。画中只要有这五项内容就行，顺序没有限制，结构也完全自定，可以增减一些内容。总之这幅画只要他自己满意就行，不要管别人喜欢不喜欢。

4.解读参考

（1）看五项内容的整合情况

多数学生把这五项内容"单摆浮搁、平铺直叙"地画在纸上，顺序也是"树、房子、书、人"，互相之间的关联不明显。就是说，他们对题目的要求缺乏深入的思考，缺乏画面构思，你让我画什么我画什么就是了。我见到过初中几个班的学生画的"五项图"，普通中学的两个班（初二）情况差不多都是如此，很少例外。另一个重点中学的班级（初一）情况就不同，有好几个人构思新颖。有的把房子、书、人都放在树上,形成一个"树屋",也有的把房子、树、人都放进一本打开的书里,整合能力明显要强得多。这不但显出了二者的智力水平不同,而且也可以看出个性甚至价值观的差异。把其他四项都放在树上,很可能这个孩子对大自然、对自由特别热爱,而把其他四项都放在一本书里,这个孩子对知识的重视显而易见,这其中甚至还有点"书中自有黄金屋"的味道。把书和人都画在房子里,比较常见,这种孩子可能是比较恋家的,或者有些封闭。

如果有缺项,比如没画书,没画另一个人,那要特别注意。要先询问一下他是不是忘了(即使确实是忘了,也能说明问题,因为一个人不会随便忘记什么,忘记就意味着不重视),如果他说忘了,告诉他愿意补就补上,不愿意补也没关系。一般说来,没画书可能是厌学(甚至"恨学"),没画另一个人说明他比较孤独。都是问题。

(2) 看各部分的关系

看"五项图"还要注意各部分之间的关系,孰轻孰重。有些学生画的图明显以房子为中心,果树作为房子的陪衬,如果人也画在房子里,那说明这个孩子家庭观念比较重。有些学生画的"五项图"明显以果树为中心,房子比树画得小,这种孩子家庭观念可能比较淡,心比较"野"。也有的学生画的"五项图"把自我形象画得很大,好像树木、房屋都是为自己而存在的,不用说这个孩子很自我中心,或者独立性很强。

"五项图"的解读者要注意自己的"第一印象"。拿过"五项图"来,首先吸引你眼球的是什么?是果树,还是房子,还是人物?这很重要。我见过一幅这样的"五项图":首先吸引我的是一本书。这本书被画得很大,而且飞在天上,还长着两个翅膀。这说明什么?可能说明作画者对知识很重视,然而好像他觉得自己捕捉不到知识。后来一打听,这个孩子是个低分生。他把自己对知识的渴望和得不到知识的无奈画得入木三分。这是很大的心理矛盾,需要心理调适。

还有要注意的是,看作画者在哪一项上着力最多。一般说来,作画者重视哪一项,他画这个部分的时候就会比较细致,这从笔触上就能看得出。比如有的孩子画自己和好朋友两个人很细致,而房子却画得很马虎,那说明他的心思是在朋友身上,对家庭的依赖已经减少了。也有的孩子把果树画得很细致,而画到自己的形象时却很粗率，那可能说明他认为自己的价值取决于得到多少收获，这应该是自我意识比较差的孩子。当然，要小心误判。有些学生画得慢，时间不够，后来的内容只好草草收尾，不要轻易判断为不重视。总之，教师有疑问一定要询问学生本人，不要急于做结论。

(3) 果树的解读

这个问题在前面"检测手段之一"（画果树）中已有说明，此处不再赘述。

要补充的是：注意果树的位置、大小，与其他各项的关系。常见的情况是树画得比房子高，如果树画得很小，房子很大，就给人一种压抑的感觉，可能有问题。一般树与房子都有距离，但也有的学生把树画得掩映在房子后面，这是什么心理，尚未搞清楚。我们课题组有的老师认为，这可能说明他心理上对家庭比较依赖，要靠家庭来实现自我的价值。可备一说。

(4) 房子的解读

这个房子是个符号，可以代表家庭，也可以代表教室，或代表一个比较封闭的室内环境。学生画房子，会把潜意识中对家庭、对教室的感觉表达出来。

位置、大小。这是首先要注意的。房子如果放在最显眼的位置或者中心的位置，或者把房子画得很大，那说明作画者对家庭比较重视，或者他比较喜欢室内活动，这种学生不"疯"。若把房子放在一个不显眼的地方，靠边站，或者房子画得很小，那说明这个孩子比较喜欢室外的活动，有可能对家庭甚至教室都不喜欢。

形制。有些孩子画的房子线条很简单，朴素无华，甚至只是一个简单的长方形，那说明这个孩子的心在室外；反之，有的孩子把房子画得很细致，很艺术，屋顶、墙壁、门窗还有装饰，这种孩子可能是比较"恋家"的，或者是比较生活化的。有的孩子把房子画得像童话里的宫殿一样，这种孩子可能是文学爱好者，也可能比较虚荣。

透视。值得注意的是，有些孩子没有画出房子的四壁和屋顶，直接就画了屋子里面的家具、摆设、人物，这种情况一般出现在小学生中，中学生里少见，可能是这种孩子对家里家外的界限比较模糊。还有的孩子虽然画了墙壁，但呈透视状，里面的情景一清二楚，这种孩子可能心态比较开放透明，但也可能是心眼比较少。

门窗。如果所画房屋无门无窗，那可能说明这个孩子比较封闭；有门有窗，但门窗都是关着的，也说明有些封闭；门窗若是开着的，尤其是门，若敞开着，可能说明这个孩子比较开放，或者他对家长的管束不满，打开门窗有透透空气、给自己减压的潜意识。

屋内设置。画沙发和床的孩子，可能有些懒；画冰箱、洗衣机、衣柜的孩子，比较生活化；画电视机的孩子是爱看电视的；画书架的孩子可能是喜欢看课外书的，也可能是喜欢做学习姿态给别人看的。有的孩子画出自己家的几间屋子，而且特意画出自己房中的物品，那说明他独立性较强，或者正在争取独立（对家长不满）。我们可以从他房中的物品看出他的人生取向和兴趣爱好。如果房子是空的，那说明这个孩子注意重点不在家庭，或者不在室内，那就要看他房子外面都画些什么了。有个孩子画的房子不是自己的家，而是个小卖部，可能他对买东西或者做买卖感兴趣，而对自己的家，可能"不感冒"。事实上，他是个低分生。在我看过的"五项图"里，没发现有学生画教室的，大多数是画自己的家。这可能说明学生很习惯把"房子"和"家"联系在一起。

（5）书的解读

"五项图"安排"书"这个项目，是想测试学生对知识和学习的态度。

首先要看书画在什么地方，与主人的关系如何。我发现我们所检测的学生，无论中小学生，很少有人把书画得与自己很亲密的。一般都是把书画得离自己远远的。比如人在室外，书在屋内，或者书规规矩矩摆在桌子上，人却在一边玩；有的背对着书，有的干脆把书本画在门口，随时准备扫地出门的样子。这些可能都说明厌学是普遍现象。有些孩子画着自己手拿书本，但摆的明显不是看书的姿态，所处位置也不是看书的地方，这种画法，就可能是做"重视学习"的姿态给人看的。有的学生把书画得很大，在画面中央，自己则在远处与好朋友玩耍，还有的把书画到天上去，甚至给书画上翅膀，这都说明孩子知道学习重要，可是自己并不喜欢学习。有个学生画的是自己与妈妈在桌前对坐，一人一本书，神态安详，这个学生可能是真正喜欢学习的，看得出，他们家有读书氛围，而且大家能从读书中得到乐趣。当然，看书并不需要在特定的地点，也无需特定的姿势，各人习惯不同，所以我们在分析学生与书的关系时，有时需要询问学生本人，不要轻易做结论。

还要看画的是什么书。 有些学生特意在书上注明"语文""数学"等字样，这说明读书在他的心目中可能就是读课本，如果他的词语联想显得词汇贫乏，那说明这个孩子知识背景比较窄。但是，注明课本的学生对学习是重视的。有些孩子干脆就注明他画的书是卡通画、童话书等，这类学生就有可能是讨厌学校的功课。有些孩子画一大书架书，这种孩子的阅读面可能比较宽，但也可能是做姿态。我还见到一个学生把书画在天上，而且注明"我写的书，全球热卖"，似乎很有雄心壮志。这种情况最好不要轻易判断其性质，要结合他的早期记忆、词语联想综合分析。作画者有可能是个有抱负的孩子，但也可能是个"做梦族"。

(6) 自我形象的解读

"五项图"中有一项是画自己。设计这个内容，是想从中看出被检测者的自我定位和自我评价。

看"我"的位置。 多数孩子把自己画在室外，说明多数少年儿童的心态还是外倾的，"外面的世界很精彩"。有些孩子把自己画在树下，离房子较远，这也许说明这个孩子对自然环境比对人文环境更重视。反之，若是他把自己画得离房子较近而离树较远，那就可能是他对家庭、社会生活的兴趣更浓一些。这也是一种需要注意的思维倾向。有些孩子把房子和书都画在一边，而把自己远远地画在另一边，表现出一种疏离的姿态。这种情况一定要研究一下他的早期记忆，看看他在躲什么。有的孩子把自己画成飞在天上，这可能是逃离，也可能是有志气，也可能是做梦，也可能是狂妄，也可能是孤独，需要结合其他资料和日常表现具体分析。

看"我"的形象。 这个问题我们在"检测手段之二"（画全家福）的解读中说过了，要注意人物形象的大小，强调身体的哪一部分，以及人物动作、表情、服饰。此处不再赘述。一般说来，我们从"五项图"中自我形象的描绘一眼就能看出这个孩子是乐观还是悲观，是自信还是不自信。比如这个学生身材并不矮，可是图中的自我却画得很小，那可能反映出他对自己的评价不高。比如这个学生每天乐呵呵的，可是图中的自我却嘴角朝下，那这个孩子不是最近遇到了麻烦，就是他心中其实一直有忧愁。我们一定要注意：当"五项图"里学生描绘的自我形象与教师平日对他进行观察得出的印象出现反差的时候，这是最需要小心的：我们平日看到的很可能只是表面现象。

(7)"另一个人"的解读

"五项图"里有一项是"画另一个人"。这个人可以任选。设计这一项，是想看出谁是被检测者的"重要他人"，以及被检测者人际交往的倾向和风格。

看"另一个人"是谁。因为只要求画一个他人，所以就有个选择的问题。我们见到的中小学生画的"另一个人"，很少有选家长的，更少有选教师的，一般都是同学、好朋友。这就可见，在少年儿童的人际关系中，同龄人的重要性已经在一定程度上超过了成人。有的干脆把"另一个人"的名字也标出来了，这说明他们是"哥们儿"，有的则只是一个同龄人的形象，看不出是谁。也有只写"另一个人"的，这个孩子可能缺乏知心朋友。一般两个人都是并排，或者面对面，或者手拉手，显出很亲热的样子，这说明友谊对少年儿童很重要。也有的孩子画的另一个人离自己很远，这就不对劲了，教师要打听一下他的同学关系，说不定在集体中，他是个比较孤立的、不受欢迎的人，需要帮助。虽然我们只要求学生画一个"另外人"，但是有的学生画了好几个，那一定是他认为这几个人都很重要。比如有的小学生就把爸爸、妈妈、姥姥都画出来了，显然他觉得需要把他们都"隆重推出"，这是他的一种心理需要。个别学生也有拒绝画"另一个人"的，这种情况若不是因为遗漏，那就是比较严重的心理问题了，可能是孤独症的征兆。

(8)背景和添加物的解读

很多孩子都会在"五项图"中增添一些没有要求画的东西，即背景和添加物。背景是烘托气氛的。蓝天白云显得明朗开阔，山山水水显得自然，树林显得有生气，汽车、飞机显得很现代，球场之类有娱乐氛围，花园、游泳池之类显得奢华……这些都可以折射出学生的心灵世界，不可忽视。他一定是觉得不添加这些东西不足以抒发自己的感情，才会画上去的。

注意：有时候画面上会出现一些稀奇古怪的东西，看不懂是什么。对于这种情况，千万不要以为孩子是在乱画，不是的，可以说画面上的一切都有某种含义，不能忽略，看不懂要问他本人。这里我说一个亲身的经历。几年前，我到沧州去指导家庭教育，一位教师给家长讲课，我在下面听。我旁边有一位母亲带着一个五六岁的男孩，孩子在一张纸上涂抹，密密麻麻画得一塌糊涂，反正我是一点也看不明白。下课后我问这个孩子："你画的是什么？"她妈妈拿过来看了一眼说："什么也不是，他胡涂乱抹呢！您甭理他。"可是我继续询问孩子。于是他就给我讲解这幅画。哪里是铁路，哪里是汽车，哪里是火车站，哪些是行人……说得一清二楚。我深有感触，对这位母亲说："您看，他并没有乱画。是我们没有读懂他的艺术语言。"这位母亲笑了。这件事之后，对所有孩子的绘画和涂鸦，我都敬之三分。

上面条分缕析地讨论了"五项图"的解读。要注意，更重要的是综合分析，还有，一定要结合其他检测项目、结合学生平日的言行加以分析。上述解读只是一种参考答案，绝不是标准答案。同一种图像，对于不同的孩子，可能有完全不同的含义，这是必须小心的。

（四）回忆早期记忆（检测手段之四）

1.什么是早期记忆？

所谓早期记忆，指的是一个人能回忆起来的最初记忆，越早越好。有人记事早，他的早期记忆可能在五六岁甚至二三岁；有人记事晚，他的早期记忆就可能涉及小学。依我们的经验，早期记忆最晚不能超过小学低年级，否则就不能算早期记忆了。

一般人认为小孩子六七岁才记事，所以，当学生坚称他记住的某件事发生在他三岁的时候，我们往往持怀疑态度。此事不要过于较真，因为确实有的孩子记事早，也可能他记错时间了。只要他记忆的情境清楚，就可以作为研究资料。

但是要注意，早期记忆必须确实是本人记住的东西，而不是听大人讲的自己的事情。比如，"我母亲说我小时候如何如何"，这就不属于早期记忆了。早期记忆应该是自己一闭眼睛脑子里就能浮现的画面，一种真正自己能回忆起来的亲身感受。

早期记忆有时和梦搅在一起。有人会说："我小时候有这样一件事，一直不忘,可是我已经记不清这到底是真事还是我小时候常做的梦了。"这问题不大,因为无论是梦还是真实的记忆,只要是属于童年的,就都有类似的研究价值。当然,还是真实发生过的事情最好。

2. 早期记忆为什么重要?

奥地利心理学家阿德勒在《生命对你意味着什么》一书中写道:

……要破解一个人赋予自己和生命的意义,最大的帮助莫过于他的记忆库。任何记忆,不管他以为多么微不足道,也相当重要,因为这对他来说意味着"值得记忆"的东西,而它之所以值得记忆,是因为这与他想象的生命相关。它对他说:"这就是你必须期望的"或者"这就是你必须避免的",甚至"这就是生活"!特定的经历停留在记忆中,并且使生命所赋的意义更为明确。我们必须重申:经历本身并没有上述事实重要。任何记忆都是经过筛选的提醒之物。

对于表明个人对待生活的特定方式存在的时间,以及揭示其生活态度形成的最初环境,儿童期的早期记忆极为有用。早期记忆之所以有特殊地位,原因有二:其一,它包含了个人对自己及其境况的最初估计,这是他第一次对自己外貌的总结,第一次对自己几乎完整的概念,以及对自己最初的要求。其二,这是他的主观起点,是他的自传的开端。因此我们往往能从中发现他所觉察的脆弱或不安全地位与被他视为理想的那个强壮和安全目标的对比。于心理学而言,一个人是否认为这个最早记忆是他所能想起的最早的事,甚至是否是对真人真事的记忆,这都毫不重要。记忆的重要性,在于它们代表的东西,在于它们对生命的解释及与现在和未来的关联。(阿德勒:《生命对你意味着什么》,国际文化出版公司,2000年10月第一版,第13—14页)

可见,分析早期记忆比测智商重要得多。智商只能说明人的精神世界的一个小侧面,而早期记忆对于一个人,却带有根本的性质。了解了一个人的早期记忆,我们就知道了这个人生命的轮廓和框架,知道了这个人行为的基本方向和基本模式。还有比这更基础、更重要的吗?

一般说来,我们经常采用的几种检测方式,如果内容发生了矛盾,我们倾向于相信早期记忆。比如早期记忆显示某学生是个乐观的人,而"全家福"中他显得比较悲观，嘴角向下，则我们还是倾向于认为他是个乐观的人，他的悲观可能只是最近一段时间的短期现象。早期记忆是给一个人定调的，是战略性的。

3.早期记忆分析对教师有什么用处？

我是教育者，不是心理医生。我感兴趣的，主要是早期记忆在教育活动中的意义。

第一，可以依据学生的个性进行更有针对性的教育。

比如有四个同学，表面上看都有攻击性、暴力倾向，都喜欢动手打人。如果我们没有调查他们的早期记忆，没有分析他们的个性，我们就只能进行最常规的教育。告诉他们打人不对，告诉他们应该团结友爱，共建和谐，或者惩罚他们，当众批评，写检查，打电话告诉家长等。你不能说教师的这些做法不对，只是太一般化了，缺乏针对性，效果不好。

现在我们换个办法。我们不但观察分析他们的日常表现，而且调查他们的早期记忆和成长史。我们发现第一个同学的早期记忆里有事故画面、痛苦场景，这说明他严重缺乏安全感，那么他的攻击性就可能有防御性质，我们在教育这个孩子的时候，就应侧重让他明白，周围并没有你想的那么危险，同学并没有恶意。用这种方法，可减少他的攻击性。

我们发现第二个孩子的早期记忆有竞争性镜头，而且自己非要占上风不可，说明这个孩子对生命意义的理解是"我要打败别人，我要取胜"。他的攻击性核心是取胜、占上风。对这种孩子，就要重点宣传平等意识，而且最好把他的竞争意识引导到非破坏性的轨道。让他明白，取胜不是坏事，只看用在什么地方。

我们发现第三个孩子的早期记忆是无声的，而且这个孩子平日口头表达能力很差。说明这个孩子之所以爱打人，可能是无法用口头语言表达自己的意思，情急之下只好动用肢体语言。对这种孩子，我们就应该重点进行语言辅导，教给他什么情况下说什么话，以此避免暴力。

我们发现第四个孩子的早期记忆中触觉非常突出，不是冷热的感觉，就是痛痛痒痒的感觉，说明这个孩子皮肤特别敏感。这种孩子动手打人，很可能是因为人家触到了他的身体。对于一般的孩子，这无所谓，可是他的头脑会本能地把这个信号放大好多倍，他无法忍受，就要自卫。面对这种孩子，我们就要力劝周围同学不要轻易接触他的身体,除非经他本人同意。而且建议他的母亲经常抚摸他,让他明白身体接触是很平常的事情。

这恐怕才算真正的因材施教,可以避免很多空话废话,节约很多精力,效果也会好一些。

第二,有针对性地进行学习方法指导。

早期记忆有时能告诉我们孩子的智力类型,这对指导他们的学习方法很有参考价值。

比如一个学生的早期记忆里声音很突出,我们可以推测,这个学生是听觉型学习者,也就是说,他更适合用耳朵接收信息。那我们就不一定上课非让他盯着黑板看不可,也许他眼睛看着别处,什么都学会了。这种学生,遇到他不大喜欢的科目,允许他在音乐伴奏下写作业,效果可能更好。

比如一个学生早期记忆里游戏的场景很突出,我们可以推测,他适合在游戏中学习。这种学生如果上课一边听一边玩,教师就不要过分责备他,只要他不大影响别人就行了。你把他管得老老实实,说不定他反而学不会了,因为这种规规矩矩的生存状态不符合他的"生活模式"。当然,与此同时教师也要适当引导他逐渐学会自控,因为人生活在社会中总要适应社会规范,不可以绝对的"纯天然"。

第三,早期记忆对学生的职业选择有很大的参考价值。

现在很多家长乱给孩子报课外班,主要是因为不了解孩子的发展方向。早期记忆常常能在这方面给我们宝贵的提示。现在流行"挖掘潜能"的口号,但是挖掘潜能像打井一样,得找到水脉,否则就是乱挖一气。孩子的早期记忆,能告诉我们他的"水脉"在哪里。

比如一个孩子的早期记忆里都是花花草草,蓝天白云,我们可以推测,他将来可能是学文的;如果他的早期记忆里出现很多线条明显的事物,我们可以推测这个孩子将来喜欢建筑或造型艺术;如果他的早期记忆都是和小朋友玩,可以推测他将来是公关人才;如果他的早期记忆里有明显的节奏或旋律,可以推测他将来是个音乐人才;如果他的早期记忆里充满动作,可以推测他将来适合搞体育、学武术;如果他的早期记忆里总是一个人在那里待着,而且在观察什么,想什么，可以推测他将来是个研究型人才。如此等等。这种预测比算命准确，因为它是科学。

第四，教师分析自己的早期记忆，可以了解自我，促进心理健康，选择最适合自己的工作方法，提高工作效率。

如果我和您素不相识，却能从您几岁时的记忆看出几十岁的您的性格，那就说明，人的性格是相当稳定的，于是您立刻就会悟出您在工作中企图把学生塑造成自己希望的那个样子是多么可笑，何其反科学，于是您才可能真正明白"因材施教"这个教育理论的含义。

教师学会了分析自己，也就学会了分析学生。而且，先分析自己再分析学生，感同身受，教师对学生的分析必然会增加人文关怀，减少官僚主义的冷漠。

这种分析还有助于教师改进自身的教育教学工作。比如某位教师是权威型人格，那么他的工作方法几乎一定是权威主义的，这就特别容易激发学生的逆反心理，或者表面上班级成绩卓著，而实际上隐含着危机。教师了解了自己的性格，就可以扬长避短，提高专业水平。为什么很多人拿来优秀教师的先进经验用在自己的工作中却往往失败？原因之一是那个经验不适合学习者的个性。你只有真正了解自己的个性，才能灵活运用别人的经验。可惜很多教师对自己并不很了解。我曾经分析过很多教师的早期记忆，他们都说经我分析之后，他们对自己更了解了。有些人则说"您的分析有的内容我并没有意识到，可是细想起来，我确实是这样一个人"。这就告诉我们，早期记忆分析可以帮助教师"发现自我"。而古代伟大的思想家孙子说过："知己知彼，百战不殆。"另外，很多心理问题都来源于对自我的错误认识。经验告诉我们，真正了解自我的人心态是健康的、踏实的。分析自我的早期记忆，可以起到很好的心理调适和心理治疗作用。

我们举一个例子。

有位网友N老师在网上给我发来一份早期记忆材料，是她的一个同事写的，希望我分析一下。这位同事也是女老师，其早期记忆如下：

1.我和二哥在家里平房顶上玩，他站在梯子上来回晃，一下子从梯子上掉了下去。我吓得哭了，赶快去叫医生。

2.我、大哥、二哥在家，大哥出门去找爸、妈，二哥耍弄我，我吓得不行。

3.我和两个哥哥出去割草。小河旁边是水坝,山坡在水坝上面。我们就在山坡上割草。我在后面跟着哥哥们往下跑,被一个罐头瓶扎了脚。我爸爸把我带去诊所,医生说伤口太深了,要去大医院。爸爸带我去,在缝针前,我感到异常恐惧。在缝针的时候,感觉针很凉。

4.我受伤后一个人在家,妈妈的几个朋友来送东西,门从外面锁着,我一只脚蹦着,从屋里上到房顶,接她们的东西。

5.一条小河,上面有一根粗水管,很多人在上面走来走去。我也上去走,不小心掉了下去,棉袄全湿了。回家后,妈妈用笤帚打我,姥姥护着我,把我的湿棉袄脱了,用被子裹着我。

我的初步分析是:

①这位老师的早期记忆几乎都是事故,说明她可能很缺乏安全感。

②希望有人保护,尤其是男性保护。但她对男性的态度是矛盾的,既寄希望于男性,又有点不信任他们,觉得他们不可捉摸。

③早期记忆中母亲不是主角,只出现一次,形象还是负面的,说明这位老师可能与母亲关系不是很亲密。

④早期记忆中除了哥哥以外,几乎没有其他小伙伴,说明这位老师可能不善于或不喜欢人际交往。

⑤这位老师的皮肤应该是很敏感的,有可能不喜欢身体接触。

⑥有趣的是,这位老师虽然缺乏安全感,却可能是一个愿意活动的人,不甘寂寞,而且遇事能想出办法,并不慌张。

⑦属于自己应该得到的东西,这位老师会努力争取的。

N老师回复道:

"⑥有趣的是,这位老师虽然缺乏安全感,却可能是一个愿意活动的人,不甘寂寞,而且遇事能想出办法,并不慌张。⑦属于自己应该得到的东西,这位老师会努力争取的。"

这真是她最显著的性格。她非常沉稳,考虑问题周到,有自己的主张,但并不张扬，而是充满韧性地坚持。她是一位优秀的老师，学生训练有素，班级井井有条，可惜就是别的老师不容易接手。

她谈到一件事情：一次，她儿子从床上掉了下来，昏迷了。别的人都惊慌失措，但她却能沉住气，问清楚是怎么回事，床多高，从什么地方摔下来，磕了什么地方。送到医院后，医生要了解的正好是她问到的，省了很多麻烦。这让她当警察的丈夫非常钦佩。（她处理这件事时的心态和思维方式与早期记忆4一脉相承！——王晓春注）

您的分析她大部分认同。但她说自己的母亲是一个很有威严的人，自己从小非常听话，可是和母亲的关系非常亲密。她不仅听母亲的话，对学校领导的工作安排也能不折不扣地完成。

我感觉这位老师心理有点问题，于是回复道：

请转告这位老师，我感觉她应该注意心理调适。一定要有知心朋友，要有个能尽情发泄、无所顾忌的地方，我怀疑她缺乏这样的朋友。您提供的新材料告诉我，她可能具有权威型人格，她找一个警察做丈夫，可能不是偶然的。她的班主任工作风格可能也是权威型的。这种权威型人格可能与她母亲的影响有关。权威型人格者本质上是缺乏安全感的，这种人需要用不断地、尽可能全面地控制局面来维持自己的安全感，这种人会活得很累。当然，这些仍属猜测，仅供参考。

N老师回复道：

她仔细地读了您对她的分析，经过认真思考，十分审慎地回答：她确实具有控制欲，她教育孩子的方式和母亲很像。学生时代，她一直是班干部，是发号施令的人。刚结婚时，甚至想控制丈夫。但是，后来个人生活上遇到些麻烦，她的变化很大。在事业上，她认为丈夫一个人努力就行了（丈夫事业很成功），自己不需要像以前那样孜孜以求，重点应该放在家庭上。现在，她整个人放松多了，特别爱和别人聊天，享受生活。

像这样的老师，你让她选择那种温和的、奏效缓慢的工作方法是不大可能的，但是也必须有人适当提醒她减少对学生的外部控制，否则她有碰大钉子的一天。对于这种个性的老师，你想让她真正放松也是很困难的，但是必须有人提醒她注意放松，否则她的心理健康状况会越来越糟。

在语文教学中，早期记忆分析对理解某些课文也有帮助，而且这是一个新颖的视角。我在这方面有个尝试，分析了鲁迅的《从百草园到三味书屋》。文章作为附录放在本书后面了，可供语文教师参考。

4.适用对象

回忆早期记忆的检测手段，适用于小学高年级以上的学生，也适用于教师和家长。我们在小学低年级很少使用这个方法，因为孩子太小，很多人尚在"早期"，他的头脑里到底会记住些什么，筛掉什么，还很难说——大局未定。

5.早期记忆的采集

采集学生的早期记忆，可以利用课余时间全班集体进行，也可以单独请学生写。小学生也有自己不愿动笔的，可以让他口述，教师做记录。

要告诉学生，写得具体一点为好。要写出人物都有谁，背景是什么，画面的颜色、声音、情调、氛围是什么，特别要写出自己当时的心态。如果学生写得很粗略，教师分析时要加以询问。

要告诉学生，早期记忆必须是自己真正记住的东西，听家长说的不算。

有的学生会说他想不起来。出现这种情况时不要批评学生，要让他慢慢想，实在写不出来就先别写，找个机会和他闲聊，聊着聊着，他就可能想起来了。

早期记忆最好不要只写一则，还是一组记忆分析起来把握大一些。但是要注意，所谓"一组"指的是不只一个记忆，并不是说这几个记忆时间、地点、内容上需要有何关联。

早期记忆如果隔几年重做一次，前后比较，那将是更有趣的一件事，可惜我们目前无法做这样的研究。

6.早期记忆的解读

早期记忆的解读比"全家福""五项图"等的解读要困难一些。解读早期记忆不但需要一些心理学知识，需要推理能力，而且需要一定的生活经验和悟性，总之，对解读者的个人素质要求比较高。早期记忆的解读是对生命的阅读和理解，是生命与生命的对话，当然不可能有固定的模式。谁如果希望有人教给他一些固定的程式，他只要照着做就能读懂人心，那他的希望肯定会落空。破解生命之谜需要智慧,而智慧是无法传授的。但是,智慧可以被智慧所启迪。我们可以谈谈自己解读早期记忆的常用思路,如果其中有一定的智慧含量,那就能激发读者的智慧了。

早期记忆在一定意义上可以说是一个人的"全息照",包含的信息非常丰富,往往不是一次两次能看得明白的,所以早期记忆需要反复解读。遇到一件事,去查查他的早期记忆,过些日子,又遇到一件事,再去查查看,换一个角度观察,可能会有新的认识。这样,我们对一个学生的理解,就能日益深入。

面对同一组早期记忆,不同的解读者可能得出不一样的结论,这是很正常的,正像阅读同一本书大家可能有不同的感想一样,仁者见仁,智者见智。那么,究竟谁的看法正确呢?用什么标准来检验呢?一般说来,早期记忆如果解读得正确,本人会认同,这是一个重要的检验方法。更重要的检验方法是,按照早期记忆提供的材料进行诊疗,采取措施促进学生发展,看是否有效。如果有明显效果,那说明我们对他的早期记忆解读是正确的,反之就可能是误读了。

通过一组或者仅仅一个早期记忆,往往可以解读出一个人性格的多个侧面,这非常有趣。一位女教师的早期记忆是这样的:"我最早的记忆是五六岁时我二哥复员回家的情景。当时,有人喊,'来了来了',我飞奔出去,看见一个穿军装的人,他噌的一下把我抱起来。"她当场让我解读。我说:"您与您二哥的关系不一般。"她说:"是的,二哥总是护着我。"我说:"您喜欢那种被人保护的感觉。在您心目中,实际上您的二哥扮演了父亲的角色。"她点头。我说:"您可能喜欢比较高大的男人。我猜您的爱人也应该是比较高大的。"她说:"是。"我说:"您可能对军队有感情。"她说:"是,我小时候的理想就是参军。"最后我说:"您可能喜欢一种上升的感觉。"她也认可。您看,这一个简简单单的镜头,包含着多么丰富的"个人信息"啊!早期记忆就是人生的密码。

下面我们具体谈谈解读思路:

(1) 看场景地点

早期记忆中的场景,有家中、街区、村中、田野、商店、风景区、动物园、游乐场、幼儿园、学校等等。家中又分室内室外,自己的房间和父母的房间、客厅。比如某学生的早期记忆多数场景发生在家中,我们可以推测这个孩子比较恋家,或者对家长比较依赖，或者胆小。有的学生的早期记忆几乎全都是在室外玩耍的情景，这种孩子，心就可能比较"野"，比较好动。早期记忆出现幼儿园的孩子不少，多数是说自己怎么不愿离家，哭着喊着拒绝入园，这种孩子对环境变化的适应力可能会比较差，因此，他们进入人生的一个新阶段（入学，小升初，上高中，上大学，甚至就业）时，就需要事先做些指导。有些学生对商店印象深，这种孩子长大后可能物质欲望会强一些。有的学生的早期记忆中尽是游乐场、动物园中的情景，这种孩子可能贪玩。有的学生的早期记忆是在自己的房间里摆弄什么东西，这种孩子可能不喜欢交往。有些学生记得自己在野外看到的景色，这种孩子可能是心胸比较宽阔的，或者热爱大自然的。早期记忆出现上学后的情景相对较少，但值得注意。不管他记住的是在学校受挫（比如挨批评）还是受表扬，总之只要出现学校的镜头，那就可以说明这个学生对所在集体是比较看重的，他很在意自己在正式群体中的位置。相反，如果某生的早期记忆中完全没有学校和幼儿园的影子，那么他长大后就可能更在乎自己在非正式群体（朋友圈子）中的存在。

我们看一个例子：

例1：小宇（男，初一）

记忆一：大约在我5岁时，在一个晴空万里的日子里，我早上7点起床后吃过早点，便与爷爷一起下楼。过了河边的火车道，有一片茂密的树林。我与爷爷一起戴着帽子，拿着捉虫子的虫网一起去捉虫子了。进了树林，天很蓝，有很多虫子在地上爬或是在空中飞来飞去，在一片绿色中，有清脆的知了叫，也有蚂蚱在叫，更有小鸟在歌唱。在这样的环境中心情可真好。

记忆二：大约在我4岁时，天气不错，爷爷就带我一起去了公园。到了公园里，有一个游戏就是用10元买10个圈，并用圈去套奖品，套中了就归你。我看很有意思，就让爷爷给我买了10个圈。我开始扔了，一个没中，两个没中……最后一个了！我闭上了眼睛胡乱一扔，哈！中了！套中了一只小白兔。我提着兔子和关兔子的笼子回家了。

> 记忆三：大约在我5岁时，我又一次与爷爷一起去捉虫子。这一回我们先看见了一只白色的蝴蝶，于是我们就开始抓了。可这只蝴蝶机灵得很，怎么也抓不到它。我一着急把帽子扔了出去。只见帽子飞呀飞呀飞，一下子把蝴蝶扣在了下面。这只蝴蝶就这么被我抓住了。抓住了蝴蝶的感觉可真好，因为我觉得我想要的东西不一定非要爷爷帮我才可以得到，我觉得用我自己的力量也可以得到。

三则记忆，记忆一、记忆三在野外，记忆二在公园。没有家中的镜头，没有幼儿园、学校的镜头，也没有街道的镜头。我们可以推测这个学生喜欢自由，性格比较阳光，有进取心和成功欲，自主性较强。他可能不喜欢被束缚，也可能会有纪律问题。

(2) 看其中有谁，没有谁

早期记忆中总会有人物出场，我们一定要注意有谁，没有谁，这很重要。比如上面这个小宇的案例，其中出场人物除了自己之外，只有爷爷，这说明爷爷在他的心目中属于"重要他人"。那么，如果我们想真正了解小宇，就要尽可能了解他的爷爷：爷爷的性格，他的职业，他的价值观，他的人生历程，因为这些都可能潜移默化地在小宇身上留下烙印。另外，小宇的早期记忆中没父母，那他就可能是在爷爷身边长大的，后来才回到父母身边。这种情况有个危险，孩子和父母的关系可能不好，或者冷淡，教师要及时了解情况，预防矛盾或者化解矛盾，否则对孩子的成长不利。

有的学生早期记忆中哥哥或姐姐很突出，有的都是小伙伴，这些学生的人际交往倾向往往会侧重于同龄人和横向的关系。如果早期记忆中出现的都是成年人，如父母、叔叔、舅舅、姑姑、姨、老师等，这种学生就会比较重视纵向的人际关系，形成权威型人格的几率会高一些。

如果某个学生的早期记忆中只有自己，没有出现其他人或者出现也只是陪衬，这种情况要引起注意，这个学生可能出现自闭、抑郁等心理问题，也可能他的自主性非常强。我的核心早期记忆画面就只有我一个人。这奠定了我一生的基调。后面我还要具体谈。

(3) 看活动内容和性质

早期记忆中肯定会有主人公的行为、活动。分析的时候，一定要注意他在做什么，他的注意力重点是什么。

比如，"玩"是早期记忆中最常见的内容，这是完全可以理解的，因为人的幼年时代的主旋律就是玩，玩几乎就是幼儿的"工作"。所以我们不能把分析停留在"玩"这个层面上。玩和玩可不一样。男孩舞枪弄棒，女孩玩布娃娃，性别定位就已经显出来了。有的孩子是在傻玩，有的孩子是在一边玩一边思考，智力差异也显现出来了。有人喜欢自己玩，有人喜欢和伙伴一起玩，后者的社会化障碍就可能比前者少一些。爱因斯坦小时候非常喜欢父亲送给他的一个指南针，觉得特别神奇。他对科学的爱好已经初露端倪。我们从他的名言"上帝不掷骰子"中，分明可以看到指南针始终指南的那种确定性。这说明他从小到老，个性倾向始终如一。我们从早期记忆中还可以看出，有些孩子玩的时候，注重的是结果（比如输赢），而有些孩子则可能注重体验过程的快乐，这两种孩子长大后的人生态度会有很大差别。有些孩子喜欢动作型游戏，有些孩子则喜欢动脑型游戏，他们的智力类型显然不一样。

我们分析一个学生的早期记忆，常常可以看出他的需要处于什么层次。这很重要。人的需要从低到高是有层次的，每个人都有不止一个层次的需要，但一个人的需要，却可能主要落在某一个层次上。据此往往可以看出一个人素质的不同，即我们常说的格调有高有低。比如有的孩子早期记忆中几乎全是吃，津津有味，那么他的需要层次可能主要是生理需要；有的孩子早期记忆中全是事故、受伤等等，他的需要层次可能主要是安全需要；有的孩子早期记忆都是和小伙伴一起活动，他的需要就可能主要是人际交往的需要；有的孩子早期记忆都是父母如何爱他，那么他的需要层次可能是情感需要；也有的孩子早期记忆中出现的多是别人对他的赞扬或者他受过的屈辱，这种孩子的需要层次可能就是被尊重的需要；有的孩子早期记忆的内容好像是自己在那里享受一种发现，这种孩子的需要层次最高，这是自我实现的需要。

下面我们看一个案例：

例2：小白（女，初一）

记忆一：大约5岁，我梳着齐耳短发，戴着"皇冠"与妹妹一起到游乐场玩，骑木马，荡秋千，妈妈在给我们照相，我兴奋极了，那天天气晴朗，给人感觉很愉快。

记忆二：大约4岁，妈妈带着我到动物园玩，我梳着两个羊角辫，穿着橙色裙子，妈妈带我去看大象，正好动物园有活动，买一张票就可以坐在大象的鼻子上，我也想试一试，妈妈就买了一张票。但轮到我的时候，我却又哭又闹地不去，心里的紧张慌乱是无法用语言描述的。因为我怕从大象鼻子上掉下去。但后来在妈妈的一再坚持下，我坐上去了，坐上去的感觉还不错，高高在上。

这个小姑娘的早期记忆有两点很明显。一个是注意穿着打扮，注意自己的外部形象，另一个是喜欢那种"高高在上"的感觉。我觉得这个孩子的人生需要，重点是"被人注意、受人尊重"的需要。她可能有爱美、爱玩的个性，性格比较阳光，但也可能有些虚荣。我看这两则早期记忆的时候，脑子里突然出现了"好风凭借力，送我上青云"的诗句。或许这个女孩与《红楼梦》中薛宝钗的个性有几分相似。

（4）看心态

有时候，我们单看早期记忆中任务活动的内容和性质还不行，因为同一个活动，可以带着不同的心态进行，所反映出的人物的心理可能是完全不同的。而有些学生所写的早期记忆中，人物心态看不清楚，这就需要询问本人。

请看一个例子：

例3：小柯（男，小学四年级）

我当时5岁，五彩的闹钟，五颜六色的小泥人都被我泡到了水里。等妈妈回来后，我就被妈妈批评了："小柯，你怎么回事？"我的心里非常不高兴。

小柯挨了批评不高兴，这很清楚，但是他玩时的心态，看不清楚。请注意他玩的闹钟和小泥人都是五颜六色的，他为什么要把它们泡在水里？如果他是想知道这些小东西泡到水里之后颜色会发生什么变化，这是一种探究的心态，那这个孩子就可能是一个喜欢思考、喜欢探索的人。如果只是一种无意识的淘气，那就说明这个孩子是动作型的人。这两种人的教育方法应该是不同的。后来我又查了一下小柯的"五项图"【见本书第217页图1】。他是把其他各项都整合到树上，画了一个树屋，有高梯子通上去。屋内他和妈妈相对而坐正在读书。旁边还有大书架，上面摆满了书。整个画面有浪漫色彩。看来小柯可能是一个思考型、学习型的人才。但这幅"五项图"是黑白的，没有彩色，不知是不是画图那天他没带彩色笔。这也应该问一问，因为作画者对色彩的态度也很重要，或许他是个艺术型的孩子也说不定。记住了挨批评，记住了自己不高兴，这种心态说明他自尊心很强。小柯的人生需要，可能是"被人尊重"和"自我实现"，层次是比较高的。我又查了查他父母的情况。他母亲是幼儿园教师，父亲是干部。

再看一个例子：

例4：小杰（男，初一）

记忆一：我记得的最早的事，大约是五六岁时上幼儿园前，夏天，在姥姥家的四合院里，左边是玉米地，右边是墙，正面是我二舅、三舅家的三位哥哥，我和二姨家比我大几个月的小泽在一块。我和小泽都拿着用水充满的气球——"水球"往对面的三个人扔，可是距离太远扔不到那里，而他们却能扔到我们这儿，炸了我们一身水。

记忆二：在夜深人静时，我躺在姥姥家的炕上，眼望着窗户纸，忽然头一歪，嘴里吐了一大堆东西，然后有人拉开灯起来给我收拾，而我却眼一黑就啥也不记得了。

记忆三：我手里拿着根冰棍，呆呆地望着我姥姥家所在的四合院的胡同口的尽头。

记忆四：我姥爷和我买菜归来，我姥爷骑着老式的黑色自行车载着我回来，下车时，我觉得屁股痛极了，左脚脚后跟被车轮蹭掉了一大块皮。

这一组早期记忆最费解的是记忆三:"我手里拿着根冰棍,呆呆地望着我姥姥家所在的四合院的胡同口的尽头。"我想,遇到这种情况,最好询问一下本人,问他当时的心态是怎样的。如果他说心里很舒服,那可能说明他的性格有安详的一面;如果他说是在想胡同尽头外有什么,那是一种探索欲;如果他说是在等待一个亲人,那说明他有亲情。你看,同一个动作,心态不同,解释就完全不同。所以我们在早期记忆中遇到一些中性的描述时,往往需要询问学生当时的心态。

除了询问本人之外,还有一个办法是把几个记忆串起来思考,发现其中的内在联系,有时也可以猜出被检测者的心态。我们还看小杰的例子。你读记忆一就会发现,他对建筑的位置、方位、相互距离很敏感:"四合院里,左边是玉米地,右边是墙,正面是……"记忆二也是这样:"我躺在姥姥家的炕上,眼望着窗户纸"。记忆四则有"左脚脚后跟……"我因此猜想,他的智力类型可能是空间智能型的。如果确实如此,记忆三就容易解释了。"呆呆地望着我姥姥家所在的四合院的胡同口的尽头"正是对建筑空间结构和街道空间结构的一种感知和咀嚼,这时候小杰的心态应该是一种专注的认知心态。另外,我们从他的早期记忆中还可以发现他有挫折感,身体感觉灵敏,或许有些自怜。这个孩子的人生需要是什么,我还不敢说,得看看其他材料。

(5) 整体印象

与"全家福"和"五项图"一样,解读早期记忆的时候,我们也要注意整体感觉和第一印象。要综合背景、颜色、声音,整体地感知其中的情调和氛围。这个道理我们在讨论"全家福"与"五项图"的解读时已经说过,此处不再重复。仅举一个例子。

例5:小欣(女,初一)

记忆一:大约是5岁的时候。那一天,我和妈妈在超市,因为累了,所以我们在进货口旁边的那张长椅子上坐了下来,这个门口人来人往,有的搬着货架,有的准备上货。忽然,一个男人拿着货架急急忙忙地冲了进来。也不知怎么了,货架就朝着我倒过来,我就看着它猛地一下倒在我身上。但是,不幸的事情发生了,货架上的一根铁棍扎到了我的眼睛,我感到一阵钻心的疼痛,大哭了起来,眼睛里的血水与泪水混在一起。这时,妈妈连忙把货架从我身上拿开,并询问我眼睛的情况,我的唯一感觉就是疼,血一滴一滴地流着。妈妈抱起我就往外跑,打车去了医院……

记忆二:记得那一年我7岁。刚上一年级的我还什么都不懂,需要一个脾气温和的老师来开导我。可是,我却偏碰上了一个严厉的老师——张老师。记得有一天,张老师让我们写口算,我们就开始写,写着写着,我就觉得不对,怎么会那么多题呢?不过,我又想:老师让写就写吧!管它是多还是少呢!我又开始写,可是张老师说:"还有谁没写完?"我举起左手,右手不停地算。谁知张老师大发雷霆,说:"就几道题,用这么长时间吗?拿过来我看看!"我走到她面前,她又是一顿劈头盖脸的训:"我让你做第7页的题,你怎么做13页的呀!"我不敢说话,"啊?"这一下,可把我吓着了,就开始不停地哭……

记忆三:那是11岁的时候。某日中午,吃完饭后,我就在班里走来走去,正想着事,突然"哐当"一声吓了我一跳。原来我刚才把词典给碰掉了,我一看,心想:坏了,硬皮掉了,怎么办呀!我蹲下来,翻开硬皮,天哪!不得了,它是我的死对头——小东的词典。我晕!他走过来,跟我说:"你把我词典的皮儿给碰掉了,怎么办哪?""你想让我怎么办?我又不是故意的。"我反驳道,其实心里非常慌张。他又说了:"赔我一本新的或者赔我50块钱!""不赔!就不赔!哼!"我们俩就这么吵啊吵……

记忆四:那一年是我9岁的时候,那一天是期末考试的最后一天,正好又赶上妈妈出差:就剩下我和爸爸两个人。一大早醒来,我一看表:完了,7:30了!我连忙穿衣服、洗脸、刷牙,饭也没吃,背上书包就要出门,爸爸被我吵醒了,他从冰箱里拿出一块面包塞给我,说:"没事儿,还来得及呢!"我穿上鞋就往学校狂奔,好不容易到了,发现已经7:50了!老天!我以最快的速度,一步两个台阶冲到了2楼,跑向我们班……令我异常兴奋的是,就是在这般情况下,我的英语竟然考了第一名!说实话,这令我百思不得其解。

这几则早期记忆,虽然有悲有喜,但整体上都笼罩着一种无法掌握自己命运的不安全感和荒谬感。生活是没有常规的,命运是不可预测的,一切似乎都是偶然的……这样的孩子,性格会怎样呢?她很可能会迷信,很可能对社会对人缺乏信任,可能有人际交往恐惧,也可能缺乏自信;但她遇到困难和挫折,却可能不像别人那样焦虑——反正命运不是我自己能掌握的。这种孩子的心理问题并不一定严重。

(6) 看主题

研究一个人的早期记忆,最主要的目的之一是搞清他赋予生命的意义。生命的意义可以说是早期记忆的主题、中心意思,类似一篇文章的立意、主旨。人是一种意义的动物,其他动物活着只是活着,无所谓目的,人类不行,任何一个人,都要想办法给自己的生命找到一种意义,才能安心活下去。如果找不到这种意义,他会极其焦虑,严重的就会自杀。动物在严格的意义上是没有自杀行为的,只有人类有这种行为。如果你能搞清一个人赋予人生的意义,你就会发现他的所有言行都在为这种意义而努力,不管他是有意识的,还是无意识的,无意识的甚至比有意识的更稳定、更坚决。人生意义是生命之纲,纲举目张。而要找到一个人赋予人生的意义,最重要的方法是看他的早期记忆。前面说过,早期记忆是给人生定调的,所谓定调,指的主要是确定生命的意义。这个过程是遗传因素与环境影响的统一,大局初定在6岁之前。

比如我们前面举过的例子。例1中的小宇,他赋予生命的意义可能主要是"取得成功",这个成功是事业上的成功。例2中的小白,她赋予生命的意义则可能是"吸引他人注意,取得较高地位"。例3中的小柯赋予生命的意义可能是"探究",就是研究事物的奥秘。这个孩子长大后若成为科研人员,我一点都不觉得奇怪。例4中的小杰赋予人生的意义我还没搞清楚。例5中的小欣赋予人生的意义则有可能是"期盼幸运"。如果我们上述的判断有道理,你会发现这些孩子的言行都是围绕他们的生命意义的,像指南针一样,无论指针如何晃动,最后还是停在指南的方向。除非出现特殊情况,人是不会背叛自己的生命方向的,生命意义像一只无形的手,牵着人往前走。

关于早期记忆的解读,还有一点要提醒的是,要注意早期记忆的清晰度和浮现率。越是清晰的、浮现率高（经常能想起）的早期记忆画面，越能反映一个人性格的本质。但是解读者不要硬性地迫使被检测者把画面清晰化。可以让他回忆一下（比如背景、颜色、声音），如果他说很模糊，那就模糊，因为模糊本身也是一种重要的信息。我个人的早期记忆背景就非常模糊，这说明我的注意重点是在内心。

（五）词语联想（检测手段之五）

1.什么是词语联想？

词语联想是西方的一种心理测试技术，最初是用来进行心理学研究的，比如研究联想的规律。瑞士心理学家荣格率先用这种技术来研究反应障碍，以此探求心理疾病患者的"情结"。（"情结"是一个心理学术语，指的是一群重要的无意识组合，或是一种藏在一个人神秘的心理状态中，强烈而无意识的冲动。）具体做法是在一张纸上写好100个词，告诉被试（被检测者）若干规则，然后把词读给被试听，让被试说出所联想的词汇，并记录时间。如果某个词击中了被试心中隐秘的东西，被试的反应速度和所联想的词汇就会出现异常，于是研究者就可以据此发现被试的"情结"了。这样，研究的技术就变成了诊断的技术。

本书所说的词语联想，思路是从荣格那里借鉴的，但方法和作用都不同。荣格的词语联想是专门用来发现"情结"的，我们所说的词语联想涉及的面要宽得多。对于我们来说，词语联想是一种"心灵体检"的技术，我们想从这里了解更多的东西：被检测者的情绪、心理健康状况、人际关系、知识背景、思维方式、思维类型等等。我们的词语联想不光针对问题生或者有心理问题的学生，每个孩子都可以进行这种检测。我们也没有那么多规则，只是给定几个词（有时甚至任选几个词），让学生加以联想。我们不是读给学生听，而是让学生自己写。

总之，词语联想在我们这里，是一种教育专业技术，是学生心灵档案的一项内容。

2.词语联想的适用对象

词语联想主要适用于中学生（包括初、高中），小学高年级或许也能用，我们正在试验。至于小学低年级，因为孩子掌握的词语太少，恐怕不适合这种检测方式。

3.词语联想检测的操作

我们现在的做法,对中学生,是给定5个"领词",让学生在每个领词后面联想19个词。一组20个词,5组100个词。最初我们是给定3个领词,共60个词,但发现提供的信息较少,后来增加了两个领词。

目前我们常用的领词是:天空,人,网,可是,跑,平静。有自然界的,有社会的;有动态的,有静态的;有实词,有虚词;有外部动作,有心理状态。我们希望能涉及面宽一些。

我们在小学高年级试验词语联想,采用的办法与中学不同,领词多而联想词少。领词10个左右,而联想词只要5个就行。这是因为小学生词汇量较少,联想不了那么多。例如李铜老师设计的四年级词语联想的领词是:人,书,家,心,老虎,数学,军人,北京,分开,游戏。

需要说明的是,无论在中学还是小学,教师对领词都可以灵活处理,不一定非用上述这些词。确定领词,只要注意涉及面宽一点,词汇类型多一点,不脱离学生的实际水平,就行了。总之,要让水平高的学生有发挥余地,水平低的学生也不至于一个词写不出。

还有,联想词的数目可增可减。有的词学生联想不起那么多,可以少写几个,有的词他能联想起很多词,也可以多写几个。告诉学生,"跟着感觉走"最好。甚至可以这样,你若看着某个领词不顺眼,自己确定一个领词也行,然后联想下去。

学生很可能因为做语文作业形成了思维定势,把词语联想当做"词语接龙""找同义词、反义词""解词"一类的语文作业来处理,如此就会严重降低检测效果。所以,在进行这项检测之前,一定要对学生说清楚,这不是语文作业,不判分,不比赛,不公布。对小学生则可以说这是个游戏。

再有一点要告诉学生:不要怕写错字,有不会写的字,用拼音或者写别字都可以。总之,想到什么,写就是了。如果学生因为怕写错字而只拣有把握的词来写,将会影响检测效果。

4.分析词语联想有何用处?

人基本上是用语言来思考的,语言是存在的家。而语言的基本单位是词汇,所以我们可以说,了解了一个人头脑中的词汇储备情况,就大致上了解了这个人。

在智力方面尤其如此。科学研究表明，人的智力与他掌握的词汇量呈正相关。教师在日常教学活动中也能发现这种规律：那些高分生，往往词汇比较丰富，而那些低分生，词汇就比较贫乏。

但是一个人头脑中究竟储存了多少词汇，哪些是他会说会写也会用的，哪些是他会说不会写的，哪些是他大致能听明白而从来不用的，哪些是他根本不理解的，哪些是他能说能写其实用得不对的……这非常复杂，很难调查清楚。所以，要了解一个学生头脑中的词汇储备情况，只能抽样调查。词语联想，就是一种抽样调查方式。我们实际上是抽样调查学生头脑中会说会写又会用的那一部分词汇，据此推断他的精神状态及智力状况。

词语联想这种检测手段，和其他检测手段（画果树、全家福、"五项图"，回忆早期记忆）相比，在智力检测方面有优势。也就是说，你想要知道一个学生的智力背景、智力类型和智力水平，词语联想提供的信息会多一些。至于心理健康方面，词语联想所反映的学生心理状态可能是当下的、最近一段时间的，也可能是历史性的，要看具体情况。也就是说，词语联想所反映的学生精神状态，不像早期记忆那样带有根本性。在这一点上，词语联想与画果树、全家福、"五项图"性质相近。所以词语联想可做多次，比如一年一次，从中可以看出学生的成长变化。

下面具体谈谈词语联想的用处：

(1) 了解学生精神状态

俗话说：言为心声。词语联想的文字虽然不成文章，但是被检测者联想起"这些"词语而不是其他词语也不是偶然的，起码"这些"词语是和他能产生某种共鸣吧？所以我们综合看这些词语，可以窥测出他的心态。

例1：小麟（男，初二）

1. 天空：白云，飞机，飞行员，乘客，失事，受伤，悲伤，新闻，听新闻，同情，战斗，轰炸，受伤，住院，治疗，康复，驾驶，空军，降落

2. 人：出生，痛苦，喜悦，上学，友谊，学习，生活，生病，康复，生气，高兴，上班，吃饭，睡觉，工作，困难，结婚，女儿，年老，死亡

3. 网：上网，玩游戏，高兴，激情，苦累，烦恼，生气，忧愁，朋友，玩伴，同玩，竞技，炫耀，等级，PK，死亡，胜利，装备，暗杀，复仇

4.可是：解释，原因，结果，说话，反驳，顶嘴，<u>生气</u>，挨骂，顶嘴，<u>被打</u>，哭泣，安慰，说话，哑口无言，道歉，<u>高兴</u>，和谐，各让一步，洽谈

5.跑：奥运会，比赛，运动员，田径，刘翔，跨栏，第一，飞人，纪录，打破，鸟巢，受伤，退出，<u>遗憾</u>，<u>落泪</u>，<u>感叹</u>，<u>情不自禁</u>，祝福，康复

6.平静：心情，安静，睡觉，打搅，<u>生气</u>，<u>发怒</u>，道歉，<u>消气</u>，活泼，发问，回答，湖面，平静，扔石头，波纹四起，鱼，跳跃，捕捉，<u>高兴</u>

情绪性的词汇很突出（占四分之一左右）。这有两种可能：第一种，这位同学的个性就是情绪性的，容易激动；第二种，他最近遇到了刺激性的事件，而且很可能是让他不愉快的事情（因为这些情绪性词汇中消极的稍多）。后来我参照他的早期记忆，初步确定他可能就是一个情绪化个性的人。跟这种学生打交道，教师自然应该谨言慎行，避免造成他的误会。

我们再来看与他同班的另一个男生，其心态就完全不一样了。

例2：小明（男，初二）

1.天空：白云，碧蓝，太阳，阳光，空气，大地，绿草，小鸟，飞机，雨水，微风，夕阳，湖水，小船，鸭子，花朵，蝴蝶，蜜蜂，花蜜，蜂蜜

2.人：人才，工人，衣服，鞋，帽子，穿着，种田，金色，稻子，小麦，玉米，黄瓜，土豆，萝卜，藕，蔬菜，水果，苹果，桃子，梨

3.网：网络，互联网，宽带，网球，网球拍，球门，网游，蜘蛛网，蜘蛛侠，蜘蛛，织网，捕鱼，渔网，钓鱼，渔人

4.可是：但是，不能，无论，都，不管，也不能，怎样，因此，所以，即使，也不，不是，辩解，王××（同学名字），陆老师，严厉，厉害，严肃

5.跑：赛跑，逃跑，奔跑，草原，马，跑车，绿草，小池塘，小鱼，小虾，微生物，放牧的人，跑步，晨练，运动会，狗

6.平静：湖水，小鱼，鸭子，湖面，划船，图书馆，心态，安静，教室，海底，海水，寂静

看得出来，这个学生思想并不深，心态和知识面有点像小学生（事实上他也确实是个低分生），但是他很阳光，没有多少忧愁。查看他的早期记忆，可以大体上确认他是个个性开朗的孩子。这种孩子，教师批评他几句，就不必担心他会记仇。这种人的头脑倾向于记住高兴的事情。

上面两个词语联想表现出的学生的心态与早期记忆是一致的，说明这是他们一贯的心态。

(2) 了解学生的人际关系

我们可以通过词语联想透视学生对人际交往的态度以及人际交往的倾向。

例3：小涵（女，初二）

1.天空：白云,蓝天,太阳,月亮,星星,风筝,小鸟,老鹰,自由,和平,祥和,温暖,爱,平静,自在,温馨,无忧无虑,快乐的事,人家

2.人：爸爸,妈妈,我,同学,朋友,老师,哥哥,姐姐,妹妹,弟弟,姥姥,奶奶,姨妈,姨夫,姑姑,大爷,大妈,叔叔,漂亮,美丽

3.网：上网,优酷网,土豆网,百度,蜘蛛网,美女,游戏,小说,文章,图片,影片,一枝梅,王的男人,我的女孩,神探狄仁杰,家有儿女,网球王子,学英语网,学韩语网,学日语网

4.可是：爸妈,打,疼,而且,快乐,高兴,伤心,死人,但是,果然,一定,确定,也许,不一定,小气,可恶

5.跑：第一,奖状,赵×（同学名字）,殷×××（同学名字）,张×（同学名字）,妈妈,冯×（同学名字）,高×（同学名字）,张×（同学名字）,弟弟,2008年,28日,4×100米,奥运会,残奥会,运动员,残疾人,刘翔,张攻

6.平静：祥和,快乐,高兴,残疾人,舞蹈,水面,镜子,安静,岳×（同学名字）,夜晚

有关人际关系的词汇有30个左右,光同学的名字就有7个。说明这个同学对人际关系很重视,而且是全方位地重视,既重视父母,也重视亲戚,还重视老师,当然,最重视的是同学。她的早期记忆显示她缺乏安全感,或许她是用人际交往做镇静剂来维持心理平衡?若果真是这样,教师如果以集中精力学习为理由限制她与同学往来,那可要她的命了,倒不如索性让她多在小组里学习,效果也许会好得多。

再看下一个例子,就完全是另一种情况了:

例4:小冉(女,初二)

1.天空:鸟,打鸟,掉下,受伤,流血,捡起,养伤,笼子,养,伤害,被人说,喂食,放飞,看着,天,喂养,喜欢,习惯,高兴,爱心

2.人:玩,急了,打架,受伤,医院,住院,手术,钱,时间,疼,难受,点滴,哭,出院,玩,笑,跑,追,摔倒,牙,哭,疼,伤害

3.网:上网,玩,游戏,熬夜,困,时间,起不来,迟到,玩,网吧,游戏,不合理,打架,骂人,动手,受伤,医院,住院,骨折,疼

4.可是:突然,变了,想,没成功,烦,说,没人,玩,没人,平静,好,变了,坏,心,说,人听,说我,不高兴,理解,高兴

5.跑:玩,追,跳,蹦,游戏,摔倒,起不来,骨折,不知道,抬不起来,疼,医院,看病,治,不方便,习惯,难受,好了,玩,高兴

6.平静:心,突然,变,哭,不好,安慰,没用,哭,理解,明白,想象,可以,同情,开心,笑,玩,好心,平静,高兴

这位可倒好,谁也不提,有点"目中无人"的样子。看得出来,她所关注的主要是自己的心情。她可能朋友很少,或者与朋友只做表面的交往。早期记忆显示她比较以自我为中心,这种孩子一般对人际交往兴趣不大。教师说她是个"做梦族",这可能与她的内向性格有关,也可能与自卑有关。

(3) 知识背景

从一个人的词语联想，还可以看出他的知识背景是宽是窄，是深是浅，有没有层次感。据我的经验，词语联想显示出知识背景狭窄的学生，一般是低分生，如果目前不是低分生，那么他的成绩不久也可能下降，因为他缺乏后劲。这和长跑比赛道理差不多。有的运动员头几圈跑得很好，明显处于领先地位，但是你会隐隐感觉他有什么地方不对劲，果然，再过几圈，他就落后了，因为他底气不足。学生的知识背景可以说就是他的"底气"，从这里可以看出他有多大潜能。我已经用这种办法成功地预报了几名高分生的成绩变化趋势。知识背景非常重要，而通过词语联想考察学生的知识背景，是行之有效的方法。

请看例子：

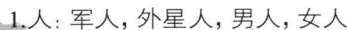

例5：小康（男，小学四年级）

1.人：军人，外星人，男人，女人

2.书：好书，烂书，漫画书，故事书，鬼书，笑话书

3.家：大家，家庭，小家

4.心：心脏，心灵，心梗，心脏病

5.老虎：西伯利亚虎，小虎，大虎，雄虎，雌虎，孟加拉虎，华南虎，白虎

6.军人：大人，小人，老人，年轻人，好人，坏人，杀人，劫人

7.北京：南京，京都，东京

8.分开：开辟，辟开，离开，推开，拨开

9.游戏：打游戏，玩游戏，做游戏，想游戏，编游戏，游戏机，游戏卡

10.数学：做数学，学数学，写数学，会数学，数学本，数学课

例6：小成（男，小学四年级）

1. 人：外星人，飞碟，原子能，实验室，化学物品，辐射，新武器，危害，毁灭
2. 书：魔法书，巫师，新生物，研究，攻击，伤亡，反击，消灭，和平
3. 家：智能房屋，帮助，友好
4. 心：善良，停止战争，失败，战争，厮杀
5. 老虎：王，占领，扩大领地，冲突，不友好，不团结，被击败，俘虏，奴隶，干活
6. 军人：枪，炮，飞机，轰炸，伤害，恢复，强大，反击，胜利
7. 北京：首都，总统，策略，实行，富强
8. 分开：悲伤，努力，团圆，开心
9. 游戏：开心，依依不舍，明天，继续
10. 数学：知识，提高，科学，实验，证明，奖

这两个小男孩是同班同学。可以看出，他们的知识背景差距很大。例5中小康联想的词汇，不但涉及面较窄，而且联想的思路基本上是线性的、平面的，思维很拘谨。例6中小成视野就宽阔得多，联想到的有道德问题，有科技问题，有军事问题，还有国际政治问题。后者思路也比较活跃，比如从"首都"联想到"总统"，从"总统"联想到"策略"，从"策略"到"实行"，最后到（国家）"富强"，这是一个完整的合乎逻辑的思维过程。再回过头看例5中小康的词语联想，你会发现那些词都是单摆浮搁地放在那里，词与词之间的联系是很表面的。据此也能看出二者智力的差距。于是我们可以得出一个初步结论：小成比小康在学习方面后劲要大，很可能现在小成就比小康学习成绩好，如果不是这样，而是小康领先，那也可以预测小成不久就会追到前面去。于是，我们在辅导这两个学生学习的时候，就更有针对性了。（注：我并没见过这两个孩子，也不了解他们的其他情况。写完这部分后，发给这两个孩子的班主任征求意见。班主任回复道："您的预测完全正确！小成现在的成绩在班级里明显领先，小康则属中等偏上。"）

再看两个中学生的例子。

例7：小轩（女，初二）

1.天空：白云，棉花糖，糖果工厂，动画片，电视，卡酷，展会，口袋妖怪，日本，樱花，青藏高原，蒙古包，包子，虾，海，海豚，日本料理，三文鱼，钓鱼场，海鲜

2.人：高等动物，猴子，香蕉，香蕉船，冰激凌，冰棒，夏天，游泳，水上乐园，游乐场，抓娃娃机，抓抓老师，百度HI，网络，视力，绿色的眼镜，钱，手术，家教，英语，成绩

3.网：电脑，聊天，网友，抓抓老师，瑞士巧克力，瑞士军刀，毫丝列的黄瓜，沙丁鱼，番茄，鸡蛋汤，火鸡，霍金，朋友，离别，礼物，鸡蛋，奥运，福娃，漫画展，玩具

4.可是：辩解，生气，咬人，狗，家，妈妈，吃饭，睡觉，床，枕头，梦，幻想，穿越时空，未来，飞船，米老鼠，迪斯尼乐园，美国，比萨饼

5.跑：比赛，运动会，班排，绘画，漫画，王道，王宝强，金龙奖，漫友，客心，同人女，BL，吹樱，XE，TF，语文课，张老师，好友名单，生日，巧克力

6.平静：小村庄，野菜，怀柔，河水，竹筏，水上气球，鲨鱼，乐齿，大象，牙雕，梳子，木头，房子，钢筋，皮筋，童年，童话，安徒生，泡沫

例8：小树（男，初二）

1.天空：鸟，鹰，王者，专制，政治，民主，人民，生活，快乐，游乐园，过山车，离心力，激光，鬼屋，鬼，幽灵，干尸，死人，杀人犯

2.人：独裁，法西斯，希特勒，德国，二战，战争，伤亡，眼泪，可怜，弱小，以大欺小，强大，力量，起重机，石头，钻石，贵重，保险柜，银行，银行家

3.网：网球，费德勒，完美，新生儿，可爱，幼稚，儿童，天真，纯洁，洁白，雪，白色，婚纱，幸福，天堂，上帝，权威，专业，擅长，拿手

4.可是：无奈，没有办法，不擅长，不专业，业余，观众，人群，生物，动物，狼，凶险，可怕，吸血鬼，蝙蝠，声波，雷达，信号，手机，短信，信件

5.跑：博尔特，运动员，世界纪录，菲尔普斯，金牌，第一，考试，复习，学习，书，纸，打印机，电脑，网络，网站，百度，贴吧，帖子，建议

6.平静：安静，图书馆，学校，学生，老师，工作，职业，人才，招聘，科技，机器，手工，手表，瑞士，雪山，滑雪，雪，洁白，高尚

浏览一遍你就会发现，这两个同年级的学生脑子里装的东西太不一样了，几乎是两个不同的世界。可是他们却很可能被教师看成同样的教育对象，一刀切地向他们讲述同样的教材，给他们留同样的作业，提同样的要求。这种教育是不是有点荒谬？

这位小轩同学的知识背景除了最基本的生活词语之外，几乎全是流行的东西：流行的食品，流行的用品，流行的娱乐，流行的动画片，流行的电视节目。很感性，很时尚，很肤浅。可想而知，她在学校里学的学科知识，多数都只是在她的头脑中暂存一时而已，考试之后，就会忘记，真正留在她头脑中的，就是词语联想中出现的东西。或许明年再做联想时，其中的具体词汇可能会发生变化，但"流行"这一点，估计很难变。我查看了一下她的早期记忆，其重点也是吃和玩（巧克力冰激凌，溜溜球，海洋馆），说明她的个性很稳定。这种孩子当然也不是不可以教育，但是要注意：第一，你不能期望值太高，否则只能收获无奈；第二，最好把她的学习和吃、玩挂起钩来，和流行因素挂起钩来，这样效果可能会好一些，因为符合她的个性。

例8中的小树同学就完全是另一种情况了。他脑子里装的是什么？是政治，战争与和平，道德，社会公正，生与死，前途与职业。他的思路要宽得多，想得也比较深。如果说例7中的小轩思想是漂浮在事物表面的、乐天的，例8中的小树则是深入

到事物内部的、严肃的。初二的孩子,像小树这样,思想应该属于比较沉重的了。我查看了一下他的早期记忆,里面充满了行动色彩,总是强调"第一次"(第一次放炮,第一次踢足球等)。任课教师告诉我,他是个高分生,而且成绩还在上升。这是可以理解的,他的潜能较大,他对人生是严肃的。我要是教育这种孩子,我就和他谈论天下大事和哲学,顺便指出他在纪律上的毛病。教师如果像哄小孩一样,总对这种学生谈论学校日常琐事(还美其名曰"校园无小事"),会被他看不起的。教师们如果发现一个比较有思想的孩子听你说话不耐烦,请不要轻易认为他这是骄傲自满、目空一切,要知道很可能是你说的话对于他太"小儿科"了。在这种情况下,学生处于这样的年龄,要让他故做谦虚状,耐心听下去,未免太难为他了。

(4)思维方式,思维特点

从词语联想中,还可以看出学生的思维特点,比如思维的深度、逻辑性、概括性、灵活性、流畅性、发散性、独创性等。

例9:小宇(男,初二)

1.天空:神七,宇航员,三个人,蓝鸟,蚊子,苍蝇,云,黄山,大海,清晰,王元,黑,星星,外星人,UFO,恐怖,电影,小说,鸡皮疙瘩

2.人:人山人海,60亿,30亿,13亿,9600万,残奥会,残疾人,肢残,智残,脑瘫,足球,刀锋战士,精神,刘翔,姚明,科比,NBA,CBA,WCBA,球队

3.网:上网,网络,联网,CS,T,CT,AWP,AK47,M4,MP5,防爆盾,USP,沙鹰,包,拆包,蟒蛇,雷,防弹衣,头盔,西部民兵

4.可是:玩,难,请人,打血,纪录,PSP,无双大蛇,三国,吕布,董卓,本多忠胜,织田信长,武田信玄,诸葛亮,扇子,无双方天画戟,曹操

5.跑:运动会,刘翔,12'97,12'88,博尔特,飞人,快,速度,百米,肌肉,大,吕布,铁戟,方天画戟,远吕智,无间,焦熟,黑绳,赵云,蛇魔再临,关羽

6.平静:心情,烦,环境,水,湖,天鹅,茶,微风,作业

可以看出，他的词语涉及面窄，大都是网络游戏用语和流行语言，而且思路跳跃，没有什么逻辑性。这个孩子的头脑可能是比较乱的，学习上估计会遇到困难。任课教师认为他是一个"做梦族"。

例10：小远（男，初一）

1. 天空：蓝天白云，太阳，广阔，明月，繁星，一闪一闪，皎洁，明朗，万里无云，晴朗，阳光普照，生机勃勃，繁花似锦，涓涓细流，清澈，鱼儿，嬉戏，鹅卵石，光滑

2. 人：喜怒哀乐，情绪，控制，长寿，幸福，快乐，兴奋，力

3. 网：缀连，天涯海角，邻居，快捷，省力，信息，传递，快速，光纤，储存容量，兆单位，数学，应用，理性思维，推理，侦探，福尔摩斯，柯南·道尔，回忆录，归来记

4. 可是：理由，借口，错误，知错就改，态度，学习，方法，工具，好成绩，表扬，骄傲，气馁，失败，反思，行动，付诸于，再次成功，教训，懂得，道理

5. 跑：快，慢，锻炼，身强力壮，肺活量，憋气，游泳，泳具，生产业，平原，地形地理，最高分，班级，集体，家，团结，和谐，社会

6. 平静：森林，茂盛，生物，种类繁多，生态系统，食物链，环环相扣，缺一不可，生物学，学科，大学，选择，金融，热门，报名，人数，应试，技巧，语言，能力

这个学生与上一个例子中的情况就完全不同了。他看起来头脑比较清醒，知道自己现在该干什么，也似乎知道自己以后要干什么。他的词语联想思路很流畅、很清晰，而且富于逻辑性。比如"平静：森林，茂盛，生物，种类繁多，生态系统，食物链，环环相扣，缺一不可"，"跑：快，慢，锻炼，身强力壮，肺活量，憋气，游泳，泳具，生产业"，我们能很容易地捕捉到他思维的路径，这些词就像他的一串脚印。就连"生产业"后面的"平原"，也有迹可循，大概在他的心目中，"生产业"

比较发达的地区是"平原"。有趣的是,他的词语联想虽然思路活跃,但似乎"形散神不散",有的群组还有"主题"。比如"天空"一组,说的是自然界,"网"一组,语词几乎都隐含"关联"之意,而"可是"一组,则侧重反思,总结经验教训。说明这个学生的概括能力、统摄能力、推理能力可能都比较强。他的词语中出现"福尔摩斯",不是偶然的。这个学生的学习潜力应该是比较大的。

例11:小喆(男,初二)

1.天空:蓝天白云对比很大,有白云,云海,夜上,夜上白云海,小精灵,坐在新月上,钓鱼,软软的云,坐在上面,大雄,竹蜻蜓,哆啦A梦,口袋,魔术,礼帽,黑色,兔子,粉色,魔棒

2.人:三叶虫,达尔文,猴子,金丝猴,青色,青霉素,杀菌,生,老,病,死,善,恶,人之初性本善,三字经,古代书童,私塾,跪,书

3.网:渔网,鱼,渔夫,船,苏联,穷人,列夫·托尔斯泰,西蒙,两小孩,风暴,回来,隐瞒,同意,睡,黄化子,农人,工具,自给自足,伟大,没了

4.可是:但是,转,完了,坏消息,裤子,新的,另一个,交换,唉,哈哈,笑话,读者,蓝色,白色,半月刊,三元钱,AB,来,没有,回

5.跑:飞毛腿,导弹,伊拉克,萨达姆,美国,海湾战争,飞机,爱国者,拦截,残,骇,黑色,亮点,一群,人,靴,鞋,穷,跑,比赛,奖,鞋,池鱼

6.平静:夜,雨,教室,去,针,紧,张,卷,分,唉,完了,不回,回,怎么办,唉,上帝,保佑,死,生,唉,哈,噫,一段,又,还,再,另,正常,了,想,下次,不想,可是,但是,没,算了,潭,水,草,光,三角,回边,证明,解,设,证,因为,所以,在××中,全等,勾,差,对,错,数学,老师,师老师,中学,高中,大学,工作,一生,完结,地狱,天堂,帝,座,左上

这个学生的词语联想主要特点是"怪"。他上来第一组就从"天空"想到"蓝天白云对比很大",我还没发现初中生有这样想事的。第四组,从"蓝色,白色"

想到"半月刊",匪夷所思;最后一组,一个字一个字往出蹦,更是怪哉。他的思路难以捉摸。但这不会是偶然的,他的脑子里既然有这样独特的连续性,就一定有他自己的道理。我们认为通不过去的地方他能通过去,那一定是另有奇路,只是别人没走过而已。这个学生的词语联想初看有点像例9中的小宇,其实不然。他的知识面明显比小宇宽,像"老师,师老师,中学,高中,大学,工作,一生,完结,地狱,天堂,帝"这样的词语,说明他对生活的态度远比小宇要严肃,其思想深度也非小宇所能比拟。

有人要问:小宇思路跳跃,小喆思路也跳跃,为什么你说前者是"混乱"而说后者是"怪哉"呢?道理是这样的:小宇思路虽然跳跃,但都没跳出圈子去,他的思想是在一个窄小的平面上乱蹦,小喆则不然,不但范围大,而且有层次、出人意料。再有,细看他的词语,其间是有内在联系的,他的跳跃不是"没心没肺"的那种。

小喆这样的学生,我主张谨慎对待,在没搞清楚其情况之前,不要轻易对他说什么。这种人可能会有怪脾气,我主张对其宽容。他有可能是个"怪才"。我查看了一下他的早期记忆,发现也很怪异,他好像对事物的结构特别感兴趣,而他的任课教师则告诉我,他的学习成绩在上升。

(5)智力类型,学科倾向

有时,我们还可以从词语联想看出学生的智力类型和学科倾向。

例12:小聪(女,初二)

1.天空:云,雨,彩虹,精灵,化境,白云皇后,彩虹仙子,翅膀,勇气,信念,飞,美丽,梦幻,梦境,现实,天使,流星,许愿,泡沫,幻影

2.人:天使,金色,洁白,纯净,美丽,羽翼,轻舞,透明,闪烁,泪光,雨滴,微风,忧伤,湖水,天海,人鱼,珍珠,海浪,唱歌,公主,王子,泡沫,精灵

3.网:小鱼,眼泪,朋友,力量,逃脱,快乐,嬉戏,历险,海盗船,宝藏,诅咒,古堡,幽灵,沉睡,公主,图腾,魔法师,黑暗,战斗,信念,友谊,力量,拯救

4.可是：因为，反驳，失落，郁闷，寒冷，大雨，倒霉，朋友，鼓励，自信，努力，蜕变，理想，靠近，黑暗，放弃，伤感，诗句，开阔，意境

5.跑：逃避，放弃，勇气，雨，彩虹，仙境，女神，精灵，力量，流星，两端，思念，伤感，逝去，寻找，遗忘，记起，分离，伤痛，金色，洁白，翅膀，离去，天堂

6.平静：微风，小雨，音乐，薰衣草，玫瑰，郁金香，花园，悠闲，彩蝶，蓝天，白云，雪花，纷飞，漫舞，精灵，宫殿，梦幻，旅行，飘舞，洁白，翅膀

可以很明显地看出，这位小聪同学是"文学少年"，倾向于学文科。她联想的词语有明显的形象性、童话色彩、情感色彩和励志色彩，这正是文学作品的一般特点。日常用语很少，流行的网络游戏语言、追星语言也很少。这个孩子可能经常沉浸在自己的文学世界中，有点"脱俗"的味道。我查看了一下她的早期记忆，发现也是情感型的，描写细致。这个学生将来有可能走上文学道路。

例13：小欣（女，初一）

1.天空：云朵，水蒸气，瓦特，火车，京张铁路，詹天佑，清朝，努尔哈赤，崇祯，景山，万春亭，故宫，紫禁城，紫微星，紫微垣，天帝，天子，太子，结党营私，外戚

2.人：四肢，手，足，千里之行、始于足下，千里之堤、溃于蚁穴，蚂蚁，法布尔，达尔文，猿猴，白帝城，巴蜀，刘备，诸葛亮，关羽，张飞，桃园，二桃杀三士，嫉妒，羡慕

3.网：鱼，渔夫，渔翁，金鱼，贪婪，和，乾隆，康乾盛世，雍正文字狱，牢狱隶书，秦朝，小篆，金文，钟鼎文，青铜，商朝，商鞅，变法

4.可是：但是，解释，理由，罪过，罪人，千古罪人，遗臭万年，流芳百世，千姿百态，柳树，感人，张潮，幽梦影，幽灵，冤屈，窦娥，六月雪，天气，气候

5.跑：逃跑，临阵脱逃，士兵，战场，将军，一将功成万骨枯，古诗，李白，将进酒，丹丘，丘陵，高原，青藏，藏服，服装，胡服骑射，射箭，弓箭，杯弓蛇影，喝酒

6.平静：安静，宁静，幽静，寂静，寂寞，孤独，凄凉，蒹葭，诗经，比兴，对比，济南的冬天，老舍，北京，胡同，二胡，乐器，器乐，音乐

这也是个女孩子，情况就另一样了。这些词语有明显的知识色彩、历史感和道德评价色彩。虽然这些词汇也偏向文科，但是没有上面小聪那种具体的形象和情感色彩。如果说小聪是和她的词语描写的情境同命运共呼吸，小欣则是站在外面记录、分析和评价。她可能是个冷静的人。知识面宽，视野宽，有宏观的思考。如果这个孩子将来成了研究型的人才，我不会感到奇怪，但她应该活动在社会科学领域。她不像是理科人才。

例14：小薇（女，初一）

1.天空：大气层，地球，太空，黑洞，漩涡，百慕大，船，泰坦尼克号，电影，金马奖，奖杯，金子，阿基米德，哲学，学科，学校，老师，教诲，学生

2.人：上帝，圣经，教堂，十字架，坟墓，墓地，鬼，聊斋志异，山市（注：选自《聊斋》的课文），蒲松龄，清代，故宫，地方，北京，古人类，历史，潘老师，马××（同学），不败，刘××（本班学习委员），领操

3.网：鱼，海，海鸥，飞，飞机，飞船，载人，杨利伟，航天员，训练，跑圈，陶然亭，定向越野，地理，天气，气候，四季分明，地球公转，自转

4.跑：跳，逃，安全出口，商场，着火，地震，四川，卧龙，熊猫，竹子，动物园标本，昆虫，法布尔，绿色蝈蝈，荒石园，百草园，三味书屋，鲁迅，阿Q正传，字母

5.平静：安静，宁静，寂静，寂寥，寥阔，广阔，无垠，小数，兀畏兀儿，元，元大都，遗址，圆明园，火灾，灭火器，消防车，水管

这又是个女生。看得出来，和其他同学相比，其理科词汇较多。这个小薇可能也是个比较冷静的人，思路清楚而且常常走向理性。看到"天空"，许多孩子都会想到"白云""草地""小鸟"，她却从"黑洞"一直想到了"阿基米德"；看到"跑"，她联想到了"安全出口"，这是相当理性的；从"平静"没有想到各种心情，而是想到了"无垠""小数""圆明园"。这些联想都很有特色。她的父母都在医院工作，医生的科学思维显然对她有影响。这个孩子，长大后学理科的可能性比较大。

（6）需要层次，人生目标，人生意义

人的需要是有层次的。低层次的需要有生理的需要、安全的需要；高一些层次的需要，有情感需要、人际交往的需要、被人尊重的需要、认知的需要；最高级的需要是自我实现的需要。我们有时可以从词语联想窥测到学生的需要重点在哪个层次，也可以大致看出他的人生目标，甚至可以看出他赋予人生的意义（人生的意义是每个人自己赋予的，这种赋予将左右人的全部行动）。

请看例子：

例15：小权（男，初二）

1.天空：背影，动漫，动画片，哆啦A梦，大雄，小朋友，好朋友，游戏，打电玩，PS2，玩不起，打架，受伤，住院，休学，求医药费，发新闻，报道，上电视，出名，有钱，花钱

2.人：好人，坏人，老人，小孩，健康，残疾，有工作，无工作，玩游戏，想童年，想变小孩，梦想，上学，工作，有房，有孩子，当爷爷，死了，遗憾，苦

3.网：网络，交友，网游，升级，我师父，刷怪，出师，买装备，卖点卡，不想玩，郁闷，换游戏，找朋友，现实，和朋友一起玩，厉害，学习

4.可是：理由，矛盾，生气，得病，治疗，报销，生活，上学，毕业，上班，得工资，找老婆，她要钱，解释，可是，但是，郁闷

5.跑：运动会，田径，跑路，100，400，1000，1600，得奖，获得奖品，进去，觉得自己没有，想不开，找朋友谈，解决，练跑步，坚持，努力，成功，高兴

6.平静：水面，游泳，不会，会，不熟练，熟练，快不要，饿，吃，好吃的，烤鸭，不，萝卜，鸡肉，猪肉

可以看出这个孩子的人生需要层次不高，似乎主要集中在生理层次和安全层次。他的理想呢，是将来有个工作，"有房，有孩子，当爷爷"，有好吃的、好玩的，看病能报销，就差不多了。然而他对此并没有十足的信心："毕业，上班，得工资，找老婆，她要钱，解释，可是，但是，郁闷"，现在就已经开始担心将来没钱给老婆。这个学生知识面很窄，思维方式比较幼稚。教师告诉我，他是低分生。他的想法很生活，很世俗，这当然也没什么不可以的。但和这种学生讨论问题，你就不要务虚，而要谈实实在在的事情，否则他听不进去。

例16：小嘉（女，初二）

1. 天空：宇宙，火箭，笔，生活，定义，快乐，迷惘，追求，不甘心，书，追赶，奔跑，运动，身体，病友，痛苦，想活，不甘心，不想放弃，迷惘

2. 人：迂腐，肮脏，光明，天空，心情，颜色，灰暗，钩心斗角，奴隶制，开放，心灵，向往，大同，经济，钱，无用，精神，无意义，内心，残缺

3. 网：挣扎，困苦，不羁，挣脱，蓝天，宇宙，笔，蓝色，海洋，贝壳，小时候，轮回，徘徊，迷惘，人生，道理，无用，厌烦，开放，真空

4. 可是：勇敢，说出，陈旧，现代，发展，金钱，心灵，迷惘，目标，追求，发展，超越，信，泥潭，挣扎，挣脱，绳子，束缚，逃亡，追杀

5. 跑：翱翔，文革，沙枣树，吃，美食，淮扬，姥爷，悲哀，无助，怀念，脑白金，面包，想买，死亡，永别，整合，困苦，饼干，记忆，回想

6. 平静：水面，森林，寂静，小山，向往，与世隔绝，追求，松鼠，绿色，兴趣，小溪，大同，归隐，白花，模糊，梦想，天花板，床，静穆，皓月

这个学生的需要层次与例15中的小权明显不同。她的情感需要很突出，注重心灵的满足。她的早期记忆中有几个关键词："迷惘"（出现4次）"不甘心"（出现2次）"挣扎"（出现2次，还有一个类似的"挣脱"），你可以感觉到她的痛苦。"精神""无意义""内心""残缺""人生""道理""无用""死亡""永别""整合""归隐""与世隔绝""追求"这些词都属于"大词"，反映了她正在思考人生

的意义和价值。这是个有深度的孩子，需要有人与她进行有深度的对话。教师要务"虚"，要与她认真地讨论人生的意义。她可能遇到了一些困难和麻烦，教师应该帮她解决。

例17：小爽（女，初一）

1.天空：蓝，白云，小鸟，太阳，月亮，飞机，宇宙，行星，地球，海，鱼，沙滩，波浪，珊瑚，蟹，虾，礁石，船，桨，帆，渔网，打捞，海鲜，食品，饭店，超市，菜市场

2.人：诗人，作家，思想家，政治家，教育家，科学家，探险家，地质学家，考古学家，文学家，画家，书法家，演奏家，评论家，无神论者，信徒，学者，教授，学校，课堂，考试

3.网：渔网，打捞，海鲜，饭店，菜市场，超市，商品，商务大厦，写字楼，员工，董事长，总裁，总经理，总经济师，秘书，会计，办公室，桌椅，电脑

4.可是：虽然……但是，既然，不仅……而且，只有……才会，只要……就会，如果，就是，不但，不是……而是，一边，一面，关联词，词语，句子，文章，作家，诗人，学者

5.跑：比赛，比赛项目，4×100米跑，1500米跑，800米跑，400米跑，200米跑，100米跑，300米跑，马拉松，坚持，精神，毅力，勇气，决心，韧劲，品格，品质，高尚

这位小爽很有趣，她在词语联想中把未来的理想都告诉我们了——成名、成"家"，或者做白领。可是你会发现她对超市、市场、饭店、食品之类也很有兴趣。这个孩子的人生需要或许是比较多面的。不过，我总的感觉是，她虽然很有雄心，干劲十足，未来也可能成功，但是其思想可能并没有多大深度。20年后，她有可能成为白领中的世俗者。

5.词语联想的解读

我们在前面"分析词语联想有何用处"的部分实际上已经谈到了解读词语联想的方法，而且说得比较全面，比较细致。不过那都是围绕案例讲的，下面我们从另一个角度谈谈词语联想的一般解读思路。

要说明的是，我们以初中生为例子谈这个问题，因为年级不同，基本词汇差异较大。即使年级相同，不同地区（如城市与农村，东部沿海地区与西部，大城市与小城市）、不同类型的学校（如示范校与非示范校）、不同类型的班级（如实验班与非实验班），差异也可能不小。我们要搞清学生的心理健康水平和智力水平，当然只能在比较中进行判断，这个比较，注意一定要先与本班的平均值相比较，再与同龄人的平均值相比较。可惜这些平均值（比如某个年级学生的基本词汇量是哪些，有多少）目前还无法完全明晰化、量化，只能靠经验来把握，有一定的模糊性。

(1) 看词汇的类型

拿到一份词语联想材料，首先引起我们注意的，往往是词语的类型。你会发现不同的学生似乎偏爱某种或某几种类型的词语，脑子里这类词语装得比较多。从中就可以看出很多问题。

常见的词语类型有哪些呢？

第一类：家庭生活词汇

如：爸爸、妈妈、吃饭、洗脸、睡觉、电扇、空调，等等。

总之是反映家庭生活的常用词。

以我们的经验判断，词语联想中如果这类词语占的比例较大（与同班学生相比较），这个学生可能比较幼稚，或者恋家，或者视野狭窄，智力较差。

第二类：青少年中的流行词汇

主要指网络游戏语言，卡通语言，流行歌曲歌词，有关歌星、影星、球星的"粉丝"语言，还有热播电视剧的流行语，青春文学、武侠小说中的语言，等等。

这类词语在词语联想中占的比例不小。这说明什么，情况比较复杂，不可一概而论。但是，如果这类词语占四分之一以上，就不是好消息了。尤其是网络游戏语言，这种东西过多，往往说明学生厌学，而且知识面窄，智力较差，甚至心灵空虚。据我们的经验,有思想深度的学生,智力水平较高的学生,这类语言即使有,也不会多。

第三类:学校生活词汇

这是指反映学校生活的词汇。如课程,听讲,作业,老师,同学,课堂活动,课间活动,等等。

这类词汇较多出现在词语联想中,有可能说明学生喜欢学校生活,也可能说明学生重视学校活动(注意,重视不等于喜欢),但也可能说明学生厌学。如果他这样写:"作业,累,挨说,头痛",那显然表明他对学习已有倦意。

如果学生的词语联想中很少出现学校生活词汇,有可能是这个学生不喜欢学校,也可能是他视野较宽,在关注更广大的世界,这要看词语类型的总倾向。

第四类:其他基本词汇

这是指同龄学生一般都已掌握的常用词。包括天上地下,自然界,动植物,社会生活各个方面,人的性格心理,等等。

我们看这类词,如果涉及面比较宽,说明学生的知识面也宽。如果相对集中于某类词汇,比如有大量关乎动植物的词,那说明这个孩子喜欢大自然;若关于人的词语特别多,那说明这个学生对人比对自然更感兴趣。

第五类:成语

成语很重要。成语出现得多,往往说明思维能力和表达能力甚至概括能力都比较强。我发现很多低分生的词语联想中一个成语也没有,而高分生的词语联想中一般都有成语,有的还很多,这很能说明问题。

第六类:大词

这是我提出的一个概念,我想不出更好的说法。大词指的是涉及天下兴亡、民族命运、国家大事、个人生命价值等大问题的词汇。

比如:人生、战争、和平、命运、理性思维、人类,等等。

上面例16中小嘉的词语联想中这类词较多:"精神""无意义""内心""残缺""人生""道理""无用""死亡""永别""整合""归隐""与世隔绝""追求",这些都是大词。

经验告诉我们,词语联想中出现大词,是学生思想有广度、有深度的表现。

我发现，问题生和低分生的词语联想中大词极少，甚至连影子也没有。这恐怕不是偶然的。

第七类：科学概念

它指的是那些非流行的专业术语，往往是理科用语。像"宇宙飞船""血压""内向""外向""抑郁"这样的词汇，虽然属于专业语言，但是已经普及，就不属于我所说的"科学概念"了。这里说的"科学概念"指的是学生日常用语中很少出现的专业术语。我发现这类词语在词语联想中出现的几率很低，我见到的有"光谱""无机盐""食物链"等。这种学生可能偏向理科，思维较有逻辑性。总之，我们对这类词汇的出现要加以注意。

(2) 看联想的类型

任何联想都有线索可循，人们总是按照自己的习惯思路进行联想，于是，我们从一个人的联想的类型（从哪儿往哪儿联想）也可以看出很多问题。

据我的经验，初中生做词语联想时，常见的联想方式如下：

第一类：依字关联

这种关联是从词中一个字联想到另一个词，如：

寂静，安静，静悄悄，静电

几个词中都有"静"字，但该字的位置不定。

第二类：接龙式关联

后一个词的首字与前一个词的尾字相同，像修辞中的"顶针"格。如：

部长，长线，线球，球技，技术，数学（"术"与"数"并非同一字，此处属于"依字音关联"，这种联想方式，在小学更多一些），学习

第三类：叙述性关联

这种联想是把时间上、动作上、行为上前后有承接关系的词语按顺序写下来。如：

作业，请家长，挨骂，烦，改正

太阳，热，出汗，毛巾，水，洗澡，舒服，凉快

吃，繁殖后代，死亡，出生

休息，出来，玩，下楼，买东西

这种联想像是从一个句子想到另一个句子,把句中主要词汇抽出来写在纸上。

以上几种关联方式是比较低级的。如果某个学生的词语联想所用关联方式基本上属于以上几类,我们就会有个初步的印象,他的智力较差。我查看过一些低分生的词语联想,能证实这种看法。

第四类:同类关联

星星、月亮、太阳(都是天体)

友好、大方、铁面无私(都是人的品质)

打篮球、踢足球、打羽毛球(都是球类运动)

医生、律师、检察官(都是职业)

虽然、但是、不但、而且(都是连词)

注意,这类联想的词语均大致在同一个平面上,超出这个平面,就不属于同类关联了。比如"星星、月亮、太阳"后面加一个"银河系",则"太阳"与"银河系"的关联就属于空间扩展式的关联了。如果我们发现一个学生的同类联想词语严格地在一个平面上,那可能说明他概念比较清楚,反之,若在"星星、月亮、太阳"中间无故夹一个"白云",那就说明他头脑可能不大清楚。

第五类:故事性关联

可以看出这类联想源于某个故事或某一类故事。如:

银河,牛郎,织女

嫦娥,玉兔

历险,海盗,宝藏,诅咒,古堡,幽灵

不用说,若故事性关联的词语较多,这个学生可能是文学爱好者。

第六类:对比性关联

善良,罪恶;平凡,伟大;前方,后方;男人,女人

有些学生喜欢在事物的对比中思考问题,他们对这类词语就比较敏感。

第七类:空间性关联

天空,白云,繁星,宇宙(这是扩展式的空间联想)

地球仪,亚洲,中国,北京(这是收缩式的空间联想)

教室,操场,图书馆,办公楼(这是"移步换景"式的空间联想)

若这类联想较多,应该考虑该生可能空间智能较发达。

第八类:结构性关联

有些学生对事物的结构比较敏感,他们的联想会是这样的:

人,头,耳朵,鼻子,嘴,手,脚

桌子面,桌子腿,抽屉

火箭,助推器,返回舱

这种学生的思维可能较有逻辑性。

第九类:性质性关联

有些学生见到一个事物,就会联想起它的性质:

天空,蓝色,宁静(天空是蓝色的和宁静的)

人,高级,善良(人是高级的和善良的)

平静——白色,蓝色,黑色(平静可以表现为这三种颜色)

这类联想多,可能说明该生比较喜欢思考,思维有逻辑性。

第十类:功能性关联

有些学生见到一个事物,就容易想到它的功能:

图书馆,书,小人书

树叶,叶绿体,光合作用

操场,锻炼,健身

这种学生的思维,也可能比较有逻辑性。

第十一类:其他各种关联

草地,环保,太阳能

火箭,神七,宇航员

火药,化合物,科技

人,摘花,香

其他这些关联我们可能一时说不清它们是哪一类,或者种类太多,说也说不尽,但是无论如何,我们总能明显看出其中的关联,也就是说,后面一个词肯定和前面一个"联得上"。在学生的词语联想中,如果这类联想多,那说明该生的思路比较活跃,这可能是聪明的表现。他的联想很自由,有些难以归类,可是你细想又都"事出有因",这当然是好事情。

第十二类:跳跃性联想

这类联想的主要特点是"联不上"。你搞不清他是怎么从前面一个词想到后面一个词的。请看几组例子:

可是,电视剧,遥控器,掌握权,心理测验,太假("可是"与"电视剧"联不上,"掌握权"与"心理测验"连接非常勉强)

法律,卵,珊瑚,生物,麻,铅,下冰雹,猫巴士,林黛玉,尘埃,竹蜻蜓,嫦娥(这一组除了"珊瑚"与"生物"能联上,其他都莫名其妙)

智力,海豚,仁,孔子(前两个词能联上,后两个也能联上,中间断裂)

这究竟是怎么回事呢?有可能是学生写到某个词,联不下去了,或者走神想别的去了,再往下新开一个词,自然和前面联不上了;也可能是他的思维方式特殊,我们认为联不上,他却有他能联上的理由;也可能是这个学生思路混乱。总之,遇到这种现象,切莫匆忙下结论,要结合其他各项检测结果和学生的日常表现进行综合分析,以期得出令人信服的结论。

以上总结的12种联想类型是很粗略的,事实上绝不止这12种。这里只是提供一个思路,说明我们可以把联想分成若干类型以方便研究,如此而已。

(3) 有没有重复出现的词、关键词

在词语联想中,重复出现的词很重要,它往往是"关键词"。比如多次出现"妈妈",那可能说明该学生是个恋母的学生,或者他正在忍受与母亲分离的痛苦,或者他与母亲的关系出现了问题,或者父母已经离异。再比如,词语联想中若多次出现"作业"一词,那可能说明这个学生在作业上遇到了困难,即使表面上完全没有这种迹象。重复出现的表现心情的词语,则往往能反映一个人心态的基调。比如"烦"字,出现几次,证明这个学生已经比较焦虑。"努力"一词出现多次,未必是好事情。据我的经验,这可能是他遇到了较大的困难,正在给自己加油,也可能是已经招架不住了,此时需要帮助。有的学生多次提到"死亡",那就可以考虑他是否有自杀倾向。总之,我们千万不要单纯以为词的重复出现是由于学生词汇贫乏（当然也可能有这个因素，但一般不是主要原因），而要看到这是学生用"内部语言"在唠叨这件事。需要唠叨的事情，显然是重要的。

（4）注意首词和尾词

学生看到领词后的第一个反应也比较重要。当然他要跟着领词走，但是每个人走的方向不同。比如看到"天空"，有人想到"白云"，有人就想到了"宇航员"，首词就分道扬镳了。前面例11中的那位小喆同学，从"天空"一下子想到"蓝天白云对比很大"，这是很奇怪的，其中必有缘故。

尾词一般没什么特别，联想到最后，写的词数目够了，就收尾了。但是如果他不管开始往哪儿联想，最后多收尾到某个词上，那就值得注意了。比如一份词语联想有三组尾词是"没意思"。那说明这个学生很颓废，情绪不好，需要赶快给予帮助。又比如有几组词都以"成功"收尾，那可能说明这个学生成功欲很强，或者他已经发现了失败的危险，害怕失去成功。这都是心理问题。

（5）注意词的数量

中学生的词语联想，每一组要求学生写19个词。但是你会看到有些学生一发不可收，写了20多个还欲罢不能。这可能说明他知识面宽，词汇丰富，也可能说明他精神振奋，干劲十足。

有的学生则是这样：某一组写得很起劲，数量超出要求，另一组则相反，写几个就没了。这种选择性也能说明问题，因为我们设计的领词是包括各个方面的。我发现有些学生在"可是"这一组写的词汇少，说明他们可能对非形象性的词语缺乏兴趣。

也有的学生每组都写得很少，干巴巴的。这种学生，可能是智力较差，或者检测当天心情不好，或者对检测、对教师有抵触情绪。要具体分析。

（6）注意书写速度

做词语联想时，有的学生走笔如飞；也有的学生写得很慢，似乎在往外挤，或者犹犹豫豫。这可能与智力有关，也可能与心态有关，检测教师对此也要注意观察，与众不同的，要适当做记录。

我在网上推荐词语联想时，和一位网友有如下讨论：

绥阳风流(k12班主任论坛)
(2009.4.3)

王老师您好：

我任教于云南一边陲地区的技工学校，这一地区少数民族人口众多，思想封闭，经济文化十分落后。班上的学生大多在十六七岁，问题学生比较多，尤其许多学生非常懒（祖辈传下来的，以前吃国家救济粮惯了，逐渐养成不劳而获的坏毛病），行为习惯差透了。在班主任工作中，我也按照您的问题学生诊断程序对问题学生进行了诊断。采集学生早期记忆方面倒不怎么困难，许多学生都对童年生活有一些清晰的记忆，但是在做词语联想检测时却遇到较大的困难。一是学生想象力差，词儿也不多，冥思苦想半天才蹦出几个词，也有您说的"词语接龙""同义词、反义词"出现的现象。二是有些学生懒惯了，嫌麻烦，极不配合或乱来一通（如联想出"我爱××"），或者干脆置身事外。于是我尝试了另一种方法，我姑且称这一方法为"词组排序检测法"。

具体操作是这样的：我预先将40个词分为8组，每组5个词。其中每组词各代表不同的意义，要求班上所有学生根据自己对各组词的好恶程度按"最喜欢→最讨厌"的顺序排序，数字1代表最喜欢的一组，数字8则代表最讨厌的一组。为检验这一方法的可靠性，我只挑了一组做统计，这一组的词语反映学生的纪律意识，分别为：规则、秩序、稳定、方整、遵守。这样一来就避免了上述词语联想检测法的两个不足，而且学生做起来较为轻松。统计结果显示：纪律意识较强的学生，这一词组的排列顺序较为靠前，纪律意识较差的学生，这一词组的排列顺序则较为靠后。统计结果与学生实际情况较为吻合。

我想将这一方法加以完善，以便用于更多的用途。比如：设计出能反映不同学生最适合的教育方式（例如是需要动之以情、晓之以理，还是需要约之以法等）的词组，再对学生进行检测，这样的话我的班主任工作就更有针对性了。

真诚希望您对我这一方法予以批评指点。给您添麻烦了，深感抱歉。

答"绥阳风流"老师（王晓春）

您说的办法也是一种心理检测方式，可以用，也有一定效果。

这种办法的主要缺点是，它把检测限定在了您想知道的某些项目上（比如对纪律的态度),而您所不知道的学生的某些个性,就不容易看出来了。这种检测结果,用处可能不大。

自由联想,要的是自由。正因为自由,联想者才可以尽情展示自己脑子里装的东西,才能发现一些出乎我们意料的东西。

当然,如果教师事先设定的词汇非常巧妙,也许能看出更多的东西,但一定要注意,教师不要只围绕自己的工作任务设定词汇,否则学生完全知道教师的意图,检测就没什么意思了。

十六七岁的学生,连这样的词语联想都写不出?恐怕说不通,那不成文盲了吗?可能主要是他们不愿做。既然不愿做,就不必非得做,换个别的方法吧。心理测验一定要自愿。

2009.4.3

(六)检测失真的补救措施

上面我们具体介绍了建立心灵档案的五种检测手段:画心中的果树,画全家福,画"五项图",回忆早期记忆和词语联想。要注意,有时候,某些学生的检测结果会失真的。比如有的学生把画果树理解成了美术作业,结果画出的就不是他心中的果树,而是老师教他画的果树了。比如有的学生把词语联想看成语文作业,他就会写一些他认为"正确"的词,这就失去检测意义了。还有这种可能性,有的学生参加过或者听说过这类测验,他知道什么样的早期记忆是消极的,什么样的早期记忆是积极的,于是他会有意无意地掩盖自己的真实想法,这和检查视力之前背视力表的办法差不多,检测不出真实的结果。还有些学生(尤其是有些学习成绩好的学生)非常之乖巧,只要是写给教师看的东西,他们都会习惯性地"拣老师爱听的说",于是检测就变成演戏了。所以,心灵"体检"比生理体检要困难得多。你去医院体检,做透视,心肺有没有问题一望可知,想作弊几乎不可能。心灵体检就没这么简单,失真的机会要大得多。所以,一方面,在检测之前教师一定要告诫学生实话实说;另一方面,对检测的结果,教师要持参考的、探究的、开放的态度,千万不要"一锤定音",不要看得太死。

如果发现检测结果有明显的可疑之处,或者有的孩子拒绝接受某项检测,怎么补救呢?

有以下几种办法,中小学都可以用。

1.涂鸦

此事可以请家长帮忙,但不要让孩子知道这是教师出的主意。在孩子房间的墙壁上贴上长长一条白纸。告诉孩子,他可以在上面随便乱写乱画,这能缓解压力,有益于心理健康。家长等孩子把那张纸差不多涂满了,拿来交给教师。其检测作用与画"五项图"、词语联想差不多,有时甚至效果更佳。

2.音乐联想

放几段音乐,有欢快的,有舒缓的,有忧伤的,有庄严的,让学生闭上眼睛听。听后,请他说说脑子里想到了什么,出现的是什么样的画面。这种方法可以集体用,也可以个别用。

3.自选属相

和学生做个游戏。"如果让你自己选择属相,你愿意属什么?"告诉学生,不必受十二属相的局限。比如你完全可以选择属"大象"或"熊猫"。一般说来,学生会选择与自己个性相似的动物,或者选择渴望成为的那种动物。

4.电视评论

这也要请家长帮忙。看电视的时候,孩子会不经意地评论几句。家长当时要不动声色,事后悄悄记录下来。过一段时间,把这个资料交给教师研究。这也是很有参考价值的,而且更现实。

5.释梦

询问孩子的梦境。注意,重复出现的梦意义更大。需要说明的是,释梦的技术很复杂,比较难掌握。而且据我个人的经验,释梦的结果对于我们了解学生,往往没有我们常用的五种办法可靠。梦太飘忽了。因此释梦的办法我们用得不多。

总之,要警惕检测失真。发现失真的迹象,要采取补救措施。同时我们要注意,即使检测没有失真,它也只是从某几个角度对学生观察的结果,绝不要以为它就是学生心理的全部。了解一个人是非常困难的,彻头彻尾了解任何一个人，都几乎是不可能的。心灵检测可以弥补日常观察之不足，但不能代替日常观察。"听其言，观其行"，这种古老的识人辨才方式，生命力永远旺盛，是不能抛弃的。

三、怎样使用"心灵档案"

学生的心灵档案有"全员型"和"部分型"两种。"全员型"的档案等于全班性的心灵体检，每个人都做，一人一个档案袋备查。"部分型"则是教师想深入了解谁的情况，就做一个检测，留一份档案，其他人没有。教师可以根据学生个人及班级情况选择其中一种。也可以先做部分型的，取得一定经验，尝到甜头之后，再做全员型的。

下面谈一谈心灵档案能派上什么用场——怎样使用它。

（一）班集体建设方面

1.确定班干部之前，可以查查心灵档案

据我们的经验，如果从早期记忆和词语联想中发现学生喜欢人际交往，喜欢照顾他人，善于影响他人，有领袖欲，则这种人做干部比较合适。不能光看分数，也不能光看学生是否对教师言听计从。

2.如果班级不稳定，可以通过早期记忆确定基本群众

班级不稳定，班干部不得力，问题生肆无忌惮，班风不正，遇到这种情况，教师首先要找到哪些人是这个班的基本力量，先把这些人稳住。这些人很可能不显山不露水，但他们能跟着教师走。教师除了观察之外，还可以通过查看心灵档案来发现他们。这种学生，从心灵档案材料可以看出他们的心态基本健康，"没有歪的邪的"。其中能力较强者，可以考虑做班干部。把基本群众筛选出来，剩下的就可能是问题生或准问题生了。据我的经验，只要把基本群众稳住，班级就不会成为乱班。

3.如果班级不团结,可以通过"心灵档案"了解小群体的发育态势

不团结的班集体,小群体往往比较发达,学生一拨一拨的,拧不成一股绳。说是一盘散沙,其实是"山头林立"。但是学生绝不会随随便便聚成小团,能抱成团,一定是几个人有某种共同的特点或者相互需要,小学高年级以上尤其是这样。分析这几个人的心灵档案,往往能发现把他们联结在一起的心理纽带是什么,这样教师的工作就有针对性了。我们还可以通过分析心灵档案看出这些小群体哪些是强势的,哪些是弱势的,哪些小群体是牢固的(有些甚至可能一辈子是朋友),哪些小群体是松散的,哪些是临时的(利益需要)。教师把这些情况掌握之后,他就清楚在班集体建设中该依靠谁,团结谁了。这样的工作,容易见效。

4.了解学生特长

班级常常要组织活动,参加比赛,需要特长生。特长生当然可以通过班内比赛、日常观察、同学推荐来发现,但最好发现之后,查看一下他的心灵档案,看他是不是有此种天分。这是可以从早期记忆和词语联想中看出的。这种鉴别有助于提高遴选的准确性。

5.了解班风

一个班和另一个班为什么风气不同,有时候甚至差得很远呢?原因自然很多,但其中有一条原因是很重要的,那就是:学生性格不同。我的经验是,一个班多数学生的个性或者"领袖型"学生群体的风格往往对班风有重大影响。而学生的个性,从"心灵档案"可以看得比较清楚。比如某个班从早期记忆就可以看出"不安分"的孩子比例大,这种班想让它风平浪静是不可能的,教师越往这个方向努力,遭受的挫折越多。聪明的教师遇到这种情况,可以采用"你闹我比你还闹,你爱玩我比你更爱玩"的方法,也就是说,用符合多数学生个性的策略,把学生凝聚起来。

（二）学习方面

1.学生学习成绩明显上升或下降，"心灵档案"可以帮助教师找到原因

现在常见的情况是，学生成绩明显上升，教师就高兴，就表扬学生，就给家长报喜，其实教师并没搞清学生的成绩为什么上升，或者简单地认为学生比以前"努力"了。如果学生成绩明显下降，教师就要找学生谈话，给家长打电话，要问原因，那就是"不重视""松懈了"，或者被外部事情（比如早恋、上网）干扰了。总之，无论学生成绩上升或下降，教师的归因和对策都往往非常简单化和公式化。其实这件事很复杂。我们查看学生的"心灵档案"，就能看出学生的非智力因素和智力因素究竟是个什么状况，这样才能进行个性化归因，下一步才能进行个性化的帮助或诊疗。

据我个人的经验，查看学生的"心灵档案"，甚至可以在一定程度上预报学生的成绩趋势。你能看出某些高分生成绩将要下降，他缺乏后劲；你也能看出某些中等生成绩会上升，因为他有潜力。

教师可以抽时间浏览全班学生的"心灵档案"。如果发现某些学生在词语联想中表现出的智力水平与他当前的成绩不一致，那是最有研究价值和干预价值的。比如某学生的"心灵档案"反映出他是个思维能力较强的人，可是他的学习成绩并不好，对这种人，如果教师指导得法，他的成绩可能提高得较快。再比如，某学生是高分生，可是"心灵档案"告诉我们他的知识背景并不宽，思维能力也不算强，那么这个学生的高分，就很可能是靠死记硬背得来的。可以预料，随着年级的升高，他的成绩会下降。这种学生，如果教师提前帮助，可以使其成绩下降得不那么厉害，而一旦下降，也不至于一蹶不振。

2.了解学生智力类型（指导学习方法）

在心灵档案中，我们常常可以看出学生的认知特点。比如有的学生突出视觉，有的学生突出听觉，有的学生喜欢在动手中认识事物，有的学生喜欢和小伙伴一起讨论。我们有理由假设他们分别属于视觉型学习者、听觉型学习者、动觉型学习者和合作型学习者，于是我们在对他们的学习方法进行指导的时候，就能区别对待了。对听觉型学习者，我可能不反对他写作业时听音乐，只要这确实对他写作业有帮助；对视觉型学习者，我就不一定要求他上课听讲十分专注，也许他自己读书效果更好；动觉型学习者如果上课小动作多，我会尽量宽容，只要他不影响别人即可，让这种孩子一动不动，那对他是很大的折磨。而对合作型学习者，我会帮他建立一个经常互相讨论问题的小组。如果让这种孩子单独一个座位，他会非常痛苦，甚至会仇恨教师，因为教师的做法正好与他的"本性"相对立，触及他的"核心利益"了。这种学生肯定会有上课左顾右盼找人说话的问题，教师需要进行一张一弛的管理。

我们现在的学习方法，往往是一刀切。不管你有什么个性、属于什么智力类型，都得用老师指定的方法，做不好我就责备你不认真。这实在缺乏科学性。教师的方法之所以如此简单，除了图省事之外，重要的原因是他没有能力把学生的个性和智力类型进行分类。无法分类，混沌一片，当然只能一刀切了。

3. 了解偏科生

偏科生有原发性的和后发性的。如果我们在心灵档案中发现学生的早期记忆和词语联想就已经有偏科倾向（参见例12、13、14），这种偏科就是原发性的。我们必须认识到，原发性的偏科是无法彻底扭转的，所以我们的工作只能立足于减轻该问题，把期望值放低一点，否则会经常失望，影响教师的心理健康，且把学生弄得灰心丧气。如果我们在学生心灵档案中没有发现偏科的苗头，那么该生的偏科就可能属于后发性的。后发性的偏科可能是知识漏洞造成的，也可能是师生关系不好造成的（学生不喜欢某教师，于是不好好学这门课，时间一长，跟不上了），也许是性格弱点造成的（比如很多学生外语学不好是因为懒惰）。后发性的偏科，有些人有可能彻底改变，但一定要对症下药。

4. 了解学生的职业倾向

经验告诉我们，中学生如果能有一个职业目标，则学习的主动性和自觉性会大大提高。我曾经问过不少中学生"长大从事什么职业"，他们都很茫然，只知道将来要上大学，考硕士、博士之类，愚以为这对学生的社会化很不利。学生的心灵档案，能为我们提供一些线索，我们可以据此了解学生未来职业选择的可能性。如果我们能帮助学生大致确定未来的职业方向，而且确实是学生喜欢的，那就等于抓住了"纲",纲举目张,其他很多具体问题(比如纪律问题、学习成绩问题)解决起来就容易多了。另外,了解学生的职业倾向对高考填报志愿也有重要的参考价值。我发现很多高中生面临高考,不知自己适合学哪些专业,问家长,家长也不知,真是"既不知己,也不知彼",对未来的职业规划带有明显的盲目性。

(三)问题生诊疗

心灵档案在问题生诊疗的过程中作用很大,我们搞心灵档案的初衷就是为了诊疗问题生,后来才逐步发现心灵档案的其他作用。这与有些心理学家最初只是研究精神病人的心理活动,后来才发现正常人也有类似的心理现象,道理是一样的。

要帮助问题生,前提是发现问题生。教师通常是靠观察和印象发现问题生的,这当然是一种重要的方法,但如果适当参考心灵档案,则可能更准确。我曾经在一所小学做研究,把一个班的学生画的"心中的果树"拿来,一篇一篇看。看到某一篇,我把它抽出来,说:"这个可能是问题生。"班主任就在旁边点头说:"是。"过一会儿我又抽出一篇,说:"这个也可能是问题生。"班主任又说:"是。"结果我的猜测绝大部分都得到教师的认同。我从未接触过这些学生,也没到班上去过,仅凭一幅画就能发现问题生,可见这其中必有规律。

1.问题生的发现

我曾经把问题生分成行为习惯型、厌学型、品德型、心理型、"好学生"型五类。据我的研究,通过心灵档案辨别问题生,最容易发现的是心理型问题生,几乎一望可知。其次是"好学生"型的问题生,你会发现他的平日表现与心灵档案反映出的精神世界反差很大。厌学型的问题生也比较容易发现,但是厌学现象非常普遍,所以我们不能见到学生心灵档案中对学习有微词就断定其为厌学型问题生。行为习惯型的问题生单从文字和图画资料比较难以断定,对其进行日常观察很重要。品德型的问题生在心灵档案中比较难以发现,但也有例外,比如称王称霸、欺负弱小,这种问题在心灵档案中比较容易发现。

两种误判。一种是单凭主观印象确定问题生，造成问题生扩大化，满眼都是问题生，还有一种是有些学生平日表现还好，在教师眼中是不错的学生，其实是问题生。这两种情况都属于误判。有心灵档案作参考，可以有效地减少误判。

2.问题生的诊疗

问题生发现和锁定之后，就需要诊疗，先看他属于哪个大类，再看他属于哪个小类，找到病灶，分清轻重缓急，选好突破口，再进行诊疗。注意，对问题生进行确诊和治疗时，光靠教师的日常观察和心灵档案还是不够的，起码还应该知道学生的家庭状况、家长职业、学生的成长史（特别是6岁前和谁一起生活），这样全面了解才可以减少失误。关于问题生的诊疗，本书下篇有不少案例，这里就不细说了。

3.预防突发事件

有时候，我们会在心灵档案中发现一些异常。比如有些孩子的材料显示他对家长极其不满，有的心态非常灰暗，甚至有不想活下去的意思，还有的攻击性很突出。而这些学生在日常生活中却可能很老实，甚至很拘谨，教师很难看出他是一颗定时炸弹。在这方面，心灵档案可以起很大作用。一般说来，定时炸弹型的学生在心理检测中总会有异常，教师如果自己有分析能力，可以确诊、预防，教师若不熟悉心理检测，也可以请教学校的心理教师。总之，有准备与没有准备，情况完全不同。我分析过一些全国各地学生自杀的案例，发现没有一个班主任事先有觉察、做了预防工作的。可见教师普遍缺乏心理学知识，或者只具备应付考试用的死知识。心灵档案的作用就是把心理学知识"活化"，让理论与实践真正结合起来。

（四）家校协调

了解学生家庭情况，增加家校协作的针对性

学校教育离不开家长配合。可是在教师看来，有些家长并不配合，于是教师就愤怒、寒心、无奈。其实教师应该明白，家长本来就不一样的。和家长联系，应该用不同的说话方式；用同样的态度和语调和家长打交道，有时就会撞到家长

的枪口上。怎样了解家长呢？心灵档案可以为我们提供很好的线索。从学生的早期记忆和全家福画中，我们常常可以很明显地看出家长的素质和教育风格。搞清家长的底细，教师与他们打交道时就能掌握适当的分寸。比如有的学生成绩退步很大，我可能会给他家长打个电话问问情况，有的学生成绩退步，我只和他本人谈，绝不会通知家长，因为这种家长只会把孩子暴打一顿。孩子若是个记仇的人，从此就恨死老师了，老师打一个电话，制造出一个敌人；孩子若是个"没心没肺"者，打了一顿也白打。

（五）教师了解自我

了解教师个性与班风是否协调

老师们可能都遇到过这类情况：你是个优秀班主任，可是新接一个班怎么弄怎么不顺手，事倍功半；你教几个班，在有的班如鱼得水，换另一个班就硬是玩不转。这是怎么回事？原因很多，但有一条是可以肯定的：你的个性和工作方法，适应某些班级，不适应另外一些班级。于是你就必须搞清楚自己的个性到底是什么，你碰钉子的班级班风又如何，二者不适应在何处，然后再去调整自己的心态和工作方法。

老师们千万不要认为自己一定了解自己。人要获得自知之明是很困难的，有许多人终其一生也不了解自己。当然，我这里所谓的"自知之明"不是贬义的而是中性的，既包括认清自己的缺点，也包括认清自己的优点和潜能，还包括了解自己的特点。

四、对"心灵档案"的质疑

我参与过多次教师培训，在给教师讲课时，常常推荐教育诊疗的方法，建议教师给学生建立心灵档案。教师们对此极有兴趣，有人甚至当场说出自己的早期记忆让我当众解读。但是，也有些教师对这种方法提出了质疑。我觉得这些不同意见很重要。如果我们是在追求真理，那我们肯定欢迎质疑。批判，反驳，追问，都是通向真理的必经之路。不理睬反面意见，不研究反面意见，不回应反面意见，只顾在那里大肆挥舞自己的旗帜，一路忽悠下去，这是目前很多人写文章的风格。愚以为这不属于科学的态度。你有权不接受批评，你完全可以坚持自己认为正确的看法，但你必须拿出有说服力的理由和证据。这是任何专业人员在讨论专业问题时应该遵守的专业道德。

为此，我把自己收集到的对心灵档案的不同意见一条一条列出来，给予回应，并欢迎大家继续讨论。

1."如果早期记忆这些东西能锁定学生的个性甚至未来，教育还有什么作用？这不成了'教师工作无用论'了吗？"

请注意，我们通过心灵档案所能看出的，只是一个学生人格的大框架。这个框架很可能一生不变，但是框架本身一般没有好坏之分和优劣之分，它只是一个"事实"。比如某学生天性乐观，另一个天性悲观，这并不意味着前者一定比后者有出息。乐观的人中，也有很多浅薄者；悲观的人中，也有伟人。作为教师，如果能看清这两种学生的个性特点，努力使那个乐观者增加一些思想深度，努力缓解悲观者的悲观情绪，这不就是因材施教吗？教师这样做工作，他对学生的真实影响是增加了，还是减少了？显然是增加了。反之，如果不能分辨这两个学生的个性，一刀切地进行所谓"鼓劲教育"，乐观者会觉得老师太啰唆，悲观者则会认为老师放空炮。如此，教师对学生的实际影响反而减少了。而这似乎正是我们周围常见的教育现象。

　　教育的前提是了解教育对象。如果认为，对学生了解得更清楚了，教育的作用反倒降低了，这在逻辑上是说不通的。举个极端的例子。看完某学生（在高中这种例子较多）的心灵档案之后，教师得出的结论是：这个学生学校已经没有办法教育了（重度），又不能推出校门，只好采用"保守治疗"，也就是稳住他，送他直到毕业。单看这个学生，教育对他的作用确实很少了，但是我们把视野稍微放大一点，就会发现，总体来说，教育的作用其实是增加了。为什么？因为教师清楚地了解了这个学生而少做了很多无用功，他可以抽出更多精力关注其他学生，使教育更有效。有人会说，那对于这个学生，是不是就放弃了？愚以为不是。明明做不到的事情不去做，这不是放弃，而是明智，如此反而增加了这个学生进步的可能性（因为外部环境的压力变小，可能更有利于这个年龄段学生的心理健康及自我反思）。这个时候如果教师还一股劲地往前冲，往往遭到学生的激烈反抗，加速事态的恶化，甚至会酿成事端，把教育行为催化成刑事案件。媒体披露的一些学生对教师施暴的案例，多属这类情况。我在网上与教师讨论问题时，发现不少教师在有些问题生身上徒然浪费大量精力，根本没有效果，其工作态势类似"挣扎"，搞得自己身心交瘁，还把多数同学耽误了。出现这种情况，就是因为教师并不真正了解这种学生，没看清楚。他误以为凭自己的"医疗条件"和"医术"可以治好这个学生，然而，有勇无谋，缺乏科学精神，对教育的期望值脱离实际，自然会碰钉子。能不出状况，就算幸运了（当然，这与学校领导的催逼也有关系，不能全怪教师）。

　　前几年，我给家长讲课时，常对家长说："你不能把一棵桃树变成柳树，你的任务是把'桃树'培养成'好桃树'，把'柳树'培养成'好柳树'。"我国教育多年来最大的缺点之一是盲目性太大。我不管你本来是什么树，反正你都得给我变成我所希望的那种树。在一定意义上可以说，这是和大自然作对，这是人定胜天的思想，太主观了。教育不是作抒情诗，教师不要以为自己可以像"泥人张"那样任意塑造学生，教师没有那么"酷"。教师只能在学生原有的个性基础上尽量施加影响，如果你搞不清楚这个原有基础，你就很可能"瞎指挥"。如今，家庭和学校的"瞎指挥"真是太多了。这哪里是在教育孩子，纯粹是拿孩子当"材料"来创造成年人自己的"业绩"。

可见，正确使用教育诊疗技术，不会否定教师的作用，而只会使教师的作用发挥得更科学，更实在，更充分。

2."这是不是'遗传决定论'？"

不是。因为这五项检测的内容都不是遗传所能决定的。早期记忆已经包含了童年的家庭影响和社会影响，词语联想更不用说。但是我要指出的是，长时间以来，我们对学生的童年太不重视了。在许多教师眼里，儿童就是"不懂事的娃娃"，甚至是"一张白纸"，一切烙印都是上学以后教师加上去的。这种观点已经被科学研究证明是错误的。童年，尤其是六岁之前，对人的一生有十分重要的意义，有些心理学家（比如个体心理学派代表人物阿德勒）认为，在这个时期，人的基本行为模式已经形成了。我分析过很多学生、教师和我自己的早期记忆，证明这种看法确有道理。既然很多事实支持这种理论，我们自然应该承认它，至少可以在一定程度上承认它。我想这是一种科学态度，也就是实事求是。（如果谁能举出确凿的反例，用事实证明这种理论的谬误，我们也完全可以对它进行修正甚至摒弃。）

那么，人们童年的性格特质有多少是遗传决定的，又有多少是出生以后的环境影响决定的呢？这一点很难说清，也许永远说不清楚，很多科学家还在研究。我个人据自己的社会经验和四十多年的教育经验估计了一下，对于多数人来说，遗传与后天环境影响的比例可能大致是二八开或者三七开。过去我们对遗传作用的估计可能偏低了。

我发现教师对"遗传决定论"非常敏感，而对"教育万能论"则比较麻木。其实教育界的主要危险并不是"遗传决定论"，而是"教育万能论"。俗话说，屁股决定脑袋。也就是说，一个人所处的位置，往往决定了他思考的角度和范围。教师的职业决定了我们喜欢听夸大教育作用的颂歌，一旦有人强调遗传的作用，我们就会有一种被社会看轻，甚至要被砸饭碗的感觉。

人要跳出自己的狭隘眼界是很不容易的。

3. "王老师谈教育总是拿教师与医生相比较，我认为教育学和医学不同。"

教育学和医学当然不同。比较本质上是一种关联，毫无任何关系的事物我们是不会去比较的。如果只是笼统地说"教育学和医学不同"，表个态就完了，拿不出更多的理由，说服力就比较差。所以，虽然我很感谢他们提醒我注意教育学和医学的差别，但我还是要坚持我的意见，在一定意义上拿教师和医生相比，很有必要，很有启发性。

比如说，医院里从来没出现过这样的口号："没有治不好的病人，只有医术不高的医生。"学校里却流行一个口号："没有教不好的学生，只有不会教的老师。"两种态度相比较，显然医生的思维方式更科学，人家实事求是，不吹牛。学校为什么敢说大话呢？说穿了，是因为病人能不能治好有目共睹、说不了瞎话，而学校是否把学生教育好了，短期内很难判断，而且教学生的老师像走马灯一样，搞不清哪位是责任人。正是这种结果模糊和责任模糊给学校留下了浪漫的空间。其实对"没有教不好的学生……"这个口号最感兴趣的还不是教师，而是某些领导和校长，他们喜欢用这个口号来压教师，尤其是班主任。医院的口号是"救死扶伤"，学校里提"努力教育好每一个学生"不就行了吗？

我在有些学校还见过一个口号："一切为了孩子，为了一切孩子，为了孩子的一切。"何其响亮！其实这个口号只有中间一句符合科学，有希望做到，另外两句都是吹牛。学校不可能也不应该一切都为了孩子。教师也是人，以人为本应该包括教师，难道学校不该为教师做点什么吗？至于"为了孩子的一切"，如此大包大揽，实际上根本做不到。做不到就不要乱吹。学校的这类口号泛滥得很厉害，属于用文学语言制造的宣传鼓动口号，虽然它们也有某些正面作用（激励），但毕竟削弱了教师的科学精神。愚以为在这方面，教师不妨向医生学习。

教师想必都和医生打过交道，这中间你可以很明显地看出，医生的工作远比教师专业。人家的专业知识很系统，很清晰，很严格，而教师的专业知识（我指的主要是教育专业知识）则模糊一片。这种差别虽然有不可避免的一面（教育学不可能像医学那样精确），但现在相差也太多了。医生对病人没有领导关系，他看病只能靠自己的专业水平，所以做医生的都重视专业技术，那是他的安身立命之本。教师则不同，教师是学生的上级，教师可以运用手中的权力控制和支配学生，所以很多教师对教育专业水平的提高，远没有医生那样上心。我在网上经常看到班主任讨论谁厉害谁不厉害的问题，心硬心软的问题，哪有专业色彩？这正是很多教师专业水平长期得不到提高的重要原因——他缺乏动力。靠行政命令能解决问题，何需专业？所以你会发现，只有教师单靠行政管理不灵了，学生快把他气疯了，此时他才会想到教育专业，他才发现自己不够专业，于是才产生了学习专业知识的动力。我想，如果教师经常把自己当做医生（心灵医生），他对专业的态度就会是另一样，专业水平的提高也就大有希望了。

总之，医生值得教师学习的地方多着呢！（教师也自有很多值得医生学习的地方，但可惜，主要不在专业态度上。）

4."王老师过于理性了。如果没有诗情画意，教育还有什么魅力？"

这类批评我听到多次了。在这种教师看来，科学就是冷冰冰的，只有文学才有魅力。他们对求真务实精神兴趣不大，对科学分析十分生疏，而对行政式的管理或文学性的煽情情有独钟，即使明知道管不了，煽了半天白煽，那也要管下去、煽下去，没有效果就转而煽自己，怨天尤人，扼腕长叹，一副感慨"人心不古"的样子。我一直很奇怪为什么他们总是这样"把简单化管理进行到底""把情绪化进行到底"，为什么不能换一种态度对待专业工作，后来我才发现，原来他们"只会这两手"，所谓"诗情画意"不过是块遮羞布而已。这也就难怪了。

请看一个例子。

> 有一个初三的男生，撒谎成癖，无所顾忌。有一次，晚自习时教师判作业，发现没有他的，就问他交了没有，他说交了。教师要求他下晚自习后把作业找出来看看，可是一下课他就没影了。教师立刻打电话让他的父亲带他来。三人见面，教师说："到现在为止我还没有出过教室呢。作业都在这里，你找出来看看好吗？"孩子说好，于是开始找，装模作样地一丝不苟地翻箱子弄柜子，找了半天，没有。教师问怎么回事，他一脸冤枉地说，他绝对做了、肯定交了，一定是课代表弄丢了。教师说："全组的作业

都在这里,怎么会只弄丢了你的呢?"这孩子说:"我怎么知道?"

教师觉得自己要出离愤怒了,深呼吸接着深呼吸,忍下怒火,又认真做工作,希望他说实话。但没有效果,他就是不改口,并且反复强调他绝对做了作业、交了作业。

这时候他的父亲开口了,他问:"你确定你做了、交了?"孩子说:"是。"父亲打开了他扔在旁边的书包,一下子就翻出了那本练习册!

然而,这个学生脸都不红一下,居然说:"我不知道怎么回事,反正我就是做了、交了。"

教师傻了,说话的力量都没有了。

这位老师愤怒之余,就开始抒情:

> 我不能理解的是,一个15岁的孩子,怎么就可以做到脸不变色地装模作样?他的内心世界,怎么就对是非曲直没有基本的判断呢?近三年了,我和他的家人拆穿了他的一个又一个谎言,一次又一次地全力保护着他的自尊心。为什么他不仅没有改变,反而变本加厉呢?我再一次发现了自己的软弱和教育的软弱。……我向来对孩子的美好前途抱有坚定的信念,我相信人心、人性……

上例中的老师上网向我求援。

我回答说:"我当然反对说谎,但是我不明白教师为什么一直在说谎问题上和这个学生较劲。要知道,说谎只是一种症状,不是病因。说谎是一种自我保护。一个人只有感觉说谎比说实话更舒服,他才会说谎的。作为教师,我们的任务是找到那个推动他必须说谎的力量,然后施加影响。这位同学显然是个问题生,但他是什么类型的问题生,什么程度的问题生,这才是我们应该重点研究的。教师没有在这个方向下工夫,而是被说谎问题挡住了。教师满腔义愤,对学生说谎痛心疾首,愚以为大可不必。说谎有什么新鲜?成人比孩子说谎少吗?冷静分析就是了。教师把教育科学问题道德化了,文学化了,抒情化了,显得相当天真。这只能使教师多受一些煎熬,于事无补。"

这位老师回了一个帖子，表示对最后两句话持保留意见。他说："教育如果没有诗情画意，校园的唯一一点魅力也会失去。"

对此，我回答说："'诗情画意'是个不错的词。可是，当一位教师被学生骗得焦头烂额，气得七窍生烟的时候，'诗情画意'何在？如果这种镜头也算'诗情画意'，我真希望校园里'诗情画意'少一点，教师也好多活几年。"

后来这位老师没再回复。

你看，事情就是这样奇怪。他在"诗情画意"上撞得头破血流，也决不回头。这就是习惯的力量。如果人们习惯了某种思维方式和工作方式，他就想不出还有其他路子了。你告诉他一条新路，他很可能连试都不试一下就先断定那不行，那样就没有"诗情画意"了，就不"人文"了。所以我常说，转变教师的观念比教育学生还要困难。这种教师多得很。这位老师还属于虚心好学的，另外一些人根本不理你，大义凛然地继续重复他的习惯动作，一个劲儿地往南墙上撞。

5．"这些检测手段，能保证准确吗？错了怎么办？"

我说过，要彻头彻尾了解一个人（包括自己）几乎是不可能的，所以任何检测都只是近似地反映从某个角度看一个人看到的面貌而已，仅供参考，不可僵化，要随时准备根据新的情况调整看法。这一点必须对教师讲清楚。就像测智商一样，它能反映人的智力的一些侧面，不一定准确，但确有参考价值，因为事实证明，智商低的孩子大多数真的能力较差。科学态度的基本特点就是承认事实，而不管这个事实是否讨人喜欢。科学不是拣好听的说，而是照实说。我们说心灵档案的材料仅供参考，也是实话，因为事实证明有些孩子光靠心灵档案无法看清，甚至会出现误判。我们必须尊重这个事实，而不管这个事实是不是讨我们研究者喜欢。有人认为这是谦虚，非也，这叫实事求是。

有一点我一直觉得很奇怪。我们的学校通常是用考试分数评估学生的智力，用学生在校的表现来鉴定其人格的。这能保证准确吗？显然不能。高分低能是公认的普遍现象，两面派更是屡见不鲜。为什么这种严重的不准确大家习以为常，而一提到"心灵档案"，大家上来就担心它的准确性呢？恐怕这也只能用习惯势力的巨大威力来解释吧。

这些检测手段，提供了新的视角，可以使教师对学生了解得更加深入。据我自己的评估，准确率还是比较高的，所以我才敢推荐给大家参考。

6."这种心灵档案会不会导致教师把学生看死了？会不会毁掉学生的自信？"

实际上，应试主义才是把学生看死了。如果一个学生的考试分数总是落在后面，在我们的教育体制下，要想保持他的自信，可能吗？而心灵档案则完全可能帮我们发现一个新的人，尤其是他的潜能。在这个意义上可以说，心灵档案是"唯分数论"的解毒剂之一。

当然，心灵档案的分析结果，一般不必告诉学生本人。如果为了帮助学生认识自我，确实需要告诉他，那教师说话也一定要委婉和留有余地，尤其是说到他弱点的时候。要知道自卑的原因是低估了自己。为了克服自卑，很多人主张采用夸赞（赏识）的办法，愚以为这种办法是比较浅薄的。如果我并不清楚自己的真正实力，你夸奖我，只能使我得到暂时的虚幻的满足，短时间的飘飘然，一旦碰到事情，我做不好，泡沫就破灭了，我肯定会更加自卑。因此，帮某人克服自卑的最好方法并不是无原则地夸奖，而是帮他老老实实地认识自己，能力有多大就是多大，有什么潜能发展什么潜能。所谓自卑，在多数情况下来源于不切实际的自我期望和不恰当的攀比，从认知角度上说，就是不了解自己，缺乏自知之明。比如我听歌星唱歌很是钦佩，但我既不嫉妒也不自卑，因为我了解自己，那不是我的领域。

给每个学生以恰当的自知之明（自我认识），既不夸大，也不缩小，这是教育者最重要的任务之一。心灵档案可以在这方面给我们很大的助力。

7."本来教师就够累的了，还搞什么心灵档案，这不是增加教师的负担吗？"

本书是我和我的团队的民间研究成果，没有官方背景，也无意通过行政手段大规模推广。我和各位读者一样，都是普通的老师。我们真心热爱教育，喜欢琢磨这件事，有点体会，讲给各位同仁听。谁有兴趣谁可以试试，没有兴趣大可不予理会。这怎么会增加负担？和我一起研究这个课题的老师，完全自愿，没有一点课题费，他们从来没抱怨过我增加了他们的负担。他们当然也抱怨，但抱怨的是学校里那些不喜欢做而又不得不做的事情。自愿做的事情，谁也不会认为是负担。

俗语曰：酒逢知己千杯少，话不投机半句多。我们是在寻找志同道合的人，而不是在提高"收视率"。几个月前，我到一所中学去给教师讲课，谈到了教育诊疗、心灵档案，一位校长表示很感兴趣。我就赶紧对她说："您可千万别用行政手段在教师中推广这个东西。"她问原因，我解释道："一拥而上，有些人根本没吃透，就只会机械地照搬，有些人根本就不赞成我们的做法，迫于行政压力，也不得不做个样子。其结果，教育诊疗就会被简化、被扭曲，成为莫名其妙的东西，甚至成为笑料。而一旦出现此种情况，他们又会反过来把责任推给教育诊疗本身。说穿了就是，他们会亲手把一个东西抹黑，然后指着它说：'你看，我早就说过它不是白的吧？'当然，他们这样做也未必是有意为之，然而无意识的伤害其实更可怕。历史经验告诉我们，任何正确思想的普及过程，都几乎同时是被庸俗化、被扭曲的过程。所以，如果您真想在学校推广它，我劝您找几个最好学、最聪明、最有悟性的老师，让他们自愿参加。其他人最好让他们先观望，即使大家积极报名也不要急于扩大范围。经过一段时间，如果周围人发现这些实验者心态越来越好，点子越来越多，而且日子过得越来越轻松，自然会伸过头来打听，这样，影响就可以渐渐扩大了。要润物细无声地扩大影响。"

当然，我并不敢保证自己的想法和做法是正确的。如果我们不能切实提高教师的专业能力，人家不理我们也是应该的、有益的。我的希望很简单，如果我们的研究还有点价值，对教师确有好处，但愿它能不慌不忙地、像涟漪一样慢慢扩散。俗语曰：慢功出细活。教育不是立竿见影的事业。教育最好少来点"冲击波"。除非在特殊历史时期，教育需要的是改良而不是革命。

我们这种态度，与增加教师负担毫不相干。我还坚信，那些真能理解教育诊疗的老师，因为工作能做到点子上，会少浪费很多精力和感情，恰恰会减轻自己的负担。

8."教育诊疗是专家的事情，我们一线教师没必要学这个。"

最近，我到医院动了一个小手术，于是有了几天住院的经历。我发现医生与护士的职责截然不同。比如我问护士："我的伤口今天需要换药吗？"护士说："这您得问医生。"我问医生："我出院都有什么手续？"医生则回答："请您去问责任护士。"我躺在病床上，心里想：这真是职责分明，很有利于专业化。我们当老师的能不能也这样分工？比如称一部分教师为"教师"（相当于医生），称另一部分教师为"教育技工"（相当于护士）。学生没交作业，教师不管，让教育技工处理；学生成绩不好，教育技工不管，让教师过问。这行吗？想来想去觉得这有点像晚会上的小品了。于是我得出了一个结论：教育这门专业，很难细分。与医学不同，它要求每一个教师都兼任医生和护士。也就是说，作为一个教师，您希望像护士那样只管护理操作、不负责诊断治疗是不行的。也因此，把教师分成一级、二级、三级其实是比较勉强的，他们干的活儿差不多，至于水平高低，难以评价，标准模糊。任何一位教师，如果你认为具体分析学生的问题（即所谓诊断）是专家的任务，自己的任务只是做最一般的公式化的管理，那实际上你就是有医生的身份，却只想做护士的工作。这就相当于病人进了医院，没有经过诊断，护士上来就给打针吃药。这是荒谬的事情。所以愚以为，只要你是教师，不管你是班主任还是科任教师，你都必须兼有"医生"的基本知识和"护士"的基本操作能力，否则你就不称职。可见，提出"做专家型教师"的口号是有道理的。

当然，很多教师最终也成不了专家，但成不了是一回事，是否向这个方向努力是另一回事。多学点专业技术，即使成不了专家也没关系，总之有好处。比如我只是个社区医院的医生，我不是专家，但我起码不外行，我没吃过猪肉可见过猪跑，我没做过大手术但我知道什么情况需要大手术。我知道深浅，我不会乱来，这对病人好处就很大了，至少不会延误治疗。反之，我若缺乏基本的专业知识，那对病人就危险了。现在有些学生的问题实事求是说是班主任解决不了的，但同是解决不了，具备教育诊疗知识的教师就可以提前发现问题，少犯很多冒险主义错误，而缺乏专业知识的教师就可能措手不及，处置失当，激化矛盾，甚至把事情弄得不可收拾。所以，认为教育诊疗只是专家的事情，这种看法很不妥当，实际上阻塞了自身的专业技术成长之路，而最后吃苦头的是自己。

9."心灵档案会不会暴露学生隐私？"

心灵档案一般很少涉及学生不愿示人的隐私。但即使如此，我们也要注意，这个档案只能教师掌握，不可在学生中谈论，更不能予以公开。就连对家长有时也不能全说，因为有些孩子不想让家长知道某些事情，我们要尊重孩子的要求。教师为了工作的需要，可以互相讨论学生心灵档案的内容，但必须在严肃场合，不可使其成为聊天的谈资，更不可以当笑料，否则有悖师德。教师写文章需要引用学生心灵档案的内容，必须隐去真名。教师对学生心灵档案的分析，有些需要和学生沟通，但说话一定要留有余地，不可说死。学生不愿提到的事情，就不要提起。确实需要治疗的毛病，要做迂回处理。

　　上面我回应了9条对教育诊疗、心灵档案的质疑。可能质疑不止这些，或者以后还会有新问题提出。我的态度是，一定要理智地分析这些意见，对赞成的部分予以吸收，对不赞成的部分要有理有据地加以解释。任何一种武器总是有缺点的，何况是新武器？如果它确实有用，那么批评只会有利于它的改进和更新换代。

　　以上是本书的上篇，概括地介绍了有关教育诊疗和心灵档案的技术。本书下篇就全是运用上述技术于实践中的案例了。

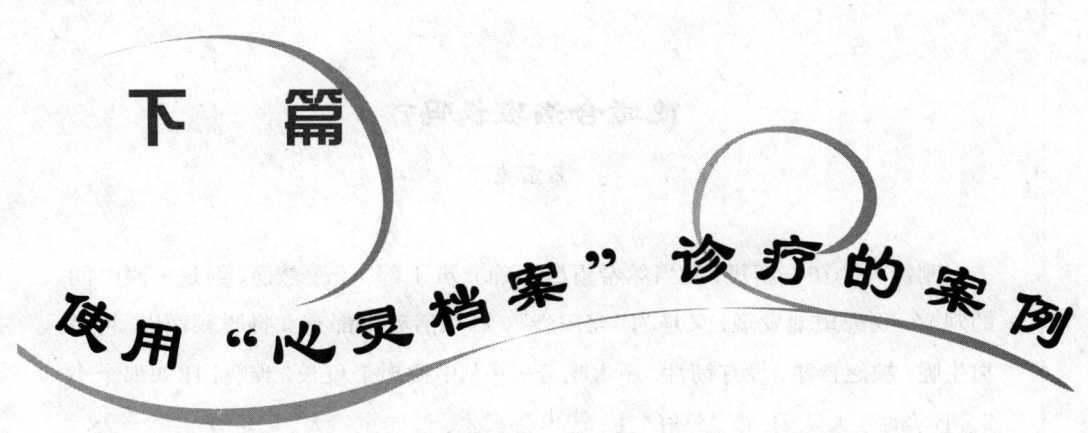

下篇

使用"心灵档案"诊疗的案例

一、个体诊疗的案例

他适合当班长吗？

马东杰

刚接一个初一新班，我当然希望尽早确立班干部队伍。然而，经过一段时间的观察，我失望地发现，又是"阴盛阳衰"。各项活动中都有女将脱颖而出，可是男生呢，缺乏自律，没有韧性，不肯吃苦……从中挑出个班长，难啊！比如那个小S，小学时是大队委、市"三好"生、艺术特长生、最佳主持人。可是开学第一天，学生们各个坐姿标准、严守纪律，唯有他，居然下动其腿，上动其口；第一次上自习课，全班唯有他胆敢回头说话；第一次集体外出活动，他更是从本班的队伍说到了邻班的队伍，眉飞色舞、口若悬河、旁若无人……看来，班长没找到，问题生却是找到了。即使不是问题生，此人也绝对不堪重用。可是，在一次关于班长人选的民意调查中，他得的票数竟然位居全班第二，而那些选他的学生，经我事后询问，仅有5人是在小学认识他或者是听说过他"很厉害"的。这使我不得不重新审视他，重新审视我的"判断"。

我找来了学生心灵档案中小S的"早期记忆"。

记忆一：在我大约3岁的时候，在我们小区的石桌前，一个朋友拿了些吃的，那是我从没吃过的，于是，我就向他讨要了一些。可这时，妈妈却打了我一巴掌，那时我觉得很委屈，便哭了出来，可妈妈见到我哭，不但不同情我，还把我带回了家。事后，妈妈向我解释了为什么那时她会打我，还说那是我第一次挨打。

记忆二：也是在我大约三四岁的时候，我亲爱的爷爷与世长辞了，那时，他在屋里，锁着门。那天早上爸爸妈妈还说要带我去天安门，结果，等到他们进到屋里时，爷爷已经昏迷了，之后，他被送到了医院。那时我很好奇，这些大人都在干什么呢？

到最后，我也没能再看到爷爷一眼，在当时的年龄，我还没有觉得悲伤，但直到现在，我也忘不了爷爷那一张笑眯眯的慈祥的脸庞。

记忆三：在我3岁时，我认识了一位朋友，他的大名我不知道，但他们都叫他"寒牛"，他经常和我一起玩，我们在小区里骑车，玩捉迷藏，踢球，去花丛里寻宝，等等，和他在一起，我很快乐。

记忆四：在我4岁时，我在幼儿园认识了小X（原文为真实姓名），我们很投机，也不知为什么，就成了特别要好的哥们儿，这也许就是缘分吧！后来，我们的家长之间也有了联系，我经常去他家，他也经常来我家，就这样，我们渐渐亲密起来了。

记忆五：在我6岁时，我上了小学。那时候下了课，我便往外走，正好身边有一位同班同学，便问他看没看过一部正在热播的动画。他一听是那部动画，便滔滔不绝地说了起来。听他一说，我也兴奋起来，讨论起里面的人物来，他对人物的评价和我简直一样，于是我便认为他是我的知音。后来，我们比学习，比纪律，是对手而不是敌人，是不折不扣的铁哥们儿，他叫做——小G（原文为真实姓名）。

我的分析：

1.五则记忆，四则与朋友有关，与交往有关，可见，这是一个交往型（或称人际关系型）的学生，朋友在他的生命中是重要他人。而且，四则记忆清晰地表现出了他对交往认知的加深，从向朋友"讨要吃的"第一次挨打，到和一个叫不出大名的孩子玩游戏，到因为说不出原因的"投机"和"缘分"有了一个亲密的好哥们儿，到最后因为"知音"而有了一个"不折不扣的铁哥们儿"，"比学习，比纪律，是对手而不是敌人"。从中可以清晰地看出：他在成长。

2.记忆二表现出他对亲情的重视。五则记忆综合起来看，他是一个重情义的学生。

3.依据他与朋友们交往的内容来看，他是一个好动、喜欢表达的学生，且有一定的上进心。

4.对于人际交往中所受的挫折，记忆深刻，知错能改。

看来，他开学初的种种表现，可能是交往欲的一种表现，不应简单地看成是纪律问题。在一个基本陌生的集体里，他急于找到新的朋友，急于建立新的朋友圈，而民意调查中他超高的票数，证明了他的确具有很强的交往能力，这正是许多他的同龄人所缺乏的。我决定找小S谈一次话，验证这一分析。

"你在乎自己在这个新集体中的形象吗？"我单刀直入。

他愣了一下，脱口而出："非常在乎！"

"你希望在大家面前树立起一个什么样的新形象？"

他犹豫了一会儿，回答："幽默，能侃，有独到的见解，爱交朋友，随和……"他显然因为不知道我为什么问他这些，而有点心虚。

"你为了给新同学留下这样的印象，做了哪些努力？"

"我想办法和他们找共同的话题……"

"那你们在什么时间聊呢？"

"课间，午休，放学路上，有些时候是课上，还有自习……"说到这儿，他若有所悟地看我一眼，仿佛明白了我为什么找他谈话。

我话锋一转："你在乎自己在老师心中的形象吗？"

他又愣了一下，点了点头："当然在乎。"

"你希望给老师留下的第一印象是什么？你为了给老师留下这样的印象又做了哪些努力？"

这回他低下头思考了较长的时间，然后鼓足勇气似的抬起了头，直视着我，语速非常快地说："我知道我给您留下的第一印象不好，因为……"他连珠炮似的说完了他的一些不尽如人意的表现后，长出了一口气，垂下头，一副准备聆听训诫的样子。

我心中暗赞他的机灵，表面上则不动声色："我想来说一下我对你的印象，开学初你的确多次违反纪律，不过，我发现你很善于与人交往，表达能力很强，爱交朋友，重情义……"在这一过程中，我又渗透进去了一些必要的交往原则。

最后，我问他："你也说说对我的印象吧，我也很在乎的。"

他笑了，说："第一次见到您，就觉得这个人不好惹……您发现了吗？您走路总是昂着头，给人一种很高傲的感觉。"

我们俩都笑了，我说："说不准我们也会成为知音的。"他感到很意外，很兴奋。我则庆幸我没有仅凭我的"火眼金睛"就把他认定为问题生，庆幸我没有错过把他培养成一个好班长的机会。

在此后的日子里,在我的心理暗示下,他果然逐渐把握好了交往的度,在同学中的威信也越来越高。在正式选举的日子里,他以43票(全班50人)当选为班长。

王晓春点评:

早期记忆常常能反映一个人个性中本质的、稳定的东西。没有研究这位男生的早期记忆前,马老师感觉他大概是个问题生,研究之后,却发现他可能是个当班长的材料。当然,这不是说他的纪律问题就没有了,而是说,相对于他的重要优点,他的纪律问题成了次要方面,而且让他在发扬优点的过程中克服缺点,更加明智。马老师的谈话就在朝这个方向努力,火候掌握得不错。我们可以想象,如果这次谈话马老师单纯批评他不守纪律,结果就可能把一个潜在的好帮手变成了对立面,很多老师正是这么干的。这就可见,早期记忆分析对全面了解学生、深层次地了解学生、避免误判,确有用处。

这个好学生令人担忧

赵 琳

在"心灵档案"的课题研究中,我见到了一些孩子的心理检测材料。其中一个女孩子的早期记忆引起了我的注意。她叫小琪,读四年级(小学),是非常优秀的班干部,学习尖子,老师的得力助手,同学的榜样。在班里,甚至在整个学校,她都是一颗璀璨的明星。

她的早期记忆是这样的:

在我3岁时,姥姥带着我躺在床上认字,我非常开心。开心的同时,我也担心,我如果说错了怎么办?我如果……但是我的担心是多余的,我一字不错的都读出来了。姥姥夸我"真棒"时,我好开心。

我5岁那年,我看对门的妹妹在玩滑板,我很羡慕她,就去向她借,她爽快地给了我。我接过了滑板飞快地跑到了下坡的地方。我滑呀滑，眼看就要撞墙了，我立刻跳下来，一不小心滚进了一个大洞里。当时，我腿上早已破了，但我还是坚强地走回了家。

从小琪的第一个早期记忆中我们不难发现，她对于好的学习成绩是很看重的，因为它可以换来大人的夸奖。因此，她非常担心自己一旦成绩下滑，在别人眼中的形象也将崩塌。由此看出，这个孩子性格中有紧张、焦虑的东西。但是她表现出来的却是自信、大胆、性格张扬（第一个记忆中，她最终还是受到夸奖，第二个记忆中，她最终还是坚强地走回了家）。内心与外在表现的矛盾，可能使这个孩子形成双重人格。姥姥对这个孩子是个非常重要的人物，她既是这个孩子的赏识者，也是督促者。我想，孩子的巨大压力有可能主要来源于姥姥。

小琪的第二个早期记忆中谈到了她玩滑板，然而她强调的不是站在滑板上向前冲的那种风驰电掣的感觉，而是看到要撞墙了，就立刻跳下来，却一不小心滚进了大洞。这也许说明她虽然很喜欢风光无限的感觉，但是她更担心的是自己会失败。当然，即使失败了她也要让自己表现得非常坚强，这说明她是个非常好面子的孩子。

为了进一步了解这个孩子，我又找来了这个孩子的"五项图"（见本书第217页图2）。

在第217页图2中，小琪的性格也可以看得很清楚。房子中的右侧画的是一张桌子，上面摆了一摞书，而且她特意注明——书房，这也许代表了在小琪心中，学习是非常重要的事情。小琪在屋外树下，手里拿着一本语文书，并没有看。而且特意在下面注明"我手上有书"。这是为什么呢？我猜想语文老师是班主任，手里拿着语文书说明她非常重视班主任所教的科目。这也许说明小琪的潜意识中对学习本身未必很感兴趣，但是她清楚，做出爱学习的姿态是非常重要的。姥姥在树的另一边，手中也拿着一本书，画的下面也注有"姥姥手中有书"。而父母手中却没有书。这与她的早期记忆中姥姥对她学习的强烈督促相互印证。虽然姥姥对小琪的学习抓得很紧，看似和小琪的关系很密切，但是在画中，小琪和姥姥的距离却很远，中间还隔着一棵粗壮的大树，这说明她在心里和姥姥是有距离的，她更愿意和妈妈、爸爸亲近。在这幅画中，小琪是背着脸的，与其他人物明显不同，这也许表明小琪对自己缺乏自信，也可能说明她在不愿把真实的自我暴露给人看，这与其早期记忆中我们分析出来的双重人格又可以相互印证。小琪画的果树，又粗又壮，上面结满了大大的饱满的苹果，这表明她有着强烈的成就动机。然而，在画面的最右侧还有一棵只画了一半的树，上面的树叶飘摇，看不出这棵树是粗壮还是纤细，也看不出是否结了果子，还有一只刚刚起飞的小鸟向左飞。我想这棵树可能代表了小琪真实的自我，她认为自己的一切才刚刚开始，一切都还是个未知数，自己就像那只刚刚起飞的小鸟。另外，小琪对爸爸妈妈的介绍强调的是他们的职业，这也许表明小琪的身份意识比较强。

综上所述，小琪有着强烈的成就动机，非常好面子。为了维持自己的地位，为了让姥姥或者其他权威人物赏识自己，她展现给人的是一个性格开朗、积极向上的好孩子形象，实际上她的内心充满了紧张与焦虑，尽管她时刻都在担心自己成绩下降，担心权威人物不再重视自己。我初步判断，这个孩子有隐患，有自我迷失甚至双重人格的危险。一旦将来不能保持成绩领先，不能在班上保持领袖的地位，她就可能出现严重的心理危机。

我把我的分析和小琪的班主任老师进行了交流。班主任老师说，小琪的学习成绩一贯非常优秀，做了班长后对工作认真负责。但是，如果老师发现她身上出现了一些很小的问题，提出来请她改进的时候，她的眼睛里就会立刻噙满泪水。她的学习都是她姥姥负责辅导的，每次开家长会都是她姥姥来，老人家一定会留下来询问老师小琪近期的表现。

几天后，班主任老师找到我说，前两天，小琪曾经小心翼翼地问她："老师，那天您让我们写小时候的事情，还让我们画画，要干什么用呀？"老师说："老师想更多地了解你们。"小琪惊讶地说："小时候的事和画画还能看出那么多东西呀？"老师说："当然了，看了你写的内容和你画的画，老师觉得你的内心似乎有一些烦恼，是不是姥姥在学习方面给你的压力太大了？"话音刚落，小琪的眼泪就噼里啪啦地落下来了。她一边哭一边说："是的，我姥姥对我要求特别严格，我特别害怕我的成绩不好。"老师赶紧安慰她说："在学习上你一直很努力，这些老师都是看在眼里的，至于姥姥的要求，老师会和你姥姥谈一谈的。你姥姥也是出于对你的关心，希望你将来能够成才，只不过其方式方法可能有些简单了。你要理解姥姥。"

班主任老师对我说："以前我只是隐隐约约感到小琪好像不是那种特别有活力的孩子，但她表现出来的却是干劲十足，很阳光，且不乏谦虚，我一直有些困惑。通过你对她的早期记忆的分析，我弄清楚了我对她的担忧来源于何处。小琪的姥姥对她严格的要求，使她总是有一种危机感，她越是优秀就越害怕失去拥有的一切殊荣，越怕失去荣誉就越拼命地努力向前。小琪的这根弦已经绷得太紧了，我真担心一旦弦绷断，这个孩子会出现什么意外。我一定要跟她姥姥好好谈谈，提醒她姥姥注意孩子的心理健康，减轻对孩子的心理压力。如果可能的话，最好能让她姥姥退居二线，让小琪的父母来管孩子，也许效果会更好。"

这位班主任的话让我感慨良多。我们常说因材施教，但是要想做到这一点却很困难。虽然我们和孩子们朝夕相处，但是他们的所思所想，他们那些让我们大人莫名其妙的言行并不一定被我们所了解（很多时候孩子们自己都不清楚）。但是如果我们通过一些心理测试，如回忆早期记忆、画"五项图"，就有可能在真正意义上走进孩子的心灵，了解他们生命的意义。一旦我们掌握了开启孩子心灵的钥匙，学会了为孩子们的心灵解码，我们就有可能提前发现很多像小琪这样看似很优秀的孩子的隐患，我们还有可能发现很多被埋没的金子。这样，我们才无愧于教育者的光荣称号。

王晓春点评：

为心灵解码，这种提法很精彩。每个人的心灵都有某种密码，然而只有内行的人才能读懂。教师是专门与学生的心灵打交道的人，这种解码技术，不可不学。

马克思曾经说过：如果现象和本质直接合一，那么任何科学研究都是多余的了。马克思说得很对，科学的任务、科学的价值，就在于透过现象看本质。有些人从外表上看来很是健壮，一做体检，却可能发现有病，甚至已经病了一段时间了。这就是科学技术的作用。同样道理，我们建立学生的心灵档案，也就是给学生的心灵做"体检"，我们往往可以从中发现一些单靠观察看不到的、或者隐约有感觉而说不清的东西。我们的经验是，如果心灵档案反映出来的学生情况与日常观察有较大反差，教师一定要注意。这是最有研究价值的地方，往往也是孩子最需要帮助之处，往往还

> 是最有利于教师提高专业能力的契机。
>
> 　　赵琳老师和小琪的班主任同是一所学校的老师,但赵老师因为参加了心灵档案的课题研究,对问题的认识就比班主任深了一层,而班主任也自愿倾听她的意见。我觉得这种民间的科研气氛是很好的,交流是自然而然的,收获是切切实实的。新的教育理念如果采用这种"浸润"的方式扩大影响,是最理想的。这种办法比动用行政手段迫使教师写官样文章的"论文"要有用得多。

不合时宜的笑声

赵　琳

　　一天,我给五年级的一个班讲《狼牙山五壮士》这篇课文。当讲到五位壮士喊着口号相继跳崖时,突然,"呵呵"两声笑声打破了班里凝重的气氛。大家顺着笑声寻去,发现正在捂着嘴乐的是女生小青。我严肃地责问:"你笑什么呢?"小青伸了一下脖子,强忍着笑容说:"我也不知道。"说完又扑哧一声笑了。小青的举动激怒了坐在前排的一个女生,她愤怒地说:"你还乐!你有没有点良心呀?"没想到,此话一出口,小青竟然哈着腰笑得更欢了,一边笑一边捂着肚子说:"我忍不住,我就是想笑。"经她这么一来,本来很悲壮、严肃的课堂气氛被她搞得近似滑稽了,我只好草草收场。

　　后来,类似的事情又发生过几次。我发现,每当老师批评她时,她都会捂着嘴笑,批评得越严厉,她笑得越欢,有时干脆笑得蹲在地上。本来老师并没有生气,只是想批评她两句,她认错了,或改正了,老师也就不追究了。但是她不但不显出悔过的表情,反而像看了一部喜剧片似的笑个不停,这样一来,老师焉有不发火之理?于是便很容易酿成师生冲突。

　　这种情况发生多了,我反倒不生气了。这主要不是因为我脾气好,或者麻木了,而是因为通过参加"心灵档案"的研究,我已具备了一种研究的心态。占据我头脑的主要是一种认知的渴望,而不是愤怒的情绪。我想知道她为什么会这样。

她既然行为反常，必然有特殊的原因，教育者的任务首先是找到这个原因，然后进行教育，此时发脾气是没有用的，甚至是有害的，因为情绪往往会妨碍思考。

我想对她进行一下心理测试，特别是了解一下她的早期记忆，因为通过人的早期记忆往往能看出其个性的基本特点。可是我刚接这个班，事务繁忙，抽不出时间搞这个测验，因而目前很难对她的问题进行个案诊断。但是我已经有一种感觉，她的问题似乎不是道德品质问题，不是成心捣乱，她可能是那种只关心自己的情绪而且不加掩饰的人。我的经验是，对这种孩子，应该把她的注意力由她的内心引向外界，与其盲目批评她，不如具体地教她察言观色，学会与人相处。

一天，班里的一个脾气很坏的男生因为同学不小心弄坏了他的尺子而大发脾气，他一边拍着桌子一边朝那个同学嚷："你明天必须赔我三把尺子，后天就是六把，大后天就是九把！"此时小青正巧走进来，看见这种情景，一边乐，一边顺口说："整个一个放高利贷的！"那个男生听见了，立即转过头来冲着小青喊："你说谁是放高利贷的？你说谁是放高利贷的？"他撸胳膊卷袖子，摆出一副要打人的架势。小青显然是被吓住了，愣在那里，不敢说话，也不敢动。我赶紧出来打圆场，好歹把那个男生哄走了。回来后，我对小青说："你怎么那么不会看人脸色呀，他正在气头上，你不躲着他走，还说俏皮话，他能不迁怒于你吗？"小青眨眨眼说："我没想到他会冲我嚷。"我说："那以后再遇到类似的情况，你就多想想，再决定说什么话。"小青歪着脑袋想了想说："我也不知道什么时候该说什么话，不该说什么话。"我说："比如，大家都很高兴的时候，你开句玩笑，没问题。但是，如果大家很生气，或者很悲伤的时候，你就不能开玩笑，更不能呵呵乐，而是要与大家保持一样的情绪。你要学会察言观色。明白吗？"小青懵懵懂懂地点了点头。

后来的日子里，小青不合时宜的笑次数明显减少了，虽然有时她还会想乐，但是看到我提醒的眼神，就会马上捂住嘴，然后环顾一下四周，绷住脸不乐了。

临放假前，我终于找到了时间，在班里搞了一次早期记忆的检测，以便建立每个学生的心灵档案。检测结果收上来，我首先看小青的。她的早期记忆是这样写的：

我在2岁那年就已经上幼儿园了。和往常一样，老爸骑着自行车送我去。因为我

小时候太小了，让我坐在后面坐不住。因此，爸爸便把我放在了车筐里。我坐在车筐里，大眼睛不停地张望四周。过了一会儿，我抬起头问："这是什么？"爸爸说："这是汽车。""那是什么？"只要是一出来，我的问题就格外的多，多得就像断了线的珠子一般，可爸爸还是非常耐心地给我讲解。这时我会仰望天空听。有时，我会让爸爸给我讲故事，尽管我有些听不懂。我呢，就呆呆地听着爸爸讲一些对那时的我来说非常稀奇古怪的故事。

到了幼儿园，爸爸把我送到后就走了。其他的小朋友一看爸爸妈妈走了就哇哇大哭起来，而我却没有，我只在自己的位子上坐着绝不去其他地方。在幼儿园里我是最小的。我有些恐惧，因为我看到许多小朋友都在哭。我想问他们叫什么名字。上完课后，幼儿园阿姨带我们来到下面玩。我又觉得在这里好开心，有这么多的小朋友和我一起玩。我开心极了，蹦呀跳呀。一天很快就过去了。爸爸来接我了，我又坐在车筐里听爸爸讲那数不尽的故事……

看了上面的材料，我认识到，这是一个近似于纯天然的孩子。她生性快乐、单纯，在她的世界里只有快乐，任何烦恼、任何批评都被她本能地屏蔽掉了。早期记忆中写她看到小朋友们都在哭，有些恐惧，想问他们叫什么名字。恐惧很正常，但是继而"想问他们叫什么名字"这个反应就与众不同了，这说明她对别人的情绪很不在意，对周围环境的气氛不敏感，她只注意自己内心的感觉、自己的需求。这使我回想起她的那几次笑场，都是发生在很严肃的场合下，她很不合时宜地笑出声来。然而仔细玩味，她的笑没有捣乱的意味，没有煞风景的初衷，更没有向教师挑衅的倾向，只是她自己突然觉得某个地方引她发笑，她就笑了，她并不认为自己这时候笑有什么不对，也不在意他人的反应。她的这种表现和她的早期记忆所反映的个性完全一致。这说明我原来的猜测是对的，她的问题并非品德问题，甚至从某种意义上说也不是纪律问题，而是她的个性与社会性不协调。这个问题当然也要解决，因为这种不协调会给她本人和集体都带来麻烦，但是解决的办法显然不是简单地去批评她，而是要具体地教她学会了解社会规范，了解他人的感受，逐渐调整自己不恰当的行为。我这样做了，不但取得了一定的效果，而且避免了师生冲突，避免了对孩子的心理伤害，也保护了我自己的心理健康，少生了好多气。

王晓春点评：

　　我们大约都见过这样一种人，他们似乎总是在最不恰当的时间、地点说最不该说的话，大煞风景，或者闹笑话，而自己竟未觉察。北方俗话称这种人是"看不出眉眼高低"或者"有点二"。他们为什么会这样呢？一是生性如此，二是早期教育欠缺，也就是说，家长从小没有训练他察言观色的基本功。这种毛病在孩子中也是常见的，有的严重，有的轻微，有的会随着社会经验的增加而消失，有的则一辈子也改不了。教育这种学生，教师切忌发怒，绝不可以轻易把他们的表现上纲为道德品质问题（没有良知，没有同情心，冷血动物）而加以谴责，否则教师气得发疯，学生却在那里发笑或者呆若木鸡，那就完全离题了，等于医生误诊，给病人吃错了药。赵琳老师对小青的判断比较准确，态度比较正确，采取的办法也比较合适。她用的是帮助和治疗的办法，而不是强制管理方式和"大批判"的方式。

　　现在有一个流行的口号："态度决定一切。"然而态度又是由什么决定的呢？愚以为，人对他人的态度，在相当程度上是由其认知决定的。比如大街上一个人因为一点小事骂我，我当然怒不可遏，但这时若有人悄悄告诉我："他炒股刚赔了10万，你别理他。"我的气就可能马上消一半。我对他的认识变了，态度自然会发生变化。错误的态度往往是由不准确的认知造成的。像小青这样的学生，如果教师认为她在严肃氛围中的笑属于"成心捣乱""觉悟太低"，肯定会对她大发脾气；如果猜想她这可能是一种个性与环境不协调的社会化障碍，那就会课下加以研究，而不会轻易指责她。由此可以推断，如今大量的师生冲突，是由教师专业知识不足造成的，是由对学生的误解造成的，教师只看到了最表面的现象，不知道深层次的原因，就贸然加以处理。而要想了解学生行为的深层次原因，像早期记忆分析这种专业技术就很需要了，每个教师都应该适当掌握。

一个"做梦族"

张 薇

小A是个活泼开朗的女孩，每天都高高兴兴。作为语文课代表，她的工作十分出色，耐心细致而且非常有责任心。班主任却感叹："唉！听她妈妈说，她现在回家根本不好好学，怎么还能这么高兴呢？"期中考试的成绩下来了，小A的成绩明显滑坡。家长和班主任非常着急，找她谈了几次了，每次小A都说知道了，然后依然故我，老师和家长生气又无奈。

不久开家长会了，小A的家长被分在学习退步生家长那一组。在楼道里，年级组长和小A的妈妈说了她半天，可她还是一脸的无所谓。

我走上前去问："小A，你到底怎么想的？跟我说说好吗？"

小A："我觉得你们都不用担心，这次考得不好是暂时的。我就是没好好学，期末考试一定能进步。"

妈妈："你还要考高中呢。"

年级组长："就她这样，一点不知道努力，拿什么考高中啊。"

小A还是说，不用担心，一定没问题。

我问："你跟我说说，你怎么能考上高中呢？你是不是觉得你现在就是不努力，一努力肯定不比班里那些学习成绩好的同学差？"

小A认真地点点头。

看着她坚定的表情，我突然觉得有点迷惑。凭着这几年当老师的经验，我能大致地判断出，小A成绩不佳，能力也不是很强，考高中对她来说，并不是一件容易的事情。是什么让她如此盲目乐观呢？或许是我低估了她的能力？

我试探着给小A分析了她现在的成绩和重点高中的差距，看得出，小A已经不像开始那样信心满满了。但是我能感觉到，我并未发现她的问题所在。对小A需要进行个案诊断。

于是我翻开这个班学生的"心灵档案"，找到了小A的早期记忆和词语联想材料。

她的早期记忆是这样的：

1. 在上幼儿园的时候，早上妈妈送我过去，我心里很不高兴。在路上，我很慢很慢地走，妈妈走在前面，离我大概有1米远左右。我在路上和别人玩了好一会儿，到了学校都10点多了。大概是迟到了1个小时。到了学校正好看见同学们在玩，我就跑了过去，玩了好长时间，才回到了班里。看见了同学们在玩幼儿园里的玩具，我就上去抢他们的。午休的时候，老师让我们去睡觉，我上去睡不着就和别人说话，乱玩，总是打扰别人。我早早地从教室里跑出来，去找那些玩具，我总是先拿，把好玩的东西抢到手先玩。等到妈妈接我的时候，我总是比妈妈快走好几步，先跑进家里。

2. 在小学二年级的时候，老师留的美术作业我给忘了，到了晚上10点多才想起来，我就坐在我的书桌台前，拿了一张8开的素描纸开始画。在纸上我用铅笔画了一会儿，把纸弄坏了。我又拿了一张纸来画，想一想又跑题了。大概到了11点，我拿来美术书看来看去，把所有的画综合了一下，画出了一幅画，看起来还是很好的。我用水彩笔给它涂上了各种颜色，但觉得还是不那么完美，这一闹就到了12点多。

她的词语联想是：

1. 天空：鸟，打鸟，掉下，受伤，流血，捡起，养伤，笼子，养，伤害，被人说，喂食，放飞，看着，天，喂养，喜欢，习惯，高兴，爱心

2. 人：玩，急了，打架，受伤，医院，住院，手术，钱，时间，疼，难受，点滴，哭，出院，玩，笑，跑，追，摔倒，牙，哭，疼，伤害

3. 网：上网，玩，游戏，熬夜，困，时间，起不来，迟到，玩，网吧，游戏，不合理，打架，骂人，动手，受伤，医院，住院，骨折，疼

4. 可是：突然，变了，想，没成功，烦，说，没人，玩，没人，平静，好，变了，坏，心，说，人听，说我，不高兴，理解，高兴

5. 跑：玩，追，跳，蹦，游戏，摔倒，起不来，骨折，不知道，抬不起来，疼，医院，看病，治，不方便，习惯，难受，好了，玩，高兴

6. 平静：心，突然，变，哭，不好，安慰，没用，哭，理解，明白，想象，可以，同情，开心，笑，玩，好心，平静，高兴

从早期记忆和词语联想可以看出，小A是一个争强好胜的孩子，好的玩具一

定要争取到自己的手里，要抢在妈妈的前面进门，画画一定要尽量做到满意。同时她也有比较自卑、缺乏安全感的一面。比如，早期记忆里，她画画很久总觉得不够完美。词语联想中的词语，大多跟情感有关系，比较情绪化、表面化、逻辑性不强，涉及的生活面也比较窄。这说明她的思维能力、智力水平不高。从早期记忆中的第二则我们可以看到，小A精心画了一幅画，本应该对图画的内容记得很清楚，但是小A告诉我，画过什么她的印象已经比较模糊了，画的过程却记得非常清楚。这说明小A可能已经隐隐约约地意识到结果不佳，但为了满足自己的好胜心，只好强调画画的过程，用"我已经尽力了"来安慰自己，求得心理平衡。这种心态与她做课代表时工作尽职尽责是一致的。

为了进一步确定我的判断，找个更好的帮助她的方法。我用了一节课的时间，请她画了"五项图"（见本书第218页图3）。

在第218页图3中，小A首先画了大树，这棵树很大，比楼房高得多，结了很多果子，也有若干绿叶，但总的看却像一棵枯树。这可能反映出，小A内心里有强烈的向上的愿望，可是她对实现这个愿望并没有信心。画中的小A正倚着树看书，说明她很希望别人看到她努力学习的姿态，这和早期记忆2可以互相印证。楼门口站着一个小A的朋友。小A把自己画得比楼房都要高，比朋友大得多。这很符合她好胜的特点。画中的猫代表我（张薇），我正在追老鼠。这个内容不是"五项图"要求的，是她增添的。把老师画成小猫，有向老师示好的意味（这个班的学生与我关系很好，私下称我为猫），也有突出自己的意味（我比老师高大）。但有趣的是，她为什么把猫画成在捉老鼠呢？我觉得这可能说明她是下意识地承认老师有真本事（能捉老鼠），而她没有，她只会摆样子。

据此，我初步判断出小A是一个"做梦族"。做梦族，是指这样一些中学生——他们幻想多于行动，而且其想法严重脱离自身和周围环境的实际。小A心志挺高，然而严重缺乏某些性格特点（比如坚韧、刻苦）或能力，又不想或没有办法改变，只好用做梦来补偿。

这个时候简单的批评教育很难起作用，所以我索性按兵不动等待时机。期末考试成绩下来了，小A的成绩又明显地退步。我和小A谈话。小A还在为自己的成绩下滑找借口，但已经不是那么理直气壮了。我问她，"还记得你自己说过的自己的能力不比最优秀的学生差,一定可以考上重点的话吗?"小A点头。

我问:"现在还这样看吗?"

小A没有说话。

我:"你当初真的认为自己可以做到,还是为了应付我们或者让我们放心才那样说的?"

小A:"不是,我会努力。我要好好学习,我一定特别的努力。"

我:"如果你尽了100%的努力还不行,怎么办?"

小A:"我再努力,我更努力。"

我:"有些事情不是努力就能达到的。即便我请来最好的教练训练我,我仍然成不了100米栏的冠军,可以说连参加奥运比赛的可能都没有。努力解决不了一切问题。"

小A半天都没说话,眼泪开始在眼里慢慢地转:"那我上职高。"

我:"问题的关键不是上什么学校,而是你要对自己有一个正确的估计。当初你给自己定的目标合适吗?符合你的实际情况吗?"

小A:"不符合。我想做到,但是根本做不到。我没有那个能力。"

她情绪十分低落,我安慰了她,谈了谈她在其他方面的能力和优势。听了我的话以后,小A高兴地走了。

过了两天,我拿出了小A的早期记忆材料和画给她看,问她画中的自己为什么这么大,拿着书代表什么意思。小A告诉我那个大大的人是她自己,她在努力地学习,但是实际上她根本做不到。她没有那么强的自制力,也没有那么强的学习能力。可是她非常不愿意接受这个事实,所以她把自己的愿望画到了画里。自己原来的目标定得太高,现在她知道了自己的目标应该定为自己可以达到的。

经过这次谈话之后,小A表现出很好的向上的劲头。可惜大约一个月之后,取得了一点进步的小A,又开始兴奋起来,又有点得意忘形了。

不过小A的词语联想已经清楚地告诉我们,她是一个贪玩的孩子,6组词语联想中出现了7个"玩"字。跟玩有关的词也有10个左右。再联系我们前面对她的心理特点的分析可以看出,当她取得了进步的时候,出现松懈是很正常的。

针对这种情况,一天中午,我把小A叫来,让她分别列出了自己最近所犯的错误和取得的进步。进步只有1条，问题有7条。这时小A还是一脸的无所谓。于是我和她玩起了撕纸游戏。

首先，撕一张长长的纸条。告诉她这代表的是她的一天24小时。然后，我们先把睡眠时间撕去，写上用于睡眠、用去多长时间。紧接着撕去吃饭时间、娱乐时间等，最后剩下了学习时间——7个小时。看着手里的"时间"一点点被撕去，小A开始有点慌张了。这个时候我一条条读出她最近犯的错误：

上课说话、捣乱；跟老师顶嘴；把作业借给别人抄；不认真写作业；不按时回家；不认真完成课代表工作；因为成绩进步而骄傲。

小A完全慌了，眼神散乱，一个劲地冒汗。我问她面对这种情况该怎么办，她除了不停地说"增加学习时间"之外，什么也想不出来了。我指出，7个小时的学习时间其实已经不短了，再增加也不一定有好的效果，关键是要合理分配时间，提高时间的利用效率。这一天的午自习恰好是我负责。我带着满脸焦虑的小A回到教室，并且允许她继续考虑刚才的问题。整个自习她一直都在不停地撕着纸条，寻找着最合理的时间分配方案。撕了至少6次之后，她终于长长地舒了一口气，放松了一点。

我又问她："时间的分配方案是可以这样一遍遍地更改的，但是我们的时间是一去不回的。我们该怎么办呢？"

刚刚放松的小A又紧张起来，看着那些被她撕碎的纸发愣。我告诉她，过去的时间我们已经没有办法追回了。现在最重要的是，按照合理的时间分配方案好好执行，否则目标再怎么符合实际也不可能实现。然后我建议她把今天撕过的纸都收好，今后常常拿出来看看，勉励自己。

但是，我发现小A还是处在焦虑的状态里。果然，下午第一节课的时候她特意请了假来找我。第一句话就是：我已经浪费了那么多时间，再也追不回来了，怎么办啊？

我明白在这个时候语言的劝慰大概已经没用了。于是我又拿起了一张纸条，告诉她这张纸代表的是她的一生。我们这个城市人均寿命大概是75岁左右，所以这张纸条代表75岁，首先撕去14年已经过去的时间，然后撕去三分之一的睡眠时间。最后剩下的大约20年的时间就是我们能自由支配的时间。拿过代表已经过去的14年那张纸条和代表未来的纸条比较一下，代表未来的明显长很多。我问她：哪个更重要呢？哪个是我们可以掌握的？这样一比较，小A终于高兴了，如获至宝地拿着这张代表她一生的纸条离开了。

经过这次撕纸游戏教育，小A认识到了合理利用时间对实现自己目标的重要性。

我是在打破她原来的虚幻的心理平衡，帮她建立新的真实的心理平衡。像她这种补偿性的"做梦族"，做梦往往有自我保护作用。如果鲁莽地唤醒他们的梦，很可能造成严重的心理危机，但是我们也不能不去唤醒他们，因为现实生活早晚会把他们的梦击碎，那时候他们受到的打击更大，甚至可能精神崩溃。因此，在唤醒"做梦族"的时候，我们既要坚定，又要慎重。

王晓春点评：

人有时候需要用白日梦来抚慰自己，在这方面，阿Q是顶级的高手。青少年面临巨大的学习压力，自我认识又处于朦胧时期，因此更容易用幻想的成功、虚假的"自信"来给自己壮胆。这种毛病比较严重的学生，我们称之为"做梦族"。

不用说，教育"做梦族"，一定要唤醒他们，否则他们的成绩会降到能力之下，而且会出纪律问题。问题是如何唤醒。教师通常采用的办法是当头棒喝："别做梦了，你不行！"多数"做梦族"对这种办法的回应是逆反，坚决不承认，教师、家长情急之下，就会冷嘲热讽，用未来的失败吓唬他们，结果往往是，他们的嘴越来越硬，而心里则越来越恐惧，整个人变得色厉内荏，外强中干，精神几近分裂。鉴于此种教训，有些教育者又走向另一个极端，不管你到底行不行，我一律给你拍马屁，先哄你一个高兴再说。"棒棒棒，你真棒"，"你是最棒的"。变冷嘲热讽为甜言蜜语。这种做法倒是可以讨得"做梦族"一时的欢心，然而实际上等于支持孩子继续做梦。两种手法，两个极端，一硬一软，其共同点是：阻碍孩子正确认识自己，使他们难以得到自知之明，最后在实际生活中惨败。

古人云"人贵有自知之明"。又云"知己知彼，百战不殆"。帮助学生了解自我，是教师最重要的工作之一。自知之明贵在准确，不夸大，不缩小。因此当我们唤醒"做梦族"的时候，一定要掌握火候，不要把清醒变成自卑，对学生能力的判断，尤其要慎重。唤醒的要诀是帮助学生自己称量自己的重量，而不是我们直接告诉他你有多大分量。要让学生准确认识自己的强项和弱项，找到自己的恰当位置。生活经验告诉我们，精神快乐与痛苦并不决定于社会地位的高低，而决定于你自己是否适合处于这个位置。鱼儿如果每天对自己说"我明天一定能上树"，那它肯定痛苦不堪。

张薇老师和她的同事从两个初二班级中选出了14名"做梦族"学生。我研究了他们的"心灵档案"，初步感觉这些人也许大致可以分成4类：补偿型、欲望型、发泄型和"本色"型。显然，不同类型的"做梦族"应该采用不同的唤醒策略。诊断"做梦族"，光靠观察不行，一定要借助"心灵档案"。张薇老师此文，向我们介绍了诊断的思路和操作方法。这项研究刚刚开始，以后我们将继续向读者汇报我们的研究成果。

她为什么总爱忘事？

李 铜

每周一都是我这个班主任最繁忙的一天。早晨，学生们将有很多的作业、回执、费用一齐交回。单是将这些东西分门别类地汇总整理就要花费几节课的时间，如果再有几个学生忘这忘那，那么整个上午我就要抱着电话，向家长们催这催那了。

学生忘事，开始一两次，我都能容忍，和颜悦色地提醒他们下次注意。可是总有那么几个学生反复忘事，我的忍耐也逐渐逼近了极限，尤其是遇到学校催要的"急活儿"的时候，我会对那些忘事的孩子发火——"你们的脑子里都记着什么呢？"。

女孩小G是班里"记性差"的典型。一到收作业等材料的时候，她经常会站起来，不好意思地说："老师，我忘了。"

忘事的习惯和哪些因素有关系？能不能通过"对症"教育纠正这个不良习惯？在接触了心灵档案的课题研究以后，我决定对这个问题做个案研究。

下面是小G同学的早期记忆：

1.我3岁那年，有一天，我妈刚从幼儿园里接我出来。幼儿园对面有一个花园，花园里的花枝上有很多蜻蜓。我妈先捉了一只，我又捉了好几只。后来我坐着睡着了，嘴里还流了口水。

2.我4岁那年，我们一家人去海南，在飞机上妈妈把耳机戴在我头上，我睡着了，从椅子上掉了下来，还在地上打滚呢！妈妈赶紧把我抱了起来。

3.我4岁那年，妈妈带我去玩。在野外我看见一只小鸟，我想抓，可小鸟一下子飞走了。我问妈妈为什么鸟飞走了，妈妈说："这是野鸟，很怕人。"我很好奇。

第一印象，这三个早期记忆有明显的相似性。很重要的一点是，三个早期记忆中都出现了妈妈的形象，可见妈妈在小G的生命中有非常重要的意义。第一个早期记忆里，妈妈带"我"去玩，妈妈捉蜻蜓，"我"也捉蜻蜓，妈妈是"我"的榜样，在妈妈的陪伴下，"我"坐着安然入睡。第二个早期记忆里，"我"从椅子上掉了下来，妈妈把"我"抱起来，妈妈是"我"的保护神，在妈妈的庇护下，"我"不会有危险。第三个早期记忆里，妈妈带"我"去玩，"我"对小鸟的逃脱充满好奇，妈妈又成了"我"的老师，她能回答"我"提出的很多问题。综合三个早期记忆，可以初步得出这样的结论：妈妈是"我"的依靠，可能"我"的一生都需要有一个妈妈似的人来给"我"依靠。

那么，小G经常忘事的问题行为，会不会是妈妈这个依靠在日常生活上过度照顾她造成的呢？换句话说，小G忘事的主要原因，不是自身记性差，也不是思想不重视，而在于妈妈的过度保护和越俎代庖。这应该是一个合理的解释。为了证明自己的假设，我通过聊天向小G同学了解她的梦。梦能反映潜意识的活动，通过对梦的严谨、合理的解释，往往能够洞察一个人心灵深处连他自己也不了解的秘密。

这是小G同学几次做过的梦：

妈妈带我到火星上玩，上面有火山、好多的土，火星上特别热，我想看看火山到底怎么喷发出岩浆，妈妈一直使劲攥着我的手，我想挣脱，没挣开。我有点害怕。后来，我们坐飞船回地球，远远看着地球还是蓝色的，但是着陆一看，地球和火星上一样。我们坐飞船再回火星，火星从远处看是红色的，可着陆后，竟然和地球表面一样。

梦使用的是象征语言，所以解梦最关键的要点在于揭示出梦里象征物的含义。在这个梦里，我又看到了和她的早期记忆相似的情境：妈妈带"我"去火星上玩。这个情境和三个早期记忆如此相似，只不过游玩的地点换成了外星球火星。

我尝试分两步来解析这个梦。

第一步，先来分析火星的含义。联系梦里出现的"地球"分析，地球是人类生活的家园，是人们最熟悉的生活环境，所以地球在这个梦里象征的可能是小G自己的家，是她熟悉的生活环境。如果这个分析成立的话，可以以此来揣摩火星的含义：火星的表面有火山，有好多的土，这是不同于家园的陌生环境，"我"对这个陌生环境充满好奇，想看一看这陌生环境中可能出现的新变化——火山喷发。所以，梦里的火星很可能代表着一种新的生活环境，而"我"对这样的新的生活环境充满好奇。

第二步，妈妈的形象代表什么？梦里的妈妈一直使劲攥着"我"的手，"我"想挣脱，但是没有挣开，"我"感到有些害怕。妈妈使劲攥着"我"的手，这可能代表了妈妈对"我"的担心和照顾一贯如此、由来已久，尤其是面对新环境时，妈妈的保护更是须臾不离。"我"做出挣脱的努力，但妈妈不松手，"我"没有办法挣脱。

这个梦的最后部分很有意思——地球变成火星，火星成为地球。如果把火星和地球看成新、旧生活环境的话，那么这两种生活环境间彼此转换，是否意味着在任何环境里，"我"的生活方式都差不多呢？环境在变，可"我"一直没有变。

小G还向我聊起了前几天她做的一个梦：

我掉了头发，戴着头巾去参加舞蹈队的排练，防止同学们发现我掉头发的秘密。可有个同学突然把我的头巾抢走了，我追呀追，总也追不上，我去找老师告状，老师说："抢回来！"我继续追，终于把头巾抢了回来，我很高兴。

在解释这个梦之前，先要明确一点，生活中的小G并不掉头发。在梦里，掉头发可能隐喻其自身缺点（小G认为掉头发影响形象，她是一个很爱美的小女孩）。

生活中小G确是参加了一个舞蹈队，梦里抢头巾的是她舞蹈队的队友。在这个梦里，没有妈妈的形象出现。小G看似是在一个人独立面对窘况，而她最终抢回了头巾，化解了难题。这个梦似乎侧重表达了她对独立的渴望。在上面的"火星梦"里，她也通过挣脱妈妈紧攥的手表达过这种倾向。

然而，不应忽略这个梦里的一个重要细节，那就是老师的意见和抢回头巾的关系。当头巾被抢走后，"我"就开始追呀追，可没追上；"我"向老师求助，老师说了一句"抢回来"，"我"继续追，结果就追上了。可以这样说，在取回头巾的方法上，并没有什么变化，然而经过老师的肯定，"我"就把头巾追回来了。可见，老师的意见在其中发挥了作用，她是"我"行动的指挥，能给"我"力量。这似乎进一步证明了"我"的行为模式：遇到问题，"我"需要帮助，哪怕是口头的支持也好。

梦的解释，印证了早期记忆反映的信息。妈妈的角色在小G同学的生活中占有决定性的地位，妈妈是她的依靠，如果没有妈妈，也要有一个妈妈式的人物（老师、爸爸、强有力的人等，梦里的老师扮演的可能正是生活中妈妈的角色）来代替。妈妈对小G的照顾无微不至，虽然小G也想自己独立承担一些任务，但是能力不够，必须有妈妈的帮助。

分析至此，我对小G为何经常忘事心里有了点谱：应该是妈妈的照顾和替代使小G成了一个低能的孩子，她可以整天优哉游哉，就像一个退化的小孩儿，而妈妈成了她的保姆。在生活中，小G会有经常忘事的行为，其很多生活能力都可能存在明显不足。回忆小G的日常表现，正是如此。她做事磨蹭、不会劳动、书桌杂乱。

我向小G的妈妈求证，她反映的情况使我豁然开朗。原来，小G同学是抱养的，她上面还有一个父母亲生的哥哥。老两口为了不让小G受委屈，在生活上对小G备加关爱。现在，虽然小G已经四年级了，但衣服、书桌、床铺、房间，几乎都是妈妈（少数情况下是爸爸）来替她整理。小G过着"衣来伸手、饭来张口"的日子。每当遇到要交费用、回执这些作业的时候，小G同学只需要将记事本交给妈妈，妈妈就会自己准备需要的东西，如果妈妈忘了，小G也懒得去提醒，妈妈的记性决定着小G这些作业的上交情况。

这样看来，小G的问题行为有一片肥沃的家庭土壤。我就早期记忆和梦的分析结论，和小G的妈妈做了交流。然后，我指出了小G的问题行为与其过度照顾和替代的关联。最后，开出了我的"药方"：

1.小G早期记忆里对妈妈的依赖，可能是她一辈子的行为模式。妈妈的照顾依然重要，一直都会很重要，小G离不了。既然离不了，就要调整母爱的形式。应该把简单的生活照顾变为悦纳和指导，后者才是母爱的高级形式。

2.在具体的生活细节上，逐渐放手。鉴于小G的生活模式，她可能更加欢迎以一种与妈妈合作的形式来做一些家务。为此，妈妈应该扮演一种指导者的角色，多动口，少动手。应循序渐进地培养小G的生活能力，开掘她的潜力。

3.对于交作业的问题，应和小G约定，家长只管签字和提供费用，最后的检查确认工作让小G来做。其实孩子已经产生了独立解决问题的倾向，这是生命成长的欲望。但是，应该强调的是，小G的"独立"需要妈妈在背后的支持。

小G的妈妈对我的建议积极采纳。小G最明显的变化是，期末一个多月，忘交回执类、费用类作业的情况为零。新学期开始，小G的书桌变得整齐起来。

反思整个过程，我忽然感觉到，自己的教育行为已经潜移默化地发生了变化。以前，遇到类似忘事的情况，我的第一反应是"怒"，张口第一句话是"你记着什么呢？！"。在心里，我则把忘事的行为简单归因为学生"思想不够重视"，或者是"记性太差"，接着就是严厉地批评一通，发泄完怒气，还得自己回去打电话找家长要。通过心灵档案的研究，我发现原来一个学生的问题行为背后，极有可能隐藏着家长的问题行为。遇到这种情况，需要"吃药"的不是学生，而是家长，这个案例里就是如此。最后，主要是给家长开"药方"，家长"康复"了，孩子才可能真正转变。与以前一个劲儿地和学生较劲相比较，我感觉现在的教育力量用对了方向和目标，精力没有白费。

这个案例还启示我：同是一个"忘事"问题行为背后，可能有几种不同的致病源。有的学生确实因为"思想不够重视"，有的学生确实因为"记性太差"，那也要进行探究式的追问，搞清学生为什么不重视、为什么记性差。这样，就能把问题探究真正深入下去。找到源头，才是解决学生问题行为的起点。

王晓春点评：

有人可能会说：你又是分析早期记忆，又是解梦，折腾半天，不过得出一个最普通的结论：这个学生的忘事是由家长过度保护造成的。这有什么新鲜？这是家庭教育的常见病。我不搞如此的测试也一样可以得出这个结论。何必故作专业？！

恐怕事情不是这么简单。要知道，经过这样的测试，我们对这个孩子的认识大大超出了有关"忘事"的诊断，我们对她的人格特征有了一定的整体把握，"忘事"只是她人格特征的冰山一角而已。

你会发现，她有相当的依赖性，而这个依赖性正在发生变化。早期记忆全是对妈妈的依赖，后来的梦境已经要挣脱妈妈（"妈妈一直使劲攥着我的手，我想挣脱，没挣开"），前几天做的梦中依赖的对象则从母亲变成了老师。这是三部曲。依赖的对象在变化，依赖心理一如既往。如果有一天（比如进入青春期）她的家长对她失控，老师的话她也不听了，那就是第四部曲了。我可以提前发个预报：到那时，你会发现她又有了新的依赖对象——朋友（女朋友或男朋友），而她的朋友很可能是个"强者"。这个孩子如果几年内出现早恋现象，我也不会吃惊，因为她已经具备了早恋（依赖型早恋）的心理基础。有了这样的认识，我们就可以做一些预防的工作，一旦事到临头，我们也不至于因愤怒和慌乱而举措失当，把事情弄得不可收拾。这类失误，家长和教师都是常有的。

心理检测固然有诊断具体问题的功能，但它的最大功能是"了解人""从整体上了解人""从根本上了解人"。这种效果，是日常观察很难做到的。所以，不是我们故作专业，而是我们确实需要这种专业技术。

我还注意到，这个孩子的早期记忆前两条结尾都是睡着了，火星的梦，结论是火星和地球没什么差别。我怀疑这是个秉性慵懒的孩子，有点好奇心，但并不执著追求。

他为什么爱动手打人?

赵 琳

"呜呜呜,赵老师,您班的学生欺负我。"一个个子矮矮的小女孩一边哭着一边向我告状。这个小女孩上三年级,她刚才在活动区玩,我班的一个男生动手打了她。我问她:"那个男生为什么打你?"小女孩摇摇头说:"我也不知道,我没招他没惹他,他就打我。"我马上询问了那个男生的衣着、个头,脑子里马上就显现出一个身影——小丁。这个小丁平时就特别爱动手,有好几次,我都看见他推外班的女生。今天,他一个五年级的大男生竟然去欺负一个三年级的小女生。我平时最看不惯男生欺负女生,何况这次欺负的是个低年级的女孩子!

我找到小丁,问他:"刚才有个小女孩说你在活动区打了她,有这回事吗?"小丁点点头说:"有,她踹我。"我疑惑地问:"她踹你?她怎么踹你的呀?"小丁说:"她从滑梯上滑下来,踹了我一脚。"我立刻就明白了。我问他:"你当时站在哪儿?""我站在滑梯底下。"我笑着说:"你站在滑梯底下,她滑下来,脚可不就正好踹到你的腿上了吗?是你站的位置不对,不是人家成心要踹你。明白了吗?"小丁愣了一下,恍然大悟,说:"哦,明白了。""你还不赶快去跟人家道歉?""哦。"看着小丁远去的身影,我想:幸亏我没有上来就发火,否则岂不酿成冤假错案?事情虽然解决了,但是我的心里却总是有个东西放不下。虽然小丁平时比较爱动手,但我总觉得他不像那种爱欺负人或者爱惹是生非的孩子。这其中是否另有缘故呢?

我找来了小丁的早期记忆:

在我的记忆深处,有一件事使我永生难忘。那天,妈妈带我去吃麦当劳。在麦当劳的儿童娱乐区,我正要从滑梯上往下滑。但是,有一个小孩走来了,他比我大一岁。我刚坐下,那个小孩就把我推了下去,嘴里说:"快点滑下去,那么慢。"我那时才4岁,哪挨得了这样的推呀。我很生气,上去把他揪下来,把他的脸挖烂了,流了很多血。妈妈急忙给人家赔不是,回家还打了我。我很委屈,哭了。

一年级时，一个礼拜天。我好不容易写完作业，便去邻居毛毛家玩。毛毛妈给毛毛买了一串糖葫芦。我要求闻一闻，可是毛毛不让，气得我直跺脚。于是，我把妈妈的耳钉拿出去买了两串糖葫芦。我先去毛毛家炫耀了一番，又高兴地走进了家门。妈妈问我这是哪来的，我把事情告诉了妈妈。妈妈听后，生气地打掉了糖葫芦，说我很不争气。突然，门铃响了，来的竟是卖糖葫芦的老大爷。老大爷说："孩子不听话，就别怪孩子了。"说完，他把耳钉还给了我妈。妈妈连忙道谢，老大爷摆摆手，走了。从此，我再也没见过他了。这件事使我终生难忘。

这两个早期记忆讲的都是负面的记忆，结尾都是以被妈妈打，自己觉得很委屈而告终。这也许说明这个孩子很注重公平。因为他觉得这两件事情妈妈处理得都不公平，自己之所以做错事是事出有因，迫不得已，妈妈不问青红皂白就把自己批评一顿是不公平的。那么，记住这两件事情对他有什么意义呢？我猜想，那就是他时刻准备着，如果再遇到不公平的评价、待遇，自己就要反抗，就要用行动为自己平反。于是，他选择了拳头。在他的早期记忆中，也清楚地记录了他以暴制暴的做法。

分析到这里，再回想他以前那些让人气愤的做法，我似乎找到了答案。小丁之所以爱动手，并不是他想欺负谁，而是他在自我保护。别人一个没有恶意的做法，在他看来，也许就构成了有意攻击，那么他就要用拳头来保护自己。这个孩子似乎有一套独特的是非标准，不论别人怎么看，他只按照自己的那套是非标准去行事，在他心目中这么做才是对的。

看来，这个孩子不是有品德问题，而是认识上出现了偏差。既然是认识上出现了偏差，那就没有必要在道德是非上去教育他，因为他不但知道应该分清是非，而且正因为觉得对方是在欺负人，自己才去奋起反击的，他觉得自己的做法是正义的。我要做的是对他的认识偏差加以纠正。我准备采取以下几点做法：

1.再遇到小丁攻击同学的事情，先询问他事情的原委，而且要和被打的同学一同询问。因为根据研究可以判断，多数情况可能是小丁误解了身体接触才出手打人的。让被打的孩子告诉小丁，自己并没有想欺负小丁的想法，只是不小心碰了他一下，或者有什么误会。老师在其中的作用是协助那个同学把事情的经过讲清楚，让小丁明白是自己过于敏感了。小丁这个孩子虽然爱动手打人，但是他还是很通情达理的。只要他认识到自己误会了对方，做了错事时，一般都会主动跟对方道歉。因此，我认为解决他和同学之间的矛盾并不困难。

2.平时在小丁面前有意识地让其他同学就一个问题展开讨论，大家畅所欲言，各抒己见。目的是让小丁学会从多个角度看问题。小丁之所以经常与同学发生肢体冲撞，主要是他总从自己的角度看问题、想事情。如果他动手之前能从别人的角度想一下，换一种思维方式，事情的结果就不一样了。

3.从早期记忆还可以看出这个孩子比较鲁莽，做事不计后果。这也是很危险的，很容易把有理的事办成没理的事。我想可以结合课文或者班里出现的类似的事情，请同学们谈谈如何理解"冲动是魔鬼""三思而后行"这两句话。在讨论中，小丁可以受益，其他同学也能获得启发。

王晓春点评：

　　这篇文章有两个亮点。一个亮点是，赵老师不满足于打人事件表面的解决，而继续深入探寻小丁打人的内在动机。很多教师都做不到这一点，他们的思想往往停留在管理层面。打人事件发生了，教师过问了，肇事者认错了，向受害人道歉了，教师就"鸣金收兵"了。其实这是最浅层次的教育，因为你并未真正走进学生的心，没找到病根，很可能过不久学生就会重犯类似的错误，并且反反复复。这种情况在学校是很常见的。很多教师以为，学生既然已经知道自己错了，就应该不再这样做了。其实事情远没有这样简单。他经过教师的教育，确实可能知道自己打人不对了，但是他并不知道是一股什么力量推动自己非动手不可，他没有认识到这个水平，就随时可能复发。教师的任务就是找到这个动因，帮学生真正了解自我。而要做到这一点，非刨根问底不可。我们之所以从日常的教育实践走到教育诊疗，走到建立学生"心灵档案"，就是不停地刨根问底刨出来的。你真想走进学生心灵深处，就不得不求助于心理学。

　　第二个亮点是，赵老师把教师的逻辑与孩子的逻辑区别开来，没有用教师的逻辑替代孩子的逻辑。这一点也是大部分教师目前未能做到的。小丁打人了，对方是个低年级的孩子，而且是个女生。这太不像话了！你霸道，你以大欺小，你恃强凌弱，你一点都不像男子汉，你给班集体抹黑，你给父母丢人，你完全是错误的，你这样下去是非常危险的。你今天打同学，明天就可能成为暴力分子，说不定会进监狱。你必须深刻反省，承认错误，向对方道歉，而且保证以后不发生类似的事件。这是教师的常见思维方式和教育方式，这是教师的逻辑。绝大多数教师就是这样教育学生的。这种教育也不能说完全不对，但是很明显只是教师自我中心的一种"训诫"。学生小丁心里是怎么想的呢？他想的是，她招我了，她碰我了，我要保护自己，我又不习惯采用其他方式解决问题，于是我就出手了。这是学生的逻辑。我们可以看出，教师的逻辑与学生的逻辑是"两股道上跑的车"，互不相干。那么学生要怎样做才算"接受"教师的教育呢？唯一的办法是把自己的思路停下来（其实是隐蔽起来），暂时顺着教师的训导、用教师的头脑想事情，按照教师的要求去做（认错、道歉），于是过关了。可是，从今往后小丁能够把教师的逻辑"引进"自己的脑袋，把自身原来的逻辑挤出大脑吗？显然不会。因此，下次遇到类似的事情，当他启动自己的逻辑时，很可能还是原来的逻辑。要知道，那可是"自动化"的，驾轻就熟，像设定的软件程序一样。这就是教师眼里的"明知故犯，屡教不改"。教师一定要明白，靠外部力量阻拦学生的某种行为，只是管理，并不是真正的教育。真正的教育不是向学生宣讲教师的逻辑，而是首先搞清学生自身的思维逻辑，然后帮助他自我调整。像小丁这样的学生，让他学会分辨无意碰撞和有意侵犯，就比分清是非重要，帮他学会换位思考更重要。我们要顺着孩子的思路走，跟着他的逻辑走，而在途中他失误的地方点醒他。愚以为，这才是名副其实的教育。赵老师的对策就是沿着这样的教育路线设计的。

  小丁的第二条早期记忆，好像不完全是负面的。结尾说明小丁对人性的善良一面还是有信心的。这种孩子，应该不难教育。

我对一个超常生的认识过程

王晓春

这是我和一位网友在"新思考博客"上的对话。我把网友的真名隐去了。为了节约篇幅，我对有些内容做了一些删节。

最开始，是X老师给我提供了下面的材料：

(2007.10.10)

王老师：

我想跟您说一个特殊的学生——豆豆。从他爸爸那里，我了解到他本是相当独立自主的孩子，从小就能自己看书识字，所有的拼音和汉字他都是自己看碟、看电视与听说得来的，在入学前，他就已经能认很多字了，也已经读了不少有字的书了。这就导致了他在入学后的厌学，加之不能自控，自我中心，经过医院检验，他是不能感受到别人的愤怒的，这是很容易被人误解并受到排斥的。在不得已的情况下，他爸让他跳级。但到了二年级，新的问题又来了，由于年纪小，他经常受同学欺负，为了保护自己，他形成了更加倔强的性格，谁也不能动他，一动他就会有一些过激反应。所以，他跟同学关系很紧张。而且不爱动笔写作业，字越写越差。

依我看来，这是一个很需要特别关照的孩子，但我还没有找到一个有效的办法来与之有效沟通，更确切地说是我没有一个好的办法来帮助他控制自己。

我看了这个帖子，无法判断。于是向X老师提出了一些常规检测问题：

请问X老师（王晓春）

根据您提供的材料，我无法判断他的病因，甚至无法判断他的主要问题是什么。

请问：

1.孩子父母的职业和文化水平。

2.孩子是谁带大的？如果有父母之外的其他人（祖辈人、保姆）参与，请问其文化水平和教育风格。

3.父母关系如何？在教育孩子的问题上是否一致？

4.孩子各科成绩如何？（跳级前，跳级后）

5.他一般在什么情况下、因为什么事情、和什么人发生冲突？有没有规律可循？

6.X老师的帖子，说的全是教师对这个孩子的感觉和印象（教师自我中心），愚以为更重要的是孩子自己的感觉：他对学校是什么感觉？他对老师是什么感觉？他对家长是什么感觉？他对不同的同学是什么感觉？他为什么喜欢认字看书而不喜欢写字？请注意，他的所有行为都必定有对他来说是"合理"的理由，搞不清这一点，实际上谈不到教育，教师的行为不过是管理而已。

7.还有其他学生的感觉，也很重要。他们为什么要欺负这个孩子？是他有什么地方令人讨厌吗？请注意这些同学的做法，也会有对他们自己来说是"合理"的理由，我们必须搞清这些理由。

2007.10.10

（2007.10.23）

尊敬的王老师：

由于最近太忙，没有及时向您反馈情况，我曾两次与豆豆谈话，以下是两次谈话的记录：

第一次：

今天上午，我找了一些同学谈话，了解了一些情况。同学的评价是这样的：

A：刚开始的时候，以为他能跳级应该很不错，但看他并不是这样，而是比较差。跟同学相处不太好，与同学发生冲突的原因是由于有同学叫他一些不好的绰号。但他有一些创新的搞笑本事。比如他曾经编诗——"床前明月光，妈妈熬鸡汤，汤里有毒药，全家死光光"，让人觉得他好搞笑。现在他跟同学相处好了，也有一些朋友了。我还觉得他有时带头抗议秋游时老师的一些决定或说法好玩，给旅游增加了趣味。不过他现在有所进步，上课也不画画了，也不太插嘴了，教师批评得也少了。

B（一个好学生）：开始觉得他很差，上课习惯也差，好同学不喜欢跟他玩，差同学可能喜欢跟他玩。他偶尔（玩游戏时）有点说话不算数。

最让我吃惊的是与他本人的谈话。

他被美术老师从教室里揪了出来。我走过去,请他到办公室去,他迟疑着,不太肯去。我说:"去吧,不是要批评你。"他走了一步,又收住了脚,我又走过去,拍拍他的肩膀说:"不是要批评,也不是为你被揪出来的事,我要找你谈谈心。"他这才慢慢地跟着我走进办公室。我让他坐,他不肯坐,说不习惯,又说太恐怖了。我问:"为什么?"他说进办公室从来就没有好事。看来他真的有"办公室恐惧症",我说:"今天老师保证不是要批评你,是为了帮助你。你曾经跳过级是吧?老师很想知道你以前是什么样子。如果你不相信老师的诚意,你现在就可以回教室去上课,老师不会拦你。"他点了点头,坐了下来。跳级前他一天之内就看完了上课的内容(此处没交代清楚),觉得上课没一点意思,现在也是有点(后来又改口说现在并没有一天之内全弄懂),所以上课时就很吵,曾经多次被提到办公室里去,经常被叫家长。最恐怖的是一次上课,内容大概是说某位伟人植树,其中写到其他人都在休息,伟人一个人仍然干得很起劲。读到这里,他想到伟人肯定是吃了兴奋剂,就脱口而出:"×××吃了摇头丸。"这一句看似是离经叛道、故意搞破坏的话可把老师惹怒了,于是把他提到办公室,找来家长。他现在纠正说,其实应该是说兴奋剂,但还是不知道自己为什么受罚,没有意识到这句话是多么的不得体。后来,他跳级了,到了新的班级就好些了。对老师的印象,他只用好与坏来评价,他觉得最坏的是原来的老师,最好印象的也有。至于我与前任班主任,他则认为大部分时候好,有时不太好。当谈到自己可能在老师心目中的印象时,他的话是让我最吃惊的:"肯定是最差的,也是最笨的。以前有一个同学在,我是倒数第二,现在他走了,我是倒数第一。"为什么是倒数第一呢?他说看成绩分数,分数高就是好学生,分数差就是差学生。在他的眼里,学生好坏的标准就全是分数。我问他自己是不是破罐子破摔了,他不知道是什么意思,我解释之后,他说是的。对同学与自己的人际关系,他认为现在80%的人都跟他好,除了几个新来的外,都是朋友,这一点他倒是挺自信的。

最后,我告诉他,他是最聪明的几个学生之一,他不相信,还问其他几个是谁。我又指出他现在最大的障碍是上课听讲开小差、画画,作业不能按时完成,至于为什么不爱做作业,由于时间关系,我们没有深谈。

总之,现在看来,让他树立信心是最重要的,要让他通过一些事情找到快乐与成就感，我还要继续努力研究。其实，他应该有信心才对，这次考试，他虽然是考了80分，可是这次全班考得很差，他相对来讲是在前面的，但他好像不太相信。

第二次：

1.孩子父母的职业和文化水平。

爸爸是电子工程师，妈妈以前是警察，现在在做电子商务，有时炒股。父亲现年51岁，母亲41岁。文化水平应该都不低，听其谈吐，对教育还是很有一套自己的看法的。

2.孩子是谁带大的？如果有父母之外的其他人（祖辈人、保姆）参与，请问其文化水平和教育风格。

孩子绝大部分时间跟父母在一起，但主要是由外婆带大的。一直带到5岁上幼儿园后，才请保姆照顾孩子，外婆也能识字。据孩子说，外婆做数学题很厉害，辅导他的数学从没错过题。

3.父母关系如何？在教育孩子的问题上是否一致？

父母经常吵架，他则经常劝架。父亲性格较好，母亲性格暴躁，每次吵架都是妈妈赢（原话）。父母为孩子的学习吵过七八次。他们为生活小事吵架多达二三十次，如为毛巾脏了、谁洗菜洗碗等小事他们平均一两个月吵一次，但没打过架，一般是大声说话，最严重的是妈妈离家出走，一两天后才回来。

4.孩子各科成绩如何？（跳级前，跳级后）

跳级前，最初有打过3个百分的，后来一般是七八十分，跳级到现在也一直是三科70、80、90分都有过。但他总认为自己是最差的，或者是最笨的。

5.他一般在什么情况下、因为什么事情、和什么人发生冲突？有没有规律可循？

现在发生冲突的时候不是很多，这两天他不服班长管教想闹独立（原话）与班长吵过，几次与后面男生说话时，因为手放在一女生桌上与那个女生吵过。他说那个女生是个斤斤计较的人，很恐怖。

6.他对学校是什么感觉？他对老师是什么感觉？他对家长是什么感觉？他对不同的同学是什么感觉？他为什么喜欢认字看书而不喜欢写字？

他还是愿意到学校来的，喜欢学校，觉得学校大，只是读二年级时与六年级同学争足球场时被赶开过。他喜欢三年级的数学老师与现在的美术老师，喜欢后者可能与他爱画画有关。他觉得现在的班主任（我）与原来的班主任绝大部分时候是好的，还可以。他很不喜欢一个女生，因为她在二年级有一次做手工时，把他一瓶子很宝贵、很喜欢的胶水差不多用完了，他们为此大吵了一架。和她吵架时他感觉自己脑溢血。他不喜欢写字可能是不愿意动手吧。还没问到他。

7.还有其他学生的感觉，也很重要。他们为什么要欺负这个孩子？是他有什么地方令人讨厌吗？

其他学生对他的看法好坏参半。具体的情况见上次的谈话记录。这两天，他妈妈跟我沟通过了，自从我上次与他谈过之后，他做作业的情况好些了，在家能主动做一些作业，但语文作业也没全做完过。现在他最大的问题还是上课插嘴、画画，不听讲。有时他所说的有故意与老师唱反调的感觉。老师问课堂纪律差谁的损失最大，他说是老师损失大，因为老师被气出心脏病了。不过，语文课上，他每节课都能积极回答上几个问题，且质量也不低，就是不愿意写和朗读，尤其是不愿写。在其余时间他就画画。

我看了X老师上面的帖子，仍然没搞清这个孩子是怎么回事，初步印象认为他是个正常儿童，但隐约觉得他也许很有潜力，就给了下面一个肤浅的答复。实际上这是继续观察的意思。

答X老师（王晓春）

我没看出这个孩子有很大问题，觉得他可能大体上属于有小毛病的正常儿童，说不定还很有潜力。至于他眼前的考试分数，不必太在意，跟上就行。

教师现在应该做的，一个是等待他自己成长，另一个就是尽量宽容他的不过分的纪律问题，至于过分的地方，指出或批评就是了，该罚的地方要罚。但要让他感觉到，老师罚他只是执行公务，老师还是喜欢他的；老师没把他当问题生，老师没天天盯着他的缺点，老师也没每天琢磨怎么提高他。这种氛围，可能对他的成长最为有利。

对于他的作业，我主张暂时把要求放宽一点，让他逐渐做全。他的写字，或许可以通过画画的途径提高，只要您想办法让他发现一个个汉字其实就是一幅幅画就行了，书法本来就是艺术，这种引导应该不困难。

2007.10.24

大约4个月后，X老师又发来一个帖子，提供了一些情况。说明他在持续观察研究这个孩子，这种研究精神令人感动。这时候X老师对这个孩子的看法已经深化了——他发现这是个"天才儿童"。

一个天才式的孩子

(2008.3.3, 23:35)

王老师：

　　现在我感觉研究孩子是一件很有趣的事情了，这是以前不曾有过的感受。谢谢您的指点。

　　今天我要谈的还是上次那个孩子，上学期我给他评了个进步奖，因为他考试总在80分以上，虽然没怎么听课，但作业完成得比以前按时些了。他与同学发生矛盾也少些了。

　　这学期开学以来，我感觉他好像又回到了从前。作业短斤少两，上课照样画画玩耍。我们分析其原因可能是放假期间他的生活没有规律，放纵过度。但谈话与批评均不奏效。他妈也很头疼。上周她来校要老师与她统一说辞，说孩子再表现不好就让其回家不读书了。因为发现孩子很怕离开学校，所以她出此下策。既然已说出口，我只得帮她自圆其说。至上周五告诉他，还是有点进步，暂向他妈妈通报不退学。今天周一，他很多作业没做，为这他妈妈又来找我了，不知怎么办才好。我与她聊了很多孩子小时候的情况，想找到这种状况的心理根源。

　　我想这几天孩子应该是生活在恐惧当中。因为前期是怕妈妈勒令他退学，最近是妈妈告诉他，家里没钱了，要搬到农民房子里住，他极不愿意，曾说过"好日子快到头了，熬一天是一天"的话。而且妈妈最近打过他，他又说了一句："女人都不是好东西。"当同学提到他妈妈与外婆都是女的时，他仍不屑一顾地肯定这一说法。

　　他妈妈告诉我，他爸爸是个相当宽容却没有原则的人，经常是搞不定儿子反被儿子搞定。从他母亲口中，我知道了更多他小时候的事情。

　　当他8、9个月大的时候，母亲有一次告诉他刀割会使手流血，此后他就再不碰刀，还会学母亲的动作告诉别人。在他9、10个月大的时候，母亲短暂离开过几天，回去看他前，先打电话告知会回来，他就一直不睡等妈妈回来，回来了却不理妈妈做生气样,妈妈说:"豆豆不要妈妈了,妈妈走了。"他便哇的大哭。1岁3个月的时候他便说话说得很好,坐电梯时能数数,能学念单词,睡觉前要看书,爱指着床单上的字母念,父母为了让其睡觉,遮住字母,他便哭着说:"ABCD哪去了?"1岁6个月时他对词语的理解能力极强,在爬山时听人背一首很少人讲的诗,就能把诗意讲出来,他偷听父亲与人在房间里谈话后告诉父亲说:"小心隔墙有耳呀!"还能说出"爷爷天天给豆豆草莓吃,谢谢爷爷"之类的话。两岁时,为强化其记忆力,家人曾拿卡片教他认字,后来他自己看书,自己想办法认字,让母亲教自己打拼音好用电脑打字。他还说过"妈妈只顾自己学习,让我变傻瓜"之类的话。上幼儿园时,他就会认很多字,很会哄老师,爱与老师聊天,老师很喜欢他,让他教同学念字、主持节目。有一次他想妈妈要打电话找她,老师让其去园长办公室打,他直接走了进去,园长责怪他不懂敲门时他说:"你们都没关,我敲什么门呀!"3岁半时他就开始学钢琴,后来自己会认曲子,很长的曲子都能认。家人曾经带他去医院检查,医生说其左脑发达,其结构在人群中属于万分之三的概率,但其右脑仅是中上水平而已。这孩子可以很晚睡觉,一天大概只要睡五六个小时就行,所以他长得很矮。他认为睡觉是浪费时间。他甚至想背元素周期表。他还在很小的时候就经常说出一些成人才会说出的话,用家长的话说,就好像他前世在过奈何桥时没喝孟婆汤一样。

从上面的情况我更多的是看到了一个智力超常的孩子,不知道以后怎样去对待这个孩子。王老师,您怎么看这个小孩呢?

我看了上面的帖子,也觉得这个小家伙不是凡人,但他究竟为什么会这样,我还是没想清楚。我的习惯是,只要我不能用一个明晰的结论合乎逻辑地解释一个人的所有行为,我就觉得我实际上不了解他。所以我的回复仍然只是对策,我没敢对这个孩子的个性做结论。不过,我的对策已经越来越宽松了,这是对待特殊儿童的基本策略。

答X老师(王晓春)

据我看这个孩子应该特殊对待,不必要求他和别人一样完成作业,或者可以给他单独布置一点难题和"研究课题",条件是期中、期末考试他必须达到90分以上。

> 他的纪律情况，也不要要求过多，上课他不扰乱别人就行了，可以允许他看课外书，否则无法满足他的智力活动要求。
>
> 学校有点小事，不要通知其家长。那样做不仅没多大用处，还可能增加麻烦。
>
> 我若是班主任，可能会给他开辟一个"豆豆小讲堂"，让他隔几天给全班同学讲讲他都读了什么书，学到了什么新东西等，这对他，对同学，都有好处。老师暗中安排几个同学在表示钦佩之后，给他提点行为建议，规劝一番，可能比老师的批评更有效果。
>
> 仅供参考。
>
> 2008.3.6

我给X老师发上面的帖子的时候，见到了X老师发来的下面的帖子，谈到了这个孩子的早期记忆。这下好办了。这下我就有希望把这个孩子的个性梳理清楚了。

豆豆的早期记忆

(2008.3.4, 15:05)

王老师：

今天我问了这个孩子的早期记忆，他说了三件事：

1. 3岁时他去桂林旅游，在水里趴在舅舅的背上游泳，他说："我们这是狼狈为奸呀！"

2. 2岁时，他在一家菜市场门口因为吃一根香蕉与妈妈走失了，就在一家店铺门口一直站着等妈妈，店主让他吃红枣，他也不吃，也没有走开。后来妈妈一家一家店找过来，终于找到他了。店主对妈妈说："这孩子很不错呀，给东西也不吃。"

3. 5岁时，与爸爸在一起玩，他的手肘摔破了一大块圆形的皮，血流了好多。

> **答X老师**（王晓春）
>
> 我们来分析这三条早期记忆。
>
> 1. 3岁时他去桂林旅游，在水里趴在舅舅的背上游泳，他说："我们这是狼狈为奸呀！"

一个3岁的孩子记住了这件事，记住了这个词，而且他好像还有所理解，这是非凡的理解能力，而且说明他有天生的幽默感（舅舅遗传？）。

于是下面这三件事就都有法解释了：

曾经编诗："床前明月光，妈妈熬鸡汤，汤里有毒药，全家死光光。"

"×××吃了摇头丸。"

老师问课堂纪律差谁的损失最大，他说是老师损失大，因为老师被气出心脏病了。

这都是他的幽默感和个性化理解能力的表现，这种东西会很自然地从他脑子里冒出来，教师若以为他是捣乱，恐怕就有点冤枉他了。尤其是最后一例，他认为课堂纪律差老师损失最大，可能对他来说是实话，因为他从听讲中得到的东西确实不多，不听也没多大损失。

2. 2岁时，他在一家菜市场门口因为吃一根香蕉与妈妈走失了，就在一家店铺门口一直站着等妈妈，店主让他吃红枣，他也不吃，也没有走开。后来妈妈一家一家店找过来，终于找到他了。店主对妈妈说："这孩子很不错呀，给东西也不吃。"

这个早期记忆更厉害了。2岁的孩子遇到此种情况，一般都会慌乱大哭，四处乱找，他居然不动如山，说明他极有主见，极有定见，而且能站在母亲的角度想事情（逆向思维），能预料母亲的行动，预料事情的进展方向。这太少见了！他的表现还说明他很有防范意识，喜欢被人称赞的感觉。

3. 5岁时，与爸爸在一起玩，他的手肘摔破了一大块圆形的皮，血流了好多。

这个记忆说明他有怕被伤害的意识。

这个孩子的早期记忆给我总的感觉是：他的智力非常强大而身体却有些脆弱；与概念打交道如鱼得水，搞人际关系却可能遇到障碍；与智力相当的人在一起会很愉快，与智力一般的人在一起会不舒服，互相误解。

他将来极有可能从事高智力的研究性、创造性工作。我不敢说他是天才，但起码可以说，他是个超常儿童。

眼前他为何与人发生冲突呢？因为别人不理解他，他也不理解别人。他以为人家在侵犯他，觉得人家瞧不起他。

> 他为什么不守纪律？可能是因为他觉得听讲没意思，学习"吃"不饱，别人不能欣赏他的幽默。
>
> 他为什么不写作业？可能是觉得太简单，也可能是懒得动手（他宁可动脑），还可能是他的手部小肌肉群发育比别人慢，写字手疼。
>
> 这种孩子本应进特殊学校，如果不能进，教师最好给他开辟特区，不要简单地用一般孩子的标准要求他，否则可能对他的成长不利。当然，他也要大致与同学差不多，不能扰乱集体。
>
> 这个孩子的生命意义是什么？我现在还无法用简短的语言概括。希望X老师有机会再询问一下他的其他早期记忆和梦。增加一点材料，我们对他的认识可能就更清晰了。
>
> 继续观察。
>
> 2008.3.8

半年后，X老师又发来一个帖子。

孩子妈不让他上学了

(2008.10.17, 12:46:29)

王老师，去年跟您探讨过的那个豆豆，这周二因为被他妈发现没做作业，就罚他不上学留在家里了，还说要带他回老家上学，或者退学。因为他作业经常不完成，上课也不太听讲，有时也影响别人，乱插话，或者说一些肮脏的不入流的想法。他妈可能是生气到了极点，想治一治他。起先他很害怕，但又不得不接受现实。他还要求让妈妈向学校提出休学而不是退学，甚至休学一年他也可以接受。他妈是做了之后才告诉我的。我告诉她，这是个险招，既然已出招就要力求有效果，不要造成负面影响。首先告诉他如果下定决心改正错误，马上可以来学校上课。其次可以安排在家自学，自定计划自主学习。另外，我让他的几个好朋友打电话给他，跟他说说学校好玩的事，激发他渴望上学的强烈愿望。这几天看来，他在家能基本按照计划自学，也不出去。电话也打了，好像效果不大。我分析，这孩子要让他自学的确是能做到的。他最适合的是一对一的教学。他很多的课外知识都是通过阅读课外书得来的。他很喜欢学校是因为能和同学玩，而不是上课（体育课、电脑课除外）。当然，在我的课上，他还是偶尔有表现机会的。因此，他在家可能是能坐得住的。现在他妈也不知道该如何收场了。她怕这次无果而终他最后还是老样子或者更加厉害。其实我也认为没必要让他休学，但已经做了，我也没办法。既然他妈说我是他最敬畏的老师，我准备周六去他家家访一下，谈一谈，争取获得他的口头承诺，找个台阶让他下周来上学。王老师，对此您有何看法？

答X老师（王晓春）

这个孩子的心情可能是矛盾的，他既喜欢家庭自学的环境，又喜欢学校人际交往的环境。前者占上风，他就愿意待在家里；后者占上风，他就想回学校。因为没完成作业就不让他上学，孩子的母亲太莽撞了，这种孩子应该特殊对待的，完成一般作业对他也许并不重要。但现在事已如此，只要家中有人照顾，我主张X老师不要急于劝他回来，最好等他在家中待烦了，想学校了，再给他个台阶下。这种孩子就是要揉来揉去，在帮助中等待，在等待中帮助。

2008.10.17

一个有考试焦虑症的孩子

王晓春

这是我与上文那位X老师关于另一个孩子的对话，还是发表在"新思考博客"上。X老师的留言，我做了一些删节。

(2008.2.15)

今天，我接待了一个家长，了解到了一个优秀学生的另一面。她的情况如下：她读四年级，其母亲是老师，这次期末考试她考了个全班第一名。但上课她从来不发言，即使老师请她回答问题，她也是发不出声来。她在班里担任图书管理员，尽职尽责，学习上毫不马虎，字迹工整。她从不主动与人交往，朋友不多，但她与几个女生很聊得来。今天她妈妈忧心忡忡地告诉我几个情况：

1.她特别怕考试,尤其是语文。每次考试她都是忧心忡忡,生怕考不好,连单元考试前的那天中午都得把妈妈叫回来陪着复习。老师说的话她一定按要求做到,不管时间有多晚。

2.她特别怕老师,很在乎老师的评价。期末考完后她生病了,拿成绩单的那一天本可以来学校的,但却借故不肯来,怕考砸了没脸见人。

3.平时做作业因为太认真,又磨蹭,她经常做到很晚,父母劝说也没有用,甚至与母亲争吵。

4.她有点小气,身为图书管理员,家里的好书却不肯捐出来(其他同学都捐了)。

5.幼儿园时她就很内向,从不肯跟同伴玩,也不爱说话,路上遇见亲友也不肯叫,经父母提示也只是笑一下。寒假中大部分时间待在家里,也不跟同学主动联系一次。平时爱跟比她小的孩子玩,会把他们带得很好。不爱跟比自己大的孩子玩,特别是男孩子。过生日的时候她请了10个同学,只有1个是男生,因为他是妈妈朋友的儿子。但她对楼上的几个奶奶很好,能够主动问候,还叫妈妈过年一定要给她们礼物。

6.她曾经告诉妈妈,因为自己考了第一名,所以就有同学跟她玩了,就有朋友了。(以前也考过一次全班第一名。)

7.上课虽然不发言,但上课的内容她回家后能将大部分复述给妈妈听。

8.她不愿参加班级活动,不会主动与人打交道,包括讨论、策划等活动中都不理一个人,顶多听听别人的发言而已。

答X老师(王晓春)

请问这个孩子是谁带大的(特别是6岁之前)?这位长辈的性格、职业、文化水平如何?我怀疑她是隔辈人带大的。

父亲的职业、文化水平、在家中的地位以及夫妻关系如何?

你能再问问这个孩子的早期记忆和爱做的梦吗?

2008.2.15

(2008.2.18)

王老师，今天我又与她母亲沟通了解了她的一些情况（她母亲也是小学语文教师），了解到的情况如下：

1.请问这个孩子是谁带大的（特别是6岁之前）？

孩子出生半岁后交给外婆带了半年，又交给爷爷奶奶带了三个多月。基本上从一岁半以后她就一直是跟着父母、保姆一起生活。

2.这位长辈的性格、职业、文化水平如何？

由于时间不太长，没有具体问其外婆与爷爷奶奶的教育背景与生活环境，这也许是我谈话中的一个疏漏。其实我也认为，在孩子这么小的时候是相当依赖母亲的，将近一年的时间对孩子在这个年龄段的发展应该是很有影响的。

3.父亲的职业、文化水平、在家中的地位以及夫妻关系如何？

父亲是爷爷奶奶的长子，又是村里的第一个大学生，承载着家人的很多期望，包括传宗接代，由于生了个女孩，夫妻双方最初都感觉有点郁闷与愧疚（客家人都有较重的重男轻女的观念）。但由于是中年得子（32岁做父亲），父亲对孩子的抚养与培育很认真。以前孩子生病较多，夫妻双方都很紧张，就会彼此埋怨，但后来孩子生病少了，这方面的争吵也少了。不过两人性格都比较内向，这可能是影响孩子的一个重要原因。另一个原因是两人在培养观点上不一致，父亲认为孩子不爱说话没什么大不了的，将来也绝对不会怎么样，女孩就不能太张扬太爱说话，这样没有男孩子喜欢。而且在孩子上幼儿园时他从不主张让孩子去学习一些特长。而母亲则认为孩子应该活泼开朗一点，多学一些舞蹈、器乐之类的，但基本上是母亲听父亲的。后来他们看孩子这样子实在不行，又逼着孩子去上了舞蹈班与钢琴班。但每一个班孩子都是很不情愿地去学，断断续续的。第三个可能有影响的原因是由于中年得子，他们"带得仔细"，对孩子生活的方方面面管得比较细，同时对保姆要求也比较严，保姆是个十六七岁的孩子，也基本上严格按照他们的要求做。

4.你能再问问这个孩子的早期记忆和爱做的梦吗？

早期记忆我问其母亲也没问到，等孩子返校时再问吧。但孩子说她经常梦到"上学学习的事"，还经常梦到过蛇，她怕蛇。而她母亲说，有时晚上听到她在睡梦中哭叫。

另外补充一些她的近期表现。上学期里，她听说班上最好的一位朋友学钢琴考了六级，也开始主动学习钢琴了，并且考到了四级，一反以前拒绝排斥的态度，学得很开心了。这个孩子做事很认真，一板一眼的，答应别人的事就一定要办到，否则就很着急。在家里，她每天做完作业会对照登记的作业，一项一项地检查打勾，然后整理好，再抱到客厅里，又一项一项地看一遍，再一样一样地放到书包里指定的格子里。这当然就很费时间了。她每天睡眠时间不够，早上七点起床，每晚要到十点半甚至十一点才睡觉。

说到这里，似乎与原来的问题（为什么会有考试焦虑）有点偏移，这是因为她母亲今天跟我谈话更多的是担心她太认真会给自己增加负担，同时又太内向、太胆小。我认为内向可能与她父母的性格有关，胆小可能与家庭的过度关爱、包办她的生活有关（考虑孩子的安全太多，考虑孩子的心理感受少），而作为教师的母亲经常会在与之交谈中说到某个优秀孩子的成绩，这让她觉得成绩好就是成功、就是一切，从而在学习上认真刻苦，要求自己近乎苛刻，产生了心理压力。她把学习看得太重，容易患得患失，这也许就是她学习焦虑的缘由吧。

我知道，这样的分析还是有点主观，也不够科学，王老师，期待着您的分析。

答X老师（王晓春）

好像这个孩子缺乏安全感。威胁是从哪儿来的呢？

是不是他们整个家族有一种比赛"育子成龙"的压力？要是那样，父母对孩子的期望值应该是很高的，孩子如果能力不够，就会每天战战兢兢，想用加倍努力来维持父母的爱，怕学习不好父母就不爱她了。

但这种看法我现在并没有把握。您的分析和打算采取的措施我都赞成。

我很想知道她的最初记忆，开学后请问问她。还有她梦中的蛇，可能也比较重要。这蛇是她确实见过受过惊吓呢，还是一种符号呢？

这孩子的思维方式有些刻板。这可能有遗传的因素，但也可能是心理问题。她父母的教育行为是不是比较刻板？

还有，请问一下她是否一直由这个保姆带。保姆的性格有时也会对孩子影响很大的。

2008.2.17

(2008.2.22,13:10)

  王老师,最近比较忙,关于这个学生的最初记忆,我问了她,她先是说忘记了。我让她想好后再写下来给我,她也没写。我说了说我自己的儿时记忆后,她才告诉我这样一个场景:她一岁半的时候(她自己说是记得,不是父母告知的),过年了,家里摆了一棵金橘树(这边很多家里都会摆的,上面结满了小金橘,图个吉祥),她那天把上面的小橘子一个个都捏破了。

  还有她没见过现实生活中的蛇,只是在书本或电视上看过。

  不知她的这个梦中之景能说明什么。在这方面您是很有研究的。看了您的一些文章后,我也产生了兴趣,准备多看一些心理学方面的书籍,再与周围的人多多探讨儿时记忆与梦境,多做一些思考。

答X老师(王晓春)

  感谢您提供的新材料,我很钦佩您的研究精神,只有这样深入探讨,才能学到一点东西。

  现在我们对这个孩子有两个鲜明的意象了:一个是她捏破小金橘的意象(早期记忆),一个是她怕蛇的意象(梦)。

  下面我把这两个意象联系起来,做一些猜测。

  请注意,金橘是静态的,蛇是动态的。对这个孩子来说,金橘是可掌控的事物,蛇是无法掌控的事物。她的应对态度是:对于蛇,她害怕、躲避;对于金橘,她则力图掌握它,而且要完全掌握,一个也不能少。"一个一个都捏破",这个细节很重要,说明这个孩子可能有一种思维定势:对于我能够掌握的东西,我一定要彻底掌握,否则不罢休;而对于估计不能掌握的东西,我就害怕、躲避。

  请注意,这两个意象中除了她自己,没有其他人物出现,连她的父母都没有,说明她对人际关系可能生来就缺乏兴趣。

  这个孩子的性格特点是否可以这样概括:对她来说,生命的意义在于尽可能掌握静态的、可预知的、可掌控的东西,同时尽量躲避动态的、不可预知的、难以掌控的事物,尤其是人际关系,这种东西最难掌控。

  前面我曾经谈过对这个孩子最突出的两个印象:缺乏安全感,思维方式刻板。

现在我能解释了，当她面对动态的、不可预料的事情时，她缺乏安全感；而面对静态的、可掌控的事物时，她会努力地、以刻板的方式尽量掌握它。

于是她的行为就都能得到合理的解释了。

学习的程式，对她来说，是相对静态的、可重复的，所以她以"一个个捏破金橘"的认真刻板态度对待，取得了良好的成绩。那为什么她害怕考试呢？因为她认为考试成绩是无法预知的，对于她来说，考试正像一条蛇，不知它会爬到哪里去，所以她一考试就焦虑。

当图书管理员尽职尽责，她是把一本本书当成"金橘"来对待的；自己有书不捐出来，因为那样就把自己完全能掌控的东西变成可能由别人掌控的东西了，等于把"金橘"让别人拿走，不放心。这恐怕不能用"小气"来解释。

喜欢跟比自己小的孩子玩，因为他们是"金橘"；怕老师，怕男生，因为他们比较"动态"，其行为不可预料，他们是"蛇"。

这个孩子长大以后，适合从事什么样的工作呢？最好是给她一摊事，头绪很清楚的，任务很明确的，不特别需要应变能力的，而且让她独自去做。也就是说，给她一棵"金橘"树，让她去一个一个捏"金橘"，她能做得很好。如果让她去和别人经常讨论、经常合作、随时准备改变自己的原有方案，这种工作，可能会破坏她的心理健康，那就等于让她天天和"蛇"打交道了。

还有一个问题。这个女孩将来谈恋爱的时候，可能会胆怯（觉得男人不可控），而一旦结婚，有可能把老公当"金橘"来捏，希图全面掌控，这就可能造成婚姻危机。

那么，眼前她的两个突出问题——考试焦虑问题和人际交往障碍，怎么解决呢？

我想，根据她的个性，可以考虑这样的治疗思路：把她心目中的"蛇"，尽可能在一定程度上变成"金橘"，她的恐惧就可能减少。

比如每次考试之前，家长或老师可以和她一起给各科成绩做预估。几次之后，如果她发现实际考试分数总是和自己的预估差不多，考试在她的心目中就变得比较可控了，也许她就不那么害怕了。

人际交往也是一样，家长和老师可以设计一些情境，让她预测一下，如果你那样

> 做，对方可能会有什么样的反应，然后鼓励孩子去试试。假如她多次发现这也是可以预测和掌控的，她的胆子可能就大起来了。
>
> 　　请注意，人的思维模式和行为模式的框架往往会保持一生，我们不要指望孩子"脱胎换骨"，她能在原有性格基础上扬长避短，这就很好了。
>
> 　　以上只是初步猜测，供X老师参考。
>
> 2008.2.22

启示
(2008.2.23)

王老师：

　　今天我把您的分析用电话的形式念给她妈妈听了。她妈妈也很赞同您的分析。同时补充了两个情况：(1) 她妈妈认为可能是自己在平时对她的成绩要求太高了，认为一、二年级如果达不到95分就不算好成绩。有时卷子拿回来后会对她说："就这么点分呀！"这位母亲答应以后一定淡化成绩意识，少讲一点别人多少分之类的话。(2) 前两天，孩子主动邀请了两个同学到家里玩，是两个女同学，守规矩，做事认真，学习成绩也很好。她妈妈看到她们玩得很开心，不时会发出会心的发自内心的笑，她妈妈也很高兴，问那两个同学自己孩子在学校的表现，同学也说很喜欢她。

　　您的这句话给了我一些启示："人的思维模式和行为模式的框架往往会保持一生，我们不要指望孩子'脱胎换骨'，她能在原有性格基础上扬长避短，这就很好了"，每一个孩子都是充满个性的，也就是每一个孩子都有着独特的思维模式与行为模式，这就需要我们尽可能深入地去关注、去研究每一个孩子的内心世界与属于他的那个模式，在发出我们的教育信息时，能尽量照顾到他们的独特性。在我的心目中，一个优秀的学生应该上课认真听讲、积极举手发言，能积极参加学校的各项活动。没能达到的同学，我都会在他们的评语栏里补上。尤其是上课不举手发言的同学，随着年级的增高人数逐年上升。现在看来，其实不举手发言的同学不一定就是不认真的，他很可能在认真地倾听，他学习的效果很可能比那些举手积极的同学还要好，只不过是从教师中心的角度来说，他没有积极响应教师的提问，不够热闹而已。

深入研究发现,他们的认知模式很可能与从来就爱举手的同学不一样。

> **王晓春总结:**
>
> 可以看出,X老师开始向我提出这个孩子的问题时,我不敢马上回答。我只是不断询问这个孩子的情况,心里不停地做着各种推测。直到我通过这孩子的早期记忆和梦的解析,认为自己找到了那把打开这孩子人格之锁的钥匙——她赋予生命的意义——的时候,我才敢于系统地阐明我的意见。
>
> 如何知道你找到的这把钥匙是正确的呢?我的体会是,当你的这个结论能够把对方的所有言行都解释得合乎逻辑、比较圆满的时候,你的分析可能就是正确的了。下一步你要做的就是开药方(依据个性化诊断拿出个性化对策)了。你的诊断若是正确的,治疗就应该有效果;若没有效果,那你的诊断可能就错了,不管它听起来多么天衣无缝,都要考虑从头再来。愚以为,这就是一种科学的态度。
>
> 如果教师精力不够,哪怕只分析一个班的几个重点学生,意义也是很大的。如果教师能力不够,哪怕学校领导帮他分析几个学生,意义也是很大的。这种做法会带来教师教育理念和思维方式的真实变化,使教育走向科学,这才是最重要的。

这个女孩是不是同性恋?

王晓春

这是我与一位网友的对话,发布在"王晓春教育教学随笔"和"新思考博客"上。

目击者(教育教学随笔,留言)

(2009.4.7)

王老师:

我班(高一)里有一个很特殊的女孩子,所有人第一次见她都误以为她是男孩子,很多任课老师上了一个学期的课仍误把她当做男孩子。她的家庭背景很复杂,复杂的家庭造就了复杂的孩子。从去年九月份入学以来我一直很关注她,但效果与我预想的差距较大。因为看过您的《做一个聪明的教师》《问题学生诊疗手册》《做一个专业的班主任》等书,所以我想把她的情况详细地写下来,让您来指导一下我的工作,这样我可以少走一些弯路。您看可以吗?

我看到留言后马上给"目击者"老师回复道:

可以。您可以给这个孩子做做早期记忆分析和词语联想。

目击者

(2009.4.11, 19:04:53)

王老师:

我是被您称作"目击者"的老师。真是不好意思,这几天一直忙于市里的说课比赛,那个学生的材料我没有及时给您传上来,等下周比赛结束后我一定将她的材料传上来,到时请您指点。现在已证实,这个孩子为同性恋,且同时与多个女性交往。具体到什么程度还不太清楚,但经常可以从她脖子上看到暗红色的印记。

目击者

(2009.4.21, 10:00:37)

王老师:

现将这个女孩子的具体情况汇总如下,为叙述方便我把这个孩子称为"小小"。

小小的父母在她上小学的时候就离了婚。父亲比较粗鲁,对小小的妈妈关心不够,即使是在小小的妈妈发烧、生病的时候,他仍然是置之不理。以上情况是小小本人说的,这些事虽然已经过去很多年了,但一直都留在小小的脑海深处,让她难以忘记。

父母离异后,小小的父亲争取到了小小的抚养权,但他很少关心小小,张口就骂,举手就打。小小从小练体育(好像是跑步),因此在着装打扮上比较男性化,而小小的父亲一直未加干涉。在小小刚离开妈妈的那段时间里,小小的爸爸经常在晚上带不同的女性回家(这样的事情一直持续到现在)。小小在那段最难熬的日子里不仅要承受父母离异的痛苦,还要独自面对令人尴尬的境况。这些事情小小当时并没有跟任何人说,事情过去很多年之后小小才告诉了妈妈。

小小自去年九月份入学以来,她的男性化打扮引来了很多人的关注,新生报到的当天我就把她当成了男孩子,我当时感觉很尴尬。她不是那种很容易对旁人敞开心扉的孩子,我找她谈过一次话,见效果不好,就打算先把她的情况了解清楚后再做打算。是她妈妈的一个电话给我的工作带来了转机。电话里她的妈妈详细叙述了她家的具体情况,之后我找了一个时间和小小谈,那次谈话中小小掉了眼泪,自此之后她对我建立了基本的信任。

看到小小对我不再排斥之后,我对她提出了进一步的要求。希望她在着装打扮上有所改变,哪怕是一些非常细微的改变,小小只是说自己习惯了这身男性的行头,如果没有了这身行头,她会感觉没着没落的。

说来也奇怪,这个看似对什么都不在意的孩子很在意我对她的关注程度,如果我有几天没理她,她就跟妈妈说我不喜欢她了,现在她经常会在我面前撒娇。

前一阵子我看到小小的脖子上经常会有一些红色的印记,留心观察了很久。后来从与她同宿舍的同学处了解得知,小小从初中起就和女性开始了"恋爱关系",这些女性有的是同校的女生(她从未与班内的女生有过类似的关系),有的是校外的,甚至还有外地的。校外的女性基本上都是通过网络结识的,前一阵子她还特意跑到北京去见女朋友。几天前,我直截了当地问她脖子上的红色印记是怎么回事,她倒是很坦诚,承认是女生亲的。她的妈妈也知道这些事,但左右不了大局。

我个人认为,小小因为父母之间的事对所有的男性心存恐惧,她惧怕来自男性的伤害,所以选择了男性的装扮,这样一来她感觉自己在男性面前就不再是一个弱者。在她的问题上我只希望能尽自己的能力,但总感觉无从下手。现在我把她的情况告诉您,希望得到您的指点和帮助。

附:小小的词语联想及早期记忆

词语联想

1.天空:彩虹,云,大雁,鸟,太阳,月亮,飞机,雨,雪,阳光,蓝色,大海,梦想,不明飞行物,火烧云,星星,流星雨,陨石,乌云,冰雹,宁静

2.人:善良,多愁善感,开朗,活泼,大方,见义勇为,重义气,霸道,自私,任性,聪明,笨,勤劳,懒惰,诚实,讲信用,值得信赖,内向,尊重,胖

3.可是:长大,成熟,稳重,倒流,天真,幼稚,可爱,学习,目标,后悔,无聊,郁闷,无奈,烦恼,茫然,开心,伤心,失望,沉重,欺骗

4.跑：运动，短跑，中长跑，耐力，信心，体力，奔放，比赛，累，训练，赢，输，拼搏，奋斗，加油，冲刺，终点，起点，梦想，希望

5.宁静：冬天，夏天，教室，海边，天空，森林，思考，湖面，湖泊，河流，小溪，安详，女孩，下雪，天气，眼神鱼，心情，神态，风景

早期记忆

在我5岁那年，爸爸抱着我送我去幼儿园，可我不想去，在路上就一直哭，在爸爸怀里折腾。我发狠，把爸爸的手抓流了血。因为那时是冬天，手破了都没有感觉，到了幼儿园爸爸放下我，看见他的手破了，他并没有说什么，只是让我在幼儿园好好地待着。最后，我还是委屈地让爸爸把我带进教室上课。

答"目击者"老师（王晓春）

感谢您提供的材料。有几个问题：

1.小小的年龄在班里是大还是小？

2.她身材如何？外貌如何？（换句话说，如果她恢复女儿装，有多大的女性魅力？）

3.她的品德、纪律、集体观念、学习成绩如何？

4.她与男生的关系如何？特别是与那些强势的男生关系如何？

5.她与一般女生的关系如何？

6.她对母亲的看法如何？

7.与小小关系不一般的女孩子，在性格上有什么共同点？（这个问题如果您调查不便，可以直接问小小：你喜欢和什么样的女孩子交朋友？）

8.您是男老师，还是女老师？

愚以为，最好不要急于给她做"同性恋"的结论，也不要急于改变她的装束，现在需要的是调查和诊断。

2009.4.21

求助，2009.4.22，09：01：18，目击者

1.小小的年龄在班里是大还是小？

小小和班里大多数孩子同龄，17岁。

2. 她身材如何？外貌如何？（换句话说，如果她恢复女儿装，会有多大的女性魅力？）

因为小小总是男性化的着装，所以身材怎么看也像个男孩子，她坚持把头发剪得很短，胸部发育得好像不是很明显，其实凭心而论，她长得比较秀气，就是李宇春那种风格的。<u>她从来不去澡堂洗澡，很少在外人面前穿得很少，但她现在在她的继父和同宿舍人面前倒是不计较自己穿得少。</u>因为害怕她生理上有毛病（直到现在很多任课老师都不相信她是个女生），我问过和她同宿舍的女生，她们说她月经正常。前一阵子我上课时，我还穿着毛衣，小小已经穿上了短袖。我问她冷不冷，她说不冷，这时班里就有男生说："傻小子火力壮。"她丝毫没有生气，还转过头笑着问："谁说的？"我曾经问过她，当别人把她误认为是男性的时候她自己别扭不别扭，心里乐意不乐意，<u>她说不愿意，但事实上她表现出的却不是不愿意，相反她很愿意让别人把她当做男生。</u>

3. 她的品德、纪律、集体观念、学习成绩如何？

她根本就不学，上学期刚开学时我的课她还学，后来因为我外出学习两个月换了老师，之后她给我发短信说她一点也听不懂新老师讲的课，自那之后，她根本就放弃了学习。以前她的同桌是她的初中男同学，她老是和他说话，后来我就把他们分开了，她现在上课不爱说话，但总爱自己写日记（<u>她一直坚持写日记，写了很多本了</u>）。她的集体观念比较强，因为从小练体育，所以她说话比较粗鲁，像男孩子一样随口就说出骂人的话。<u>她本质不坏，没什么心眼儿，人比较简单，很讲义气，心地很善良，但她对人情世故又特别迟钝。</u>举个例子：前一阵子，她唆使外班的女生打了我班上一个和她同宿舍的女生，其实人家根本没惹她，<u>她就是老觉得谁都瞧不起她，觉得同宿舍里的人都不把她放在眼里。</u>第二天我跟她谈话的时候说："你真让我寒心，我以前给你的爱太廉价了……"她听不懂我说的话，回去后跟她妈妈说老师肯定是后悔以前对她太好了，老师以后肯定不会再喜欢她了。

4. 她与男生的关系如何？特别是与那些强势的男生关系如何？

<u>她特别喜欢和男生交往，初中时经常和男生一起出去打架，现在没有发生这种情况了，但她还是比较喜欢和男生交往。她自己跟我说男生不像女生那么小心眼儿，</u>

<u>男生事儿少</u>。我不知道您所说的强势是指哪方面,如果是指男生个人的身形方面,那么她与这些男生也没什么特别近的交往;如果是指在学校有一定的势力范围,她与这些男生的交往好像也不是特别密切。在校外她也结交了很多不上学的男生,她与校外闲散人员的接触一直就没中断,只不过现在少多了。

5. 她与一般女生的关系如何?

她与我班女生(我班女生均住宿)的关系在刚开学时还行,她也不隐瞒她家庭的情况,但从上学期开学两个多月以后,她老觉得同宿舍的女生都瞧不起她,所以跟同宿舍的人关系不太好。她和对面宿舍的女生关系不错,她很爱闹,常常到对面宿舍打闹。这学期一开学她叫人把我班女生打了,事后经我调解,她和这些女孩子倒也没留下什么隔阂。现在她和同宿舍的人关系还行,中午放学、下午放学后她经常和外事专业的一个女生在一起。去年九月份刚入学时,她和我们同专业其他班的一个小女生a关系比较好,据学生说她们也曾搞过对象,新生军训时她为这个女生和另外一个女孩子b打了一架,打架的原因就是b对a说话态度不好。

6. 她对母亲的看法如何?

<u>她认为母亲很不容易,很伟大</u>。从去年九月份入学后,她母亲就和她父亲说好了:小小一周回爸爸家,一周回妈妈家。她的父母都在市区住,但因为妈妈成立了家庭,爸爸不愿意负责任,所以小小在学校住宿。<u>小小喜欢和母亲在一起。</u>

7. 与小小关系不一般的女孩子,在性格上有什么共同点?(这个问题如果您调查不便,可以直接问小小:你喜欢和什么样的女孩子交朋友?)

<u>和小小关系不一般的女孩子都是那种一看特别疯,穿着打扮特别成熟,社会痕迹特别浓,经常在社会上混的女孩子</u>。小小自己说她们都事儿少、简单,我没有和这些孩子有过深入的接触,所以不好下断言。

8. 您是男老师,还是女老师?

<u>我是女老师</u>。小小经常和母亲说,老师这一阵子不喜欢她了,还说我对她老是忽冷忽热,让她琢磨不透。她妈妈告诉她老师不是不喜欢她了,只是老师有很多事要做,在学校要忙教学、备课、和班里不同的学生谈心,回家还要忙家里的事情,除此之外还要照顾家里的老老小小,不可能把心思全放在她身上,但是在这件事情上她始终想不太明白。

答"目击者"老师（王晓春）

关于同性恋，我的专业知识不足，因此只能依据我的现有水平，对小小同学是否同性恋谈一点看法，多为个人猜测，仅供"目击者"老师参考。

据我所知，同性恋者一般对异性是排斥甚至厌恶的，可是小小不是这种情况，她很喜欢和男生交往，这不像同性恋。

另外，同性恋者在与同性密友的接触中，往往要有一个"扮演"异性。比如两个女孩交往，其中一个就要扮演"丈夫"，另一个则扮演"妻子"。也就是说，其实同性恋者是"在同性中寻找异性"，他们的人际关系模式与异性交往没有太大差别。现在我们来看看小小，她在与女孩子交往的过程中扮演"男生"还是"女生"呢？都不像。如果她扮演的是男生（丈夫），那她应该选择性格柔弱、特别女性化的女孩做女伴，然而事实不是这样，她的女朋友在性格上也颇像男孩子。如果她扮演的是女生（妻子），那她不可能往男人方向打扮自己。这也不对。而且她渴望女老师的关爱，说母亲伟大，这些都说明她实际上可能有一颗女性的心。

我觉得这孩子是一个矛盾的人。她说母亲伟大，可是早期记忆里出现的是父亲；而早期记忆反映她对父亲的态度也很矛盾：依赖，怨恨，关心，混杂在一起。她的词语联想不像出自女孩子，虽然视野不宽，但是比较大气和粗犷。最有趣的是"小溪，安详，女孩，下雪"，由此可见她完全知道女孩应该比较安详、柔弱，只是她自己做不来而已。

我初步判断，她大概不是同性恋，她可能是一只"蝙蝠"，当不成鸟，也做不成兽，很是尴尬。就性格和思维方式的某些方面来说，她是个天生的"假小子"（女性思维方式细致、具体，她好像对这一点特别反感），可是灵魂深处她还是个女孩。我怀疑她在初中之前的主要交往对象是男生而不是女生，是异性，因为她觉得女生太小心眼、婆婆妈妈、不爽快。那为什么到了高中她走向所谓"同性恋"方向了呢？可能是因为小男孩已经长大，进入了青春期，纷纷把眼光投向异性，和这个"假小子"在一起"不来电"（找不到感觉），于是有意无意地疏远她了。她感到了这种变化，很无奈，也有些自卑，只好找比较有男生特点的女朋友来填补心灵的空虚。如果我的这种推测是正确的，我们应该能发现，她其实是比较痛苦的。（可惜看不到她的日记）

> 我认为这是一种心理疾病，可以称之为"性别角色迷失"——她找不到自己的性别了。
>
> 愚以为教师对此事最好少干预。有一种可能是，随着年龄的增长，到了一定的时候，她会找到当女孩的感觉。当然，其心理矛盾也可能越来越尖锐，那是要出问题的，不过那也不是学校所能解决的，最好让她去看心理医生。学校所能做的是，想办法帮她找到人生的其他兴奋点（比如兴趣爱好、职业理想）以转移她的注意力。至于她的男性装束、男性化性格，我主张视而不见，也不要让老师和同学们议论。议论它就等于强化它，没反应才能淡化之。
>
> 2009.4.22

目击者

（2009.4.23，10：30：59）

王老师：

看到您的回复，不禁叹服您入情入理的分析。身为教育工作者，我知道，单靠爱和耐心是解决不了小小的问题的，所以我想到了向您求助。

身为小小的老师，我只想尽自己的能力为她做些什么，但绝不是不加分析的大包大揽。看过您的回复，我思考了很长时间。作为老师我能做些什么呢？您所说的"帮她找到人生的其他兴奋点"好像很难，因为她好像对学校的一切都不感兴趣。经我私下询问，她也没有什么特殊的爱好，也没想过将来自己要从事什么工作。她小时候练过体育，但体育成绩也很一般，而且在我们学校也没有运动会之类的活动，她在学校里除了一身男性的装扮外好像再没有什么让人注意的地方了。

以她的实际情况，她是继续住在学校更好还是回到父母身边生活更好呢？我们专业有一个汽车商务班，女孩子比较多，她和那个班的女生关系也很好，是不是转到一个女孩子多的班里对她的成长更好一些呢？

盼望您的回复。谢谢！

答"目击者"老师（王晓春）

"她在学校里除了一身男性的装扮外好像再没有什么让人注意的地方了"，您说的这句话很重要。如果真是这样，那教师就更不要急于解决这个打扮问题了，这身打扮有可能是她唯一的心理支撑，不要企图拆毁，否则可能会遇到强烈的抵抗。

据我个人的经验，孩子总会有自己的强项，可能教师还没有发现吧？可以再找找试试，这非常重要。

至于您说的回家和转班，都是可以的，问题在于她自己有没有此种要求。必须是她自愿。

2009.4.23

二、群体诊疗的案例

学生的学习成绩能预报吗？

王晓春

今年期中考试前，我请课题组的张薇老师把她所教的两个班（普通中学，初二）的班级前10名学生的名单告诉我。这些高分生是张老师研究的初二两个班的前10名，共20人。分析依据的材料仅有学生的早期记忆和词语联想两项文字资料，因此很没有把握，仅是一种猜想。不过因为没有其他因素（比如学生的现实表现、家庭背景）的干扰，反而更能看出早期记忆和词语联想这两项心理测验的功能和局限性。我像看X光照片一样仔细研究了这些高分生的材料，大胆预报其中7个人成绩会下降。期中考试后，张老师给我的反馈是，其中6人成绩确实下降了，预报准确率超出了我的预期。我是根据什么发出这个预报的呢？下面分述如下：

第一类，知识背景和思维能力较差者（3人）

这几个学生并无明显的心理问题，但是因为知识背景和思维能力的原因，学习成绩可能会下降。请看她们的情况。

【1】小青，女

早期记忆：

1.和爸爸妈妈去北海划船，背景是树林和湖水，绿色的。我穿着带斑点的小裙子，戴着顶草帽，爸爸穿着一件灰色的上衣、黑色的短裤，妈妈穿了一条裙子。看到了北海的景色，说着接下来要去哪儿、干什么，听到了划船和船上人们嬉笑的声音，心情很放松、很高兴。

2.上了幼儿园，午饭吃胡萝卜馅饺子，每个人都有一个小银碗，碗里都有两个大饺子。和我在一起的是幼儿园老师和其他小朋友,背景是彩色的,他们穿着各种各样的衣服,当时就觉得饺子太好吃了,还想吃。

3. 三四岁的时候,我和家里的保姆阿姨去动物园看熊猫。熊猫馆外边都是绿色的竹子,我穿着一件红色的裙子,看到了许多的熊猫,还有一些竹子,心情很舒畅、很高兴,当时觉得很喜欢大熊猫。

4. 五六岁的时候,我去妈妈单位玩,后来不小心绊倒了开水瓶,烫着我脚了,其他人都很关心我,对我说一些关心的话,看到自己的脚变得挺红的,当时心情是十分难过的,而且非常不高兴。

5. 五六岁时,我和妈妈一起去东四,妈妈骑车带着我,我因为一时贪玩就把脚放进车轮子里了,我妈不知道我也不出声,感到实在太疼了才叫了出来,后来妈妈带我去了医院。看了脚踝,我觉得很委屈、很伤心。

6. 四五岁时,我的耳朵得了病需要开刀做手术,于是我就去儿童医院做了手术。特别的疼,因为没有打麻药,然后还贴了一块特别丑的白色纱布,我心里别扭死了,特别不高兴。

7. 四五岁的时候,妈妈把我放在舅舅家,第二天我醒了,舅舅家没有人,门也是锁着的,我非常着急害怕。后来我就准备从他家3楼的窗户爬下去,最后是被别人给弄下去的,而且还有4个大姐姐把我送回家,还带我去她们住的地方,并且帮我洗澡,不厌其烦地帮我找路,真是太感谢她们了。

我没有见到词语联想之前对这些早期记忆的分析:

这是个情绪型的孩子,有些莽撞,容易相信他人,喜欢热闹,总的来看性格比较乐观。

词语联想:

1. 天空:蓝色,大海,旅行,游戏,摔倒,痛苦,包扎,休息,负伤,吃饭,美味,吃撑,拉肚子,医院,中毒,住院,难受,离开,回家

2. 人:数字,花朵,香味,家庭,孩子,学校,老师,同学,考试,成绩,家长,亲戚,朋友,信任,诚实,教育,大学,工作,挣钱,买吃的

3. 网:蜘蛛网,网球,足球,曲棍球,篮球,乒乓球,羽毛球,奥运会,比赛,金牌,荣誉,骄傲,自满,满足,父母,儿女,亲人,温暖,黄色

4.可是：解释，掩饰，装扮，好看，动画片，蜡笔小新，哆啦A梦，大雄，高雄，台湾，偶像剧，明星，获奖，高兴，吃饭，鳗鱼，三千里，烤肉，作料

5.跑：追捕，小偷，偷钱，失窃，报警，警察，工作，大人，小孩，幼稚，玩具，拼图，迷宫，游戏，电脑，近视，眼镜，花钱，受罪

6.平静：考试，安静，寂静，肃静，看书，图书馆，借书，还书，同学，朋友，猪，动物，驴肉，电视剧，大结局，完毕，演讲，精彩，好看，无与伦比

作为一个高分生，初中二年级了，词语联想写成这样，词汇面未免有些狭窄，而且太生活化了。这样的知识背景，学习难有后劲，所以我预计她的成绩可能下降。结果她期中考试后年级排名下降了53名，下降得很厉害。我觉得这是能力问题。像这种情况，教师千万不要轻易责备她"不刻苦"，那有可能会冤枉她。应该对她进行具体的帮助，同时安慰她，并降低期望值。

【2】小娜，女

早期记忆：

1.3岁多的时候，不知道我犯了什么错误，妈妈把我关在了一个屋子里。当时我还太矮，摸不到锁，没法开门，慢慢地开始哽咽了，然后大叫了几声"开门"，又使劲踹棕色的门，可妈妈就是不开。我找了个木头小椅子站上去开，可拧了半天后发现好像有人在另一边把着门，不让我打开门。当时我哭得快没有力气了。

2.要上幼儿园了，早上我双手拽着幼儿园铁门的两边，哭着喊着求妈妈、奶奶不让我进幼儿园。妈妈就在幼儿园里拽我，奶奶就在后面推我。我慢慢从铁门外到了里面，我哭累了，手也没劲了，妈妈看准机会就把我往里抱。

3.上幼儿园时和朋友一起荡秋千，我还让她推我，荡得越来越高。

4.5岁时我和圆圆一起玩时发生了争吵，我俩哭得昏天黑地，后来才知道她就要搬走了，我很后悔。

5.上小学前，到老师那儿报到，老师拿出了一张口算纸，我还记得最后一道题是5加5，之后我还向我妈说了好几遍。我做对了，我写的是10，很简单。

6.四五岁时，也是因为我太矮了，我没告诉家人就到厨房拿方便面，结果滚烫的面汤洒在了右臂上。我举着右手边跑向他们看电视的客厅，边镇定地说方便面汤洒

了，我的胳膊被烫了。我姨马上背起我往医院跑，那时我好像没有掉一滴眼泪。

7.四五岁时，我哥骑自行车，我刚学会滑旱冰，想省点力气，就拽着他的自行车车尾，没告诉他。谁知道他突然加速，我摔了跤还没松手，自行车又拖了我一段，我的膝盖蹭破了。全家人都围着我，不是安慰我就是给我上药，几天后因为没贴创可贴洗澡，伤口流脓了。爷爷一边劝我一边拉我进了医院。看着医生要用夹子把烂的地方弄掉，吓死我了，我就又哭了起来，还一个劲地问疼不疼，医生骗我说不疼，结果就跟活生生地把一块肉弄下来一样，疼死了。

8.爸爸带着我去拔牙，我很勇敢地就去了，等待的时候就一直在心里想一点都不疼，上了座位医生就开始拔我下面的牙。只是瞬间的疼痛牙就拔下来了，爸爸在回家的路上就一直夸我，我就很高兴地想：其实拔牙也不恐怖。

我没有见到词语联想之前，对这些早期记忆的分析：

有股拧劲。有上进心和超越自我的冲动。有一定的意志力和自信心。有一定的思维能力，懂得总结经验教训。

词语联想：

1.天空：蓝天，白云，小鸟，风筝，小孩，跑，笑，摔，哭，着急，高兴，汽车，飞机，海洋，珊瑚，海盗，荒岛，火山，北极，企鹅

2.人：我，妈妈，猫，狗，屋子，钢链，自行车，骑车，翅膀，白色，医生，打针，害怕，疼，孩子，哭，安慰，水果，水晶，发光，萤火虫，池塘

3.网：蜘蛛，吓，旧房子，老人，恐怖，和谐，电影，梦，上学，小偷，挨骂，紧张，生气，扔，踹，摔，风，暴雨，糖，太阳

4.可是：如果，摩天轮，高山，珠峰，飘，羽毛，日记，树，亚马逊，蟒蛇，吃，牛肉，荷兰，风车，轮子，滚，杂技，小丑，变脸，重男轻女

5.跑：1200米，累，医务室，红药水，运动会，着火，呼喊，回声，小溪，游泳，旱鸭子，溺水，晕，天堂，天使，复活，小说，鬼故事，头发，银丝，面条

6.平静：后天，灾难，死亡，幸存，重建，美好，捐款，高科技，太阳系，银河，蓝种人，亚洲，古代，乐曲，钢琴，聋哑人，作家，伟人，政治，法西斯

看到词语联想之后，我有点失望。感觉作为高分生，这个孩子词汇不够丰富，联想的逻辑性也不强，所以我预测她的成绩可能下降。果然她年级排名下降

了11名。但是她的知识结构似乎比前面的小青稍好一些。小青到初三有可能变成中等生,而小娜,如果不出现特殊变故,估计总还能保持在中上等。

【3】小彤,女

早期记忆:

1.在我还没有上小学的时候,有一天晚上我要出去玩。那时候是姥姥在陪着我,院子里有许多邻居家的姐姐,有已经上了四、五年级的,也有上二、三年级的。她们穿的衣服我已经不记得了。她们都是对我很好的姐姐。我那时候想和她们一起玩些什么,那两个大姐姐笑眯眯地对我说:"我们给你梳头吧!我给你设计个好看的发型!"我开心地对她们说:"是吗,太好了!"于是我坐在了石台上,她们站在我身后,给我梳着不同的发型。那时我的头发并不是很长,她们每给我梳一个发型后,我都会高高兴兴地跑回家,虽然是黑着灯,但是也很高兴地看着自己的样子,那是我最快乐的一个夜晚。

2.这是我上了小学没多久的时候。有一天,爸爸突然一进门就对我说:"咱们家对面的饭店里,邻居晨晨的爸爸喝酒喝多了,正在抢救呢!""我晨晨姐姐,是那个老和我一起玩,上六年级的晨晨姐姐?""是呀!"我对妈妈说我出去看看。妈妈那时态度坚决地说不行。我说就一会儿,只是一会儿。我那时候出门妈妈还说:"你只要出了这个家门,你就别回来了!"我还是硬出了家门,我出了单元门,看见了从来没有见到过的救护车。我回头一看,在那个黑暗的院子里,坐着晨晨姐姐。我过去问:"你怎么啦?""我爸在抢救!"她说着说着眼泪就夺眶而出。说着说着我们走到了栅栏门那里,在门上面的铁柱上坐了下来。她哭着说:"你真好,穿着这么漂亮的睡衣。"那时候好像是秋天。听着这话,由于当时还小,不怎么懂事,我没有太多的感触,只是安慰着她,并让她靠在我的肩膀上。现在我的心还是很有触动的,就是那句话。那是一个最悲伤的夜晚,风也无情地刮着,那时我记得穿的是红色的睡衣,可在黑夜的笼罩下仿佛也变黑了。

3.在我还没上学的时候,我妈妈常常带我去姥姥家,第一次去姥姥家的时候,姥姥住在平房里,第二次去时姥姥住在楼房里。就是这样循环着,一会儿去平房,一会儿去楼房,而姥姥的头发也一会儿白一会儿黑,于是我给姥姥起了个名字叫"变色龙",姥姥和妈妈都笑了。

我没有见到词语联想之前对上述早期记忆的分析：

这个孩子可能有文学天分。感觉敏锐，感情丰富，思想活跃，语言运用能力强。而且比较注意自身形象。有主见。

词语联想：

1.天空：白云，风筝，飞翔，线，断，帮助，漫长，夜晚，成功，感谢，高兴，到家，吃饭，谈论，说说笑笑，玩乐，小学，同学，美好，回忆，协议

2.人：堂妹，游泳，可笑，邻居，楼道，晚上，鬼，害怕，虫子，蜘蛛，家，爸妈，旅游，小河，大山，房屋，蚂蚱，吃饭，狼，抚摸，可爱

3.网：鱼，河，野鸭，动物园，鹿，树叶，捡，泥土，伙伴，制作，赛道，赛车，砖头，坏，玩具，婴儿，邻居，姐姐，梳头，小辫子，玩牌，桌子

4.可是：如果，飞，鸟，鸽子，水池，婴儿，比赛，运动会，赛场，跑步，下雨，淋湿，地面，潮湿，舒服，生物，实验，校外，测试，紧张

5.跑：车，摔倒，受伤，擦药，哭，订书器，手指，指甲，爷爷，厕所，衣服，鞋子，妈妈，臭美，妹妹，牛奶，奶牛，大，山

6.平静：夜晚，王府井，商店，衣服，妈妈，高兴，姥姥，小猫，路边，花，花坛，妹妹家，小吃，儿时，庙会，球，晾衣架，植物，葫芦

依据早期记忆的印象，我对这个孩子比较看好，但是其词语联想令人失望。初二的学生，而且是高分生，写出这样一些词语，未免幼稚，眼界比较窄，思路跳跃。所以我预报这个学生成绩会下降。但我还是保守地指出"小彤同学可能会走向偏科，总成绩因而降低"。也就是说，我估计她会因为理科成绩不好而导致总分下降，但是其文科成绩不一定下降。结果事实证明我的预报错了。她的年级排名上升了47名，幅度还挺大。这是怎么回事，她的成绩提高在什么科目，有待进一步研究。

以上几位全是女生。我预报这几个孩子成绩有可能下降。根据是她们的词语联想与其他高分学生相比，词汇不够丰富，视野不够开阔，比较生活化，缺少科学概念、专业概念和抽象词汇，而且词与词之间的逻辑关系也不像其他人那么清晰，这可能预示着她们的思维能力不强。如果她们以前的好成绩主要靠的是努

力，那么当光靠努力不足以解决问题的时候（年级越高越如此），她们的成绩就可能下降。这是个实力问题。

第二类，既有明显的心理问题，成绩下降的可能性也比较大（4人）

【1】小迪，女

早期记忆：

1.大约在我五六岁时，我跟着爷爷去买水果。到回家的时候，我坐在一个大箱子中，箱子放在大的平板三轮车上，在上坡加速时，我连同箱子一块儿滑落在地上，当时爷爷还不知道，在看后面有没有车时突然看见我摔在地上。爷爷看见我头上在流血，立刻带我去了医院。这是一个灰色的故事。我穿着裙子，爷爷穿着一件灰色的大褂子。我的心情非常难过。

2.在我五六岁时，我、表姐和妈妈去姥爷家，我们要联合起来去摘枣，我们尽力地摘了一大盆。我在洗枣，妈妈看见后说水太凉，不让我洗，我一生气，把一盆子枣掀起来了，枣撒了一地，最后大家在地上吃起了枣。这件事是红色的，虽然不对，但是我很开心。

3.在我七八岁时，妈妈带我去团结湖公园。我们坐在河边的石头上，我看到水边上有海螺，于是就去抓，抓到了三四只，觉得很好玩，于是又去抓，这一次我没抓好，一下子就一头掉进了湖中。妈妈的速度很快，一把把我捞了上来，我喝了好几口水，很难受。这件事是黑色的，我的心情很紧张。

4.在我八九岁时，妈妈让我去买杨梅，买回来后，我告诉妈妈价格，妈妈觉得不对，就去了那家水果屋。妈妈问了那人价格，知道后妈妈回家告诉我，别人买的比我买的便宜。我们找了卖主，又补上了，这是一件灰色的事，令我气愤。

我没有见到词语联想之前对早期记忆的分析：

缺乏安全感。易冲动。对人缺乏信任。性格比较灰暗。可能成为问题生。

词语联想：

1.天空：小鸟，羽毛，笔，妈妈，累，生病，医院，医生，疼，哭，摔，趴，青蛙，蝌蚪，蛇，水，被淹，喝水，签到，难受。

2.人：爷爷，三轮车，箱子，马路，上坡，下滑，滑梯，公园，花，蜜蜂，蜂蜜，甜，糖，蛀牙，疼，拔牙，别扭，舔，痒痒，挠。

3.网:上网,玩游戏,电脑,交钱,砍价,便宜,买一大堆,用不完,扔,心痛,吃药,苦,吃糖,芝麻,长虫,吐,恶心,喝水

4.可是:被骂,哭,咸,盐,水,淡,冷,火,疼,泡,破,汤,鸡蛋,小鸡,母鸡,肉,香,噎,撑,睡

5.跑:摔跤,滑,碰,破,血,创可贴,透明,空气,香,美食,馒头,抢,打,叫,嗓子疼,药,咽,卡住,咳,感冒

6.平静:冬天,衣服,哭,水,鱼,刺,卡,医生,手术,针,破,红旗,敬礼,唱歌,跑调,笑,生日,礼物,昂贵,继续

这个学生,我看她的早期记忆的时候,就发现她心理比较灰暗,因此推测她可能成为问题生(心理型问题生),现在看到她的词语联想,如出一辙(注意加下划线的字,"哭"字出现3次,几乎成了主题词),就基本上可以确定她是个问题生了。这就是所谓"好学生"型的问题生。表面看是好学生,其实隐患较大。我在分析早期记忆时,并未看出她是个高分生。从词语联想看来,她思路比较活跃,或许这是她成为高分生的一个原因,但我发现她的词汇涉及面比较窄,且基本上是生活化的,感觉她知识背景不佳,智力水平未必多高,加上又有心理问题的折磨,所以我预测她的成绩会下降,而且可能出状况。结果是她的年级排名下降了19名。我注意到,她的早期记忆和词语联想都很自我,没有伙伴出现,那么她的人际关系就可能出问题。这种情况,老师应该了解一下她的家庭情况及成长史,密切注意她的动向。

【2】小嘉,女

早期记忆:

1.最早的记忆大概是小学一年级的时候,那时正是暮春的时候。迎春花开得很茂盛,黄颜色的十分好看。我和我的朋友小童把花插在土中。我们当时没有水,我就回家用瓶子先接一点儿水把土润湿。等它半干的时候把土做成一个圆锥形包住花儿。就这样栽了两朵,第二天开得还好好的,可等到第三天时花变得乱七八糟的,我们问那边的男生,是不是他们弄的,他们说是。我们一直赶他们,追赶了好久。从一个楼的间隔跑到另外两个楼的间隔,那里好像还有一个花池,里面没有了花,只

有一些像玉米秆的东西。我们把外面那层皮剥了，里面软软的和海绵差不多。我们把它搓成球，扔男生。我们就在那里一直跑。

2. 还有一次，我也是和小童一起到对面的院子里去玩。好像遇到了同学，他把他养的小兔子给我们看，我们喂小兔子吃草。它的牙好像碎纸机一样。一点一点地把草吃完。我们一直玩到晚上六点多，在小时候算是很晚了。我老妈和童童的妈妈都来找了。这时我们才在听到她们的叫声后跑了回去。

3. 哦，还有更早的事情，可能是在我4岁的时候吧。我和一个男生小宇一起玩。我也不知道他的名字是不是这样的。那个时候我每天都9点多起床吧。而他却起得很早，每天在我还没有醒的时候就在楼下叫我。他是我家对面楼上的小孩，和他妈妈一起住，他常常到我家来玩。那时候非常流行奥特曼，我和他一起摆弄那些花花绿绿的模型，还经常和他一起演奥特曼。因为我是女孩，所以只能演王后。我可以命令他，感觉很不错。

4. 小时候和那些小伙伴一起玩，奶奶在一边和人聊天。楼中间有花池，不过没有花，只是砌起来的一个花池。我和他们在那儿玩过家家。我们用小铲子把土挖起来做粥，我们挖出了一些扣子，很好看，花花绿绿的。我分了许多。我把它们放进奶奶的口袋里。现在也不知道干净不干净。

我没有见到词语联想之前对她早期记忆的分析：

语言能力强。喜欢人际交往。有探索欲和指挥欲，也可能有占有欲。

词语联想：

1.天空：宇宙，火箭，笔，生活，定义，<u>快乐</u>，<u>迷惘</u>，<u>追求</u>，<u>不甘心</u>，书，追赶，奔跑，运动，身体，<u>病友</u>，<u>痛苦</u>，<u>想活</u>，<u>不甘心</u>，<u>不想放弃</u>，<u>迷惘</u>

2.人：<u>迂腐</u>，<u>肮脏</u>，光明，天空，心情，颜色，<u>灰暗</u>，<u>钩心斗角</u>，<u>奴隶制</u>，开放，心灵，向往，大同，经济，钱，<u>无用</u>，精神，<u>无意义</u>，<u>内心</u>，<u>残缺</u>

3.网：<u>挣扎</u>，<u>困苦</u>，<u>不羁</u>，<u>挣脱</u>，蓝天，宇宙，笔，蓝色，海洋，贝壳，小时候，轮回，<u>徘徊</u>，<u>迷惘</u>，人生，道理，<u>无用</u>，<u>厌烦</u>，开放，真空

4.可是：勇敢，说出，陈旧，现代，发展，金钱，<u>心灵</u>，<u>迷惘</u>，目标，追求，发展，超越，信，<u>泥潭</u>，<u>挣扎</u>，<u>挣脱</u>，绳子，束缚，逃亡，<u>追杀</u>

5.跑：翔翔，文革，沙枣树，吃，美食，淮扬，姥爷，<u>悲哀</u>，<u>无助</u>，<u>怀念</u>，脑白金，

面包，想买，<u>死亡</u>，<u>永别</u>，整合，困苦，饼干，记忆，回想

6.平静：水面，森林，寂静，小山，向往，<u>与世隔绝</u>，追求，松鼠，绿色，兴趣，小溪，大同，<u>归隐</u>，白花，<u>模糊</u>，<u>梦想</u>，天花板，床，静穆，皓月

这个孩子心理问题不小，教师一定要注意。她的早期记忆中没有父母出现，我怀疑她与父母关系不好，或者是在隔辈人家长大的。她的词语联想主题词是"迷惘"（出现4次），还出现了"想活""不甘心""无意义""死亡""永别"这些词，比较吓人。她好像在竭力挣脱什么。是学习压力、家庭问题，还是青春期的压力？她好像有些绝望，又不甘心，正在泥潭中挣扎。这是最需要帮助的时候。值得注意的是，这个学生的早期记忆反映的心态不算消极，而词语联想则很灰暗，二者反差较大。我怀疑她是近来遇到了什么令人灰心的事情。建议老师找她谈谈，争取让她说出心里话，找到问题症结，加以解决。否则她不但成绩会下降（孩子很难在这种心态下保持学习成绩，尤其是女孩），而且可能出事。后来事实证明，她的成绩在年级下降了18名。另外，她的早期记忆让人感觉她有可能会早恋。

【3】小瑜，男

早期记忆：

1.小时候，楼下有人在地上堆了一个沙子的小山，那儿便成了我的乐园。一天，刚下完雨，晴了一阵后，我和小朋友去那儿玩。当时记得面上的沙子是半棕半灰的颜色，微有点黄，是晒干了的沙子。我们便开始玩，当时是3岁、4岁或5岁，现在有点记不清了。好像沙子里面是湿的，沙子给我的感觉忘了，应该很凉。用手掏进去，掏到极限再缩回来，整个胳膊都是沙子，冰凉彻骨。就这么挖出了一个大洞，翻出来一个只能看见一半的装磁带的透明塑料包装盒，我记得很清楚，因为它是碎的一半，像被人扯开了，很尖，透明度很高，在太阳下刺眼。我当时想把磁带连另一半包装盒挖出来，便开始使劲挖。当时沙子很凉，不然我不可能流血了仍傻乎乎地挖：我挖着挖着，终于找到了另一半包装盒，一样那么透明，那么尖锐，只不过尖锐的塑料片上有点点血迹，于是我看了看我的双手，沾了沙子的右手大拇指下面的那一大块肉上出现了一条红色的丝带，我当时以为是毛毛虫，用手一捏，没想到是液体沾在我手上，我没感到疼，可能是因为沙子太凉使手麻木了。我意识到这是血，我对一旁挖沙子

的小伙伴说了，还把右手心对着他们，之后我迅速跑上楼敲门找家长。

2.忘了几岁了，我吃冰棍，吃到最后一大段，一口含进了嘴，嘴里那叫一个凉啊，可当时嘴太小，冰棍太大，有一半掉了下来，砸在床上，湿了一大片。当时弄脏床可是要受罚的，自己嘴里那么凉也不敢叫，因为太小加上手哆嗦拿不住冰棍，就那么一直干着急，最后看冰棍在床上都快化了，急中生智把嘴里的冰棍吐在手里，之后把床上的捡起来，两个一起扔垃圾桶里了。为了掩盖"罪行"，我只好躺在上面假装看电视，后背一阵阵发凉啊，我一辈子都忘不了。

我没有见到词语联想之前对他早期记忆的分析：

淘气，有探索欲。有小聪明，做事有隐蔽性。皮肤敏感。

词语联想：

1.天空：白云，飞机，机头，机长，头等舱，乘客，橙汁，座位，机窗，机身后部，<u>爆炸</u>，<u>失事</u>，<u>降落伞</u>，<u>逃生</u>，着陆，挂树上，<u>落下</u>，<u>摔伤</u>，<u>残疾</u>，获救

2.人：家，城市，商街，国家，机关，政府，特警，恐怖袭击，出动，防暴车，警车，警察，拥挤，封锁，<u>开枪</u>，<u>击毙</u>，<u>受伤</u>，<u>住院</u>，<u>医疗无效</u>，<u>墓碑</u>，<u>花圈</u>

3.网：捉虫，蜘蛛，眼睛，钢筋，楼房，工人，建筑，摩天大楼，锤子，框架，射钉枪，工作服，<u>脏</u>，油漆，塔吊，钢铁，蓝大个，<u>倒塌</u>，分析，结果，重建

4.可是：但是，不是，可视，可乐，可以，可怕，可笑，可悲，可喜，可贺，是非，是否，<u>是人</u>，<u>是鬼</u>，<u>非人</u>，<u>非鬼</u>，<u>阴阳</u>，太阳，天空

5.跑：跳，奥运，撑杆跳，<u>摔下</u>，<u>摔伤</u>，<u>担架</u>，<u>医院</u>，<u>残疾</u>，<u>锯腿</u>，<u>轮椅</u>，<u>残疾人</u>，<u>悲伤</u>，自信，运动，残奥会，努力练习，汗水，咬牙，比赛，第一

6.平静：水面，西湖，划船，上善若水，打水漂，比赛，小石子，人，大石子，水花，战舰，开炮，击沉，潜艇，鱼雷，声纳，深水炸弹，浮出水面，<u>鱼雷发射</u>，<u>击沉</u>，<u>漏水</u>，<u>沉没</u>

我们从这个孩子的早期记忆可以看出，他注意的重点不是人际关系，不是事情本身，而是自己的体验，而他的体验多是负面的、不愉快的（冰冷的）。他的词语联想印证了这一点，里面有很多灾难。这个孩子好像很缺乏安全感，常常处于莫名的恐惧之中。他的词语比较丰富，涉及方面较多，有不少大词，甚至还有点思辨色彩（"是人""是鬼""非人""非鬼""阴阳"），说明他比一般孩子想得多而

且深。但是你会发现这些词语牵涉学校生活和家庭生活的很少，生活色彩一点也不浓。他给人一种"逃离眼前生活"的感觉。我感觉他是一个心理型问题生，老师应该询问一下他的家庭情况及成长史。他的学习成绩也许会下降，不过可能性比前面两个同学小。事实是他的成绩在年级下降了19名。但我认为这可能主要不是由智力因素造成的，而是由心态造成的。也就是说，如果能较好地调整心态，他的学习成绩还有提高的余地。

【4】小晖，男

早期记忆：

1. 大概六七岁时，我戴着爸爸的领带，站在桌子上。那是一个小屋子，很昏暗，只有一个很旧的电灯泡在亮着。突然不知怎么了，我从上面掉下来了，只听咚的一声，我的头很疼，还流了很多血。但是我还在走路，去找我的爸爸。

2. 大概在上幼儿园的时候，我在一个很不正规的地方，在酒仙桥那边。操场上有很多的沙子，风一刮沙子就乱飞。有一个朋友送给我一块画板，那是离开那里前的最后几天。

3. 在我上小学之前，我和一个叫小亮的人一起去了桥底下，在那里爬来爬去。我一直往下爬，快接近那条非常长而宽的臭水沟，那是在东坝河。一不小心，脚已滑掉了下去，慢慢地向下滑。我在想我会死吗，死也不想死在这像沼泽一样极臭的水里，最后我抓到了岸边的小草，慢慢地爬了上去，真危险呀！

4. 还记得在×××三小招生考试的时候，老师问我几道计算题，我都答出来了。接下来的问题我都忘了，老师最后让我唱歌，我唱了一个什么汽车小司机。

我没有见到词语联想之前对这个早期记忆的分析：

这孩子的思维是跳跃的，行为似乎缺乏目的性。他好像比较注意周围环境。注意，母亲没有出场。

词语联想：

1.天空：晴朗，美丽，风和日丽，<u>突然</u>，<u>打雷</u>，<u>闪电</u>，<u>燃烧</u>，下雨，大雨，细雨，出太阳，彩虹，<u>美丽</u>，<u>消失</u>，天黑，回家，吃饭，看电视，洗脸，睡觉

2.人：勇敢，见义勇为，<u>打伤</u>，<u>流血</u>，<u>皮开肉绽</u>，<u>骨折</u>，<u>进医院</u>，<u>医疗</u>，<u>休学</u>，<u>打

针,吃药,手术,出院,残疾,轮椅,车祸,受伤,抢救,无效,死亡

3.网:工业,建筑,电网,放风筝,掉下,碰上,电着了,晕倒,送医院,打针,吃药,痊愈,出院,围护,设高架网,防止,抄近,翻越,摔掉,死亡

4.可是:大海,波光粼粼,美丽,涨潮,退潮,大风,树木,折枝,房屋,掀顶,破坏,海啸,淹没,城市,死亡,受伤,损失,幸存,救援,直升机,医院,担架

5.跑:跳,运动会,跨栏,摔倒,受伤,骨折,痛苦,担架,送医院,昏迷,医疗,费用,人民币,切腿,装假肢,练走路,参加残奥会,加速,冲刺,第一

6.平静:水面,湖泊,大海,美丽,干净,旅游,游玩,掉河,鞋丢了,找鞋,溺水,被救,上医院,抢救,无效,死亡,被人冤枉,上法庭,坐牢,查清事实,出狱

我不明白这个孩子为什么是高分生。从早期记忆和词语联想看起来,他词汇并不丰富,思路也不活跃,而且心态相当不好。他的词语联想词汇面窄,充满灾难,中心词就是"死亡"(出现4次)。希望教师了解一下他的身体健康状况、家庭情况以及成长史。要密切注意他的动态。据我看,对这个孩子来说,学习成绩目前并不重要,疏导他的心理才是第一要事。后来的事实证明,他的学习成绩在年级下降了25名,幅度很大。

上面的案例告诉我们,给学生的学习成绩趋势发预报,是可能的。这当然十分有利于因材施教。

教师们发现高分生成绩下降,总是归罪于他们"不重视""分心了""松劲了""骄傲了",然后就给家长打电话告状。这种归因相当粗劣,已经成了陈旧的程式。在这种归因的指导下,教师所做的工作难免费力不讨好。我在这项研究中,至今没和学生见面,对其他情况一概不知,仅凭两项检测就比较成功地预报了他们的成绩趋势,这说明他们的问题关键未必在努力不努力。这种研究,对纠正教师刻板的思维方式和机械的工作方法,或许有好处。

下一步,我要继续这项研究,同时准备找一些中等生或学困生的材料,尝试预报其中哪些学生的成绩将呈上升趋势。

(2008.11.3)

低分生与高分生词语联想的差别

王晓春

这是初二的两个班。教师从每个班选出前10名高分生和后10名低分生。我比较了一下他们的词语联想，发现有明显差别。我每班选两个低分生（一男一女）、两个高分生（也是一男一女）做典型例子，介绍如下。其他同类学生情况类似。

首先请看低分生写出的词语：

小澎（男，5班）

1. 天空：白云，繁星，月亮，太阳，宇宙，银河，牛郎和织女，嫦娥，白兔，蓝天，字，太空，星际，天神，天气，空气，风，暴风，台风，火星像地球

2. 人：爱情，友情，亲情，头，耳朵，鼻子，嘴，手，脚，谈恋爱，结婚，年龄，幼儿，小孩，成年，男人，女人，生孩子，大脑，出生

3. 网：网吧，游戏，上网，网络，网球，动画片，三国无双，战国无双，大蛇无双，网址，网页，电子邮件，电脑，零件，结构，组装，生产，功能，球，射门

4. 可是：回答，问题，来源，原油，理由，说话，脑，总是，倒霉，不立刻发生的事，死人，杀，车匪，溺水，淹死，怎么死，为什么死，到底发生什么事

5. 跑：跑步，打篮球，踢足球，打羽毛球，打台球，赶篮球，马拉松，跨栏，刘翔，骨折，蓝机人，各种运动项目，人体结构，手，脚，四肢，短跑，长跑，中长跑，飞人

6. 平静：图书馆，书，小人书，科幻书，教育书，天书，动物，动物书，语文书，数学书，英语书，物理书，历史书，化学书，主科120分，文科，成绩，合格，不合格

小磊（男，6班）

1. 天空：白云，早上，夜晚，白天，太阳，日食，黑天，星星，月光，月食，星座，流星，飞机，飞船，大地，小草，小花，树木，动物，小河

2. 人：工作，上学，睡觉，吃饭，生活，和平，科学，动物，小狗，小鸟，小鼠，家庭，国家，想法，梦想，大自然，生物，细胞，生病，生死

3.网：大海，河水，大江，船，人，鱼，冰，鱼肉，海鲜，上网，网络，网速，网游，QQ三国，天龙八部，动漫，孟××，王××（同学名），海地，海洋

4.可是：可乐，柿子，狮子，可口，大餐，可爱，不是，表事，事情，可能，老师，师长，人，是的，没错，动物，生物，天空，大上龙，植物

5.跑：跳跑，跑步，飞奔，跑去，快跑，慢跑，速跑，车，狗自行车，飞快，快慢，漫步，快步，飞车，飞行，飞机，飞船，小鸟

6.平静：湖，湖水，水面，镜子，海面，水平，鱼

小雪（女，5班）

1.天空：蓝蓝的，校服，学生，学习，作业，写，累，干活，劳动，植树，浇水，树苗，大树，开花，结果，水果，苹果，买，吃，甜

2.人：出生，幼儿，青年，成年，老年，去世，天堂，美好，温暖，阳光，太阳，照，身上，穿，买，衣服，好看，照镜子，看美

3.网：上网，QQ，聊天，博客，图片，明星，SJ-M，帅，可爱，喜欢，看，电视，电视剧，买盘，电脑上，一遍遍地看，好玩，游戏，迷，疯狂

4.可是：说，言语，语文，有趣，放，风筝，飞，高，断，跑了，追，哭了，肿了，好了，开心，玩，跑，海，水，浪花

5.跑：赛道，第一，奖品，杯子，回家，装水，坏，不能，用，买了，好的，喝，饮料，不好，白开水，没味，饭，吃，饿，饱

6.平静：湖面，水纹，影，动，树杈，掉下来，打，医生，打针，缝，衣服，小狗，可爱，主人，爱，好多，出去，新奇，奇怪

小静（女，6班）

1.天空：白云，彩虹，鸟，蓝天，乌云，下雨，淋雨，发烧，吃药，病假，药费，难受，点滴，学校，补课，做作业，新课，课文，阅读，作文

2.人：人群，商场，汽车，公交车，马路，学校，班里，楼道，办公室，餐厅，机房，家里，卧室，公园，车站，医院，街道，广场，游乐场，停车场

3.网：网络，上网，聊天，游戏，听音乐，看电影，制作，发照片，见面，约地点，

家庭地址，被骗，上当，财物，难受，伤心，难过，气愤，报警，追查

4.跑：跑步，快跑，慢跑，摔跤，受伤，流血，看病，医疗费，住院，休学，课没上，考试不会，毕不了业，考不了学，上不了大学，没有工作，没有钱，待在家里，没事干，浪费时间

5.可是：造句，写，判，发，改错，讲，举例，不明白，再讲，重新写，发下来，讲，缺点，具体，讲解，类型，重新写一个题目，写，讲

6.平静：湖面，鱼，海底，鲨鱼，清水，海豚，草，蟹，虾，人，游泳，洗澡，衣服，舒适，舒服，心情，开心，愉快，高兴，活泼

可以很明显地看出，这类学生的词汇不丰富，涉及面比较狭窄，多是眼前的东西，生活化，游戏化，传媒化。书面语言少（很少有成语），抽象词汇少，科学语言少。词汇与词汇之间，要么只有最简单的表面联系，要么是缺乏逻辑性的跳跃。多数低分生好像都不愿写到关于学习的事情，写到了也多是悲观埋怨的词语。

高分生的情况就不是这样了。

小树（男，5班）

1.天空：鸟，鹰，<u>王者</u>，<u>专制</u>，<u>政治</u>，<u>民主</u>，<u>人民</u>，生活，快乐，游乐园，过山车，<u>离心力</u>，<u>激光</u>，鬼屋，鬼，幽灵，干尸，死人，杀人犯

2.人：<u>独裁</u>，<u>法西斯</u>，<u>希特勒</u>，<u>德国</u>，<u>二战</u>，战争，伤亡，眼泪，可怜，<u>弱小</u>，<u>以大欺小</u>，<u>强大</u>，力量，起重机，石头，钻石，贵重，保险柜，银行，银行家

3.网：网球，费德勒，完美，新生儿，可爱，幼稚，儿童，天真，纯洁，洁白，雪，白色，婚纱，<u>幸福</u>，<u>天堂</u>，上帝，权威，专业，擅长，拿手

4.可是：无奈，没有办法，不擅长，<u>不专业</u>，业余，观众，<u>人群</u>，生物，动物，狼，凶险，可怕，吸血鬼，蝙蝠，声波，雷达，信号，手机，短信，信件

5.跑：博尔特，运动员，世界纪录，菲尔普斯，金牌，第一，考试，复习，学习，书，纸，打印机，电脑，网络，网站，百度，贴吧，帖子，建议

6.平静：安静，<u>图书馆</u>，学校，学生，老师，工作，职业，人才，<u>招聘</u>，<u>科技</u>，机器，手工，手表，瑞士，雪山，滑雪，雪，洁白，<u>高尚</u>

小锐（男，6班）

1.天空：太阳，宇宙，月亮，航天飞机，宇航员，杨利伟，空军，飞机，乘客，公交车，售票，车票，奥运，金牌，冠军，奖金，人民币，<u>毛主席</u>，<u>共产党</u>，<u>解放战争</u>，<u>国民党</u>，<u>蒋介石</u>

2.人：<u>生命</u>，动物，生活，学习，学校，同学，竞争，成绩，高分，表扬，家长，工作，挣钱，人民币，购物，电器，电脑，游戏，穿越火线，SAS，美国，FBI，名侦探柯南，日本

3.网：网络，电脑，模玩网，淘宝网，浦发银行网，送货，拆包装，制作，高达，勾边，勾边笔，买，花钱，挣钱，工作，学习，学校，同学，家长，家长会

4.可是：句子，作文，学校，操场，体育课，打篮球，NBA，火箭队，姚明，奥运会，开幕式，点圣火，李宁，体操，冠军，金牌，金镶玉，玉，<u>玉白菜</u>，清白

5.跑：跑步，受伤，刘翔，奥运会，体育，身体，器官，嘴，说话，挨批，老师，学校，教室，卫生，值日，垃圾，回收，<u>变废为宝</u>，作用，用法

6.平静：无风，水面，船，岸，地，云，空中，蝴蝶，<u>蝴蝶效应</u>，聊天，2人，同学，学校，上课，语文，作文，句子，词语，字，<u>甲骨文</u>

小唯（女，5班）

1.天空：飞机，空姐，工资，职业，钱，学历，智商，数学，师老师，张老师，语文，<u>情商</u>，小说，饶雪漫，女巫，魔法，精灵，森林，萤火虫，星空

2.人：猩猩，猴子，孙悟空，花果山，水帘洞，美猴王，齐天大圣，唐僧，嫩豆腐，白开水，唇膏，香味，衣服，商店，售货员，美食，钱，穷光蛋，济公，扇子

3.网：上网，百度，全知道，蹦蹦跳跳，蹦蹦床，儿童节，游乐园，落汤鸡，倒霉，发霉，水果，橘子，樱桃，菠萝，火龙果，勺子，金属，钻戒，漂亮，好吃的

4.可是：但是，鸡蛋，鸡蛋饼，煎饼，厨师，餐厅，好伦哥，比萨饼，水果沙拉，服务员，家人，自己，学习，学校，大树，叶子，毛毛虫，蜈蚣，恐怖，小说

5.跑：刘翔，博尔特，罗伯斯，<u>雷锋</u>，<u>国歌</u>，蓝主任，<u>胡锦涛</u>，<u>温家宝</u>，<u>"5·12"地震</u>，死亡，天堂，白马，玉皇大帝，太白金星，猪八戒，小龙女，龙宫，梦幻西游，盘丝洞，蜘蛛，网

6.平静：夜晚，蚕，森林，萤火虫，星星，月亮，银河系，<u>杨利伟</u>，宇宙飞船，<u>科学家</u>，<u>居里夫人</u>，<u>诺贝尔</u>，老舍，<u>中国人</u>，奥运会，<u>无与伦比</u>，<u>劲舞团</u>，<u>键盘</u>，电脑，科技发达

小嫣（女，6班）

1.天空：<u>碧落</u>，飞鸟，天使，鸟人，天马，玉兔，月亮，火星，飞船，爆炸，灰尘，飘散，散播，着陆，走路，跑步，摔倒，爬行，游泳，捕鱼

2.人：男人，女人，好人，坏人，打架，逃跑，回家，洗衣服，洗澡，被批评，睡觉，起床，上学，上课，下课，写作业，改作业，交作业，复批，<u>未知</u>

3.网：上网，百度，贴吧，看文，挖坑，蹲坑，追楼主，被人追，聊天，议论，骚扰，斗嘴，交换信息，网上订购，上当，被骗，郁闷，复仇，失败

4.可是：但是，也许，可能，大概，大约，或许，不见得，寻找，追查，<u>侦测</u>，<u>测试</u>，试验田，西瓜头，蘑菇头，金针菇，海豚，海豚音，<u>高音</u>，假音，低音

5.跑：跑步，田径，长袍，短跑，逃跑，援助，<u>后援</u>，<u>黑海</u>，鄙视，嘲笑，讽刺，高兴，狂笑，庆祝，<u>击掌</u>，哭泣，原谅，道歉，做梦，不可能

6.平静：安宁，湖水，海豚，太阳，傻笑，天真，活泼，暴力，豆包，户主，<u>知青</u>，<u>官方</u>，微笑，跳舞，机器舞，比赛，成功，拥抱，哭泣，幸福

可以明显地看出，这些学生的词汇是比较丰富的，涉及面比较宽，说明他们的视野要宽一些。生活化、游戏化、传媒化的倾向比较轻。书面语言、成语、抽象词汇、科学语言比较多，大词（涉及天下兴亡、民族命运、国家大事、个人生命价值等大问题的词汇）较多。其中加下划线的词，在低分生那里是很难看见的。词与词之间，逻辑性也比较强，往往可以看出清晰的思路。

词语联想能从一个侧面告诉我们学生脑子里都储存了些什么，他们在想些什么。许多老师都把学生成绩不好归结为不努力，上课不认真听讲，下课不认真完成作业等，这是过于简单化了。事实上学生成绩不好，与他的知识背景有很大关系。由此可以得出一个合乎逻辑的结论：要想提高一个学生的成绩，光抓听讲、作业、补课是完全不够的，还要想办法提升他的知识背景，也就是说，要打开他的视界，在他脑子里装一些高层次的东西。从这个角度来说，读课外书和参观

访问就很重要了，接触高层次的人就更重要了。你想，孩子每天接触的人聊天谈论的都是一些鸡毛蒜皮，他的智力怎能提高？

词语联想有很多检测功能（比如能看出心理健康水平、个性特征等），本书仅是智力角度的观察，这是应该说明的。

为什么这几个学生数学成绩领先？

李 铜

数学老师对我讲她的困惑：教学"以万、亿为计数单位保留小数化简"练习（小学四年级）是难点，反复讲了几遍，学生还是掌握不好，大面积地出现问题。看她的表情真是着急，我一边安慰一边询问：有没有一次做对的呢？

有！但只有5个。

5个，其实也不少。我想：这5个学生为什么这么"厉害"？同样的教师、同样的讲解、同样的练习，学生之间的差异到底是怎样造成的？这些问题激起了我的探究欲望，如果用词语联想试着分析一下，也许会有发现（因为词语联想能够反映学生的思维类型、智能优势、学习潜力等信息）。

5个学生，3男2女。下面是他们的词语联想。我在每个词条后面的括号里，从词语类型（典型）、联想类型两个角度进行考察，并做了简评。

小泽，男

人：鱼人，大海，海下外星地，海下大战，激光鱼雷，外科技，外星飞船，外星球，银河系，太阳系，金星，木星，天王星，海王星，月球，嫦娥，玉兔，药材

（科学词汇为主；空间扩展关联+空间缩减关联+严格的同类关联+故事性关联，有时两种关联融为一体，比如说：从鱼人——大海——海下外星地，既有故事关联，也有空间关联。）

书：好书，爱的教育，鲁宾逊漂流记，钢铁是怎样炼成的，宝儿（保尔）柯察金

（书名为主；同类关联+举例关联【在"好书"后可加冒号；"保尔"也是《钢铁是怎样炼成的》一书的主人公】）

家：温心（馨），爸爸，妈妈，爷爷，奶奶，孩子，安全，健康

（家庭成员为主；同类关联+性质关联）

心：身体，重要

（形容词；结构关联+性质关联）

老虎：吃人，打虎，武松，喝酒，喝醉，打死

（性质关联+故事性关联）

军人：打仗，武器，枪，机枪，轻机枪，重机枪

（性质关联+探究性关联【打仗需要枪】+举例关联+同类关联）

北京：奥运会，运动员，刘翔，NBA，姚明

（时事关联+举例关联）

分开：分离，家庭，离家出走

（故事关联）

游戏：电脑游戏，坦克大战，沙山

（举例关联）

数学：奥数，迎春杯，名次，考卷

（举例关联+故事关联）

小泽整体分析：

词汇面较宽，科学词汇、书名、文学人物、枪械、运动员、家庭成员、校园词汇等都有所涉及。生活词汇少，能看出该生兴趣点比较多，探究欲望比较强。最值得关注的是，该生的联想类型均比较高级，性质关联、同类关联、故事关联、探究关联、举例关联均有所体现，逻辑思维能力可能强于一般同学。

小成，男

人：外星人，飞碟，原子能，实验室，化学物品，辐射，新武器，危害，毁灭

（科学词汇为主，"毁灭"属于大词；想象关联【人——外星人】+编故事关联）

书：魔法书，巫师，新生物，研究，攻击，伤亡，反击，消灭，和平

（大词为主；举例关联+编故事关联）

家：智能房屋，帮助，友好

（有科学词汇；性质关联为主）

心：善良，停止战争，失败，战争，厮杀

（大词为主；性质关联+编故事关联）

老虎：王，占领，扩大领地，冲突，不友好，不团结，被击败，俘虏，奴隶，干活

（书面词汇为主；性质关联+编故事关联）

军人：枪，炮，飞机，轰炸，伤害，恢复，强大，反击，胜利

（举例关联+编故事关联）

北京：首都，总统，策略，实行，富强

（大词；编故事关联）

分开：悲伤，努力，团圆，开心

（编故事关联）

游戏：开心，依依不舍，明天，继续

（有成语；编故事关联）

数学：知识，提高，科学，实验，证明，奖

（书面词汇为主；内部逻辑关联）

小成整体分析：

最突出的一点就是编故事关联的体现。几乎每个词条都能写成一个完整的小故事，有的故事还呈现出一定的波折，比如说"军人"词条，从"伤害"中"恢复"，进而变得"强大"，然后"反击"取得"胜利"。这说明这个学生的思维比较缜密、周全，关注事物内在的逻辑。我观察到，他做词语联想时书写速度也不是很快，他在推敲下一个词的落点。尾词比较"极端"，或胜利，或失败，或是一个新周期的开始（游戏词条最后一词"继续"），说明他很关注事情结果，这似乎也可以认为是探究欲望强的表现，有点追根溯源的意思。词语类型中科学词汇、大词数量明显高于均值。

小斌，男

人：外星人，大人，机器人，好人，坏人，小人，假人，男人，女人，个人

（生活词汇较多；对比思维）

书：图书，笑话书，说明书，动物书，漫画书，科技书，语文书，数学书，科学书，音乐书，美术书

（举例思维+同类关联）

家：家人，爸爸，妈妈，爷爷，奶奶，姥姥，姥爷，哥哥，姐姐，弟弟

（家庭成员词汇为主；严谨的同类关联——词语安排顺序性强）

心：心脏，心跳，心病，心理医生

（结构关联+功能关联+跳跃关联？【从"心跳"怎么就到"心病"了呢？】+因果关联；整体上也有依字关联的嫌疑）

老虎：动物园，羊，狗，狼，兔，鸡，蛇，老鼠，鱼，松鼠，鸡，鸭

（空间扩展关联+严格的同类关联）

军人：陆军，海军，空军，打仗，训练，报国

（同类关联+性质关联）

北京：著名建筑，长城，故宫，颐和园，十三陵

（举例关联+严格的同类关联）

分开：家人，思念，舍不得

（情感关联）

游戏：跑步，跳高，跳远，捉迷藏，跳房子，猜拳，电脑游戏，跑跑卡丁车，4399小游戏，地下城与勇士

（同类关联）

数学：数字

（性质关联）

小斌整体分析：

词汇数量整体不多，说明其词汇储备不够丰富。生活词汇较多，科学词汇、大词较少，潜能储备不够充足。词语联想类型中同类关联最为突出，说明其对具体概念的掌握可能非常牢固，其他形式的高级关联形式涉及较少，似乎也能说明其潜力不够，将来到高年级、中学，估计成绩很可能会下降。

小洋，女

人：稻草人，农村，田地，老鼠，松鼠，松树，松果，水果，水果糖

（自然界词汇为主；想象关联+空间关联+同类关联+依字关联）

书：课本，练习册，书柜

（学校词汇；举例关联+同类关联+空间关联【课本、练习册都放在书柜里】）

家：爸爸，妈妈，姥爷，姥姥，自己，小屋，大屋，卫生间

（家庭词汇；同类关联+空间关联+结构关联）

心：桃心，黑桃，扑克牌，英语牌，卡片，英语课

（比较跳跃的举例关联，也可看成依字关联【从"心"到"桃心"】+同类关联+概念归属关联）

老虎：狮子，狼，动物园，小朋友

（同类关联+向上归属关联+用途关联）

军人：练兵场，操场，跑道，学校，教学楼，楼梯

（学校词汇多；性质关联+空间结构关联）

北京：奥运会，运动员，比赛，赛场，鸟巢，水立方，游泳，游泳馆，学校

（时事关联+具体化关联+同类关联【鸟巢，水立方】+用途关联+依字关联+空间扩展关联）

分开：离园，同学，离园照，照片

（学校词汇为主；故事性关联）

游戏：课间，跑，玩耍，皮球，体育课，课间操，冬锻，跑步，跳绳，长绳，比赛

（学校词汇为主；时间性关联【游戏的时间在课间】+同类关联+向上归属关联【体育课才能拍皮球】+同类关联+归纳性关联【各种活动最后都要比赛】）

数学：数学课，练习，口算，笔算，考试，正确答案，数学书，书皮，商店，钱，家长，工作，单位，辛苦，感谢

（学校词汇为主；同类思维为主）

小洋整体分析：

学校词汇居多数，说明她可能很喜欢学校生活，但科学词汇、大词的匮乏，也在暗示其学业发展的潜在瓶颈。她的词语联想，以高级形式为主，但也夹杂着个别低

级形式。其中，向上归属关联形式比较突出，这可能是一种综合思维的特点。小洋的词语联想，词与词之间跳跃性较大，有很多地方需要解释，不容易看懂，这也是思维不够严密的特点。

小君，女

人：女人，女孩，裙子，公主，幸福，家人，妈妈，舅舅，拥抱，亲

（家庭词汇为主；性质关联为主【女孩穿裙子、公主很幸福】）

书：上学，学习，课桌，干净

（学校词汇为主；功能性关联【书用来上学，学习需要课桌】）

家：妈妈、姥姥、舅舅、祝福、蛋糕、礼物、糖果、拥抱、亲

（同类关联+故事性关联）

心：开心

（情绪关联）

老虎：狗，讨厌

（同类关联+性质关联）

军人：老师，美丽，严厉，训斥，保护

（同类关联+性质关联+对比关联）

北京：西安，上海，青岛，大海，贝壳，海星，小鱼，沙滩，孩子，游戏

（同类关联+空间关联+画面性关联【海星，小鱼，沙滩，孩子，游戏，能想象成一幅画】）

分开：伤心，妈妈，幸福，笑

（情绪关联+故事性关联）

游戏：捉人，高兴，开心

（举例关联+情绪关联）

数学：有趣，丰富

（情绪关联+同类关联）

小君整体分析：

虽然整体看词汇量不大，但是关键词"拥抱""亲""舅舅""妈妈"反复出现，再

考虑到"情绪关联"类型所占的比例较大，可以看出她可能更加关注自己情感的表达。比如"军人"词条：从"军人"想到"老师"，这是同类关联，紧接着想到了"美丽"，这就是性质关联，接着就是"严厉"，和"美丽"形成鲜明对比，这又是对比关联。因此，小君的词语联想的词数量虽不多，质量可不低，因为其关联类型都较高级。

5个同学综合比较，在词语类型和数量上，显示出较大的差异，小成最强，小泽也不错，而另外3人就明显弱一些，这是不同。较之不同，他们的相同点更加突出，几个孩子的词语联想类型都清晰鲜明地指向高级联想形式。尽管各有侧重，但是都在关注词语与词语之间内在的逻辑关系，思维更加连贯、更具整体性。这与低级的词语联想形式之间的差别是显而易见的，低级词语联想形式只是关注到词与词表面上的关联，有的甚至只是字面上的关联。

我们可以看与他们同班的另外两个同学的例子：

小山，男

人：植物人，死人，枪，坏蛋，老大

书：纸，树，树种，果实，人，小孩，玩具，陀螺，铁，石头

家：家具，衣服，布，线

心：人，好人，坏人，毒品，药物，山林，土，草

老虎：动物，兔子，狼，牙，吃

军人：精英，枪，手雷，坏蛋，死人，尸体

北京：城市，城堡，堡垒，兵，矛，木，铁，

分开：分拨，人，篮球，皮

游戏：猜拳，石头，铁，铁道，火车，车轮

数学：本子，铅笔，铅，铅芯，自动铅笔，塑料

小然，女

人：大人，女人，男人，孩子，房子，车，好人，坏人，人质，罪人，老师，朋友

书：动物书，图画书，故事书，寓言书，学习书，语文书，数学书，英语书，科学书

家：家人，家具，家庭

心：爱心，心眼

老虎：爪子，头，尾巴，王

军人：家人，打仗，训练，报国，特务

北京：中国，首都，民族，口语

分开：分别，泪水，不舍，思念，重合

游戏：快乐，兴奋，流汗，朋友

数学：算数，习题，老师，尺子，线段

很明显，这两个同学思路要狭窄得多，词汇不丰富，内容比较生活化，少有成语和科技词汇，联想方式也多是比较低级的。他们是班级中数学学习比较困难的学生，其他学困生情况类似。

我们知道，解决综合性的数学问题，必须依靠严谨、缜密的思维来整体考虑、细致部署，是一个比较复杂的过程。借助对这7名学生词语联想的解读，我们发现这样一个规律：那些思维具有连贯性、整体性的学生，知识背景比较宽广的学生，在数学学习上往往能够领先。

王晓春点评：

据我们的经验，解读早期记忆，对了解学生的非智力因素效果明显，而解读词语联想，对解读学生的智力因素效果明显。所以，我们要了解学生的智力水平、学习潜力，让学生进行词语联想常常是需要的。李铜老师这个解读很细致，思路清晰，在联想类型方面有创见，结论也比较有说服力。这种技术应该是不难掌握的。老师们如果都能掌握这项技术，他们就不会简单地把学生成绩提高归结为"刻苦努力"的结果，把成绩下降简单地归结为"不重视、不认真、不刻苦"了。事情绝对不是这样简单的。

既然我们知道学生的学习潜力与他的知识背景、词汇储备和联想类型有关，教师要因材施教，就有一定的依据了，教师对学生的学习成绩期望值也就会更实事求是，这就可以避免无端打击很多同学，也可以避免耽误某些有潜质的学生。更重要的是，既然我们知道很多学生成绩上不去与他的知识背景、词汇储备、联想方式有关，我们也就可以反过来通过扩大学生的知识背景（如读课外书），适当做联想练习来提高他们的潜质。这样，教师也就可以摆脱教死书、死教书的状态，与素质教育靠近一些了。

上课小动作多，能从早期记忆中看出来吗？

王晓春

还是普通中学初二那两个班，我请教师把上课小动作最多的学生找出来。两个班合计13人。其中初二（5）班，男生4名，女生2名（全班33人）；初二（6）班，男生5名，女生2名（全班31人）。

下面是他们的早期记忆：

503，男

1. 4岁之前。背景是家，门是绿的，墙是白的，太奶穿着一件灰色的裤子，上衣是黑色的，我穿着一件浅蓝色的衣服。我兴高采烈地跑进太奶的房间，爸爸、妈妈和奶奶在谈话。

2. 6岁左右，在地坛公园里，我和姐姐还有奶奶在公园里，我和姐姐手里拿着两个小的玩具。

3. 5岁时，在马路上，我让爸爸去给我买好吃的和好玩的，可是那时候爸爸却不给我买游戏机，没办法我只能放弃，很扫兴。

4. 上幼儿园中班的时候，我和老师还有同学在上课。老师让我走独木桥，我开始走了，可是走了一半却掉下去，我哭了，但是老师安慰了我，并且中午给我做了好多好吃的。

5. 上幼儿园小班的时候，我在操场上和老师一起做游戏，一直在玩一个游戏，还爬了一次毛毛虫。

6. 3岁的时候，在××（补习学校）这里我第一次上课外班，并且是我最讨厌的。但是那个老师真不错，她带我们做了许许多多的游戏。可我上她的课只上了几星期。我记得在××换了4个英语老师。

7. 在幼儿园，我是一个老师特别喜欢的学生，尤其是校长给了我好多好玩的东西。

8. 小学一年级我第一次玩包。

9.小学一年级,在地坛学游泳,老师一脚把我踢下水。

506,男

1. 4岁多时的一个冬天,我和老爸一起去滑冰,只记得周围只有一些黄色的枯草和淡蓝色的天。当时好像我坐的是一个淡绿色的有座的木制的小冰车,我坐在上面,一手拿一支类似滑雪杖的金属棍,在冰面上滑来滑去,我滑累了老爸就拉着我走。

2. 也是2岁左右的那个冬天,那是我有记忆以来最高兴的一个冬天。表哥刚6岁,还没去上小学,舅舅还没有去孟加拉,舅妈也没出国,老爸老妈还不到30岁,大家一起全在姥爷家。在表哥的"教育"下我点了一个炮仗,那是我第一次点炮仗,也是我第一次听见炮仗响,把我吓了一跳,那是一个橘色的冬天。

3. 4岁左右的一个冬天,我和表哥一起在外交学院的操场上踢足球,我记得那是我唯一一次踢足球。

4. 5岁左右我和表妹一起去"欢斗乐"玩,"欢斗乐"在科技馆,我们玩了很久,姑姑等得都烦了。

5. 七八岁时我和老爸、老妈、表弟一起去世界公园玩,那是我第一次去那里,在那里我见到了N多N多的小房子,我好像还玩了一次碰碰船。

6. 七八岁时和老妈一起在一个秋天去东方新天地底下做陶艺,我好像做了一只瓶子,后来好像给刷成棕色的,现在早就找不到了。

7. 8岁时去渔阳饭店学游泳,那是我第一次看到游泳池的实物,刚下水感觉十万分的有意思,并没有想象中那么可怕。

508,男

1. 这是第一次玩电脑,也是第一次看见电脑,那是我10岁上三年级时,正在放假。哥哥对电脑了解得比我多很多,我就像一只菜鸟一样看哥哥玩。虽然不会玩,但是我还是有一种试一试的渴望。哥哥玩了一会儿,让我坐在上面并告诉我,这是桌面,这是浏览器,这个文件里有游戏。我试了试,觉得太简单了,但还是手忙脚乱地乱点那个可怜的鼠标。哥哥帮我把游戏打开,他说这个是CS,是枪战的游戏,进入游戏我才知道有多难,上下左右都不知道,盲目地开枪乱打。死了十几回,终于知道该怎样操作了，但还是觉得键盘不好用。经过几天的试练，我学会了电脑，那时的心情无比高兴。对于我来说，比自己买了电脑都高兴。现在我玩得炉火纯青，对于那时的游戏玩得很好，我现在想起来还很高兴。

2. 就在10岁生日后，我才发现打篮球、羽毛球我都不行，就足球踢得不错，对于我来说足球好玩极了。我和别的朋友踢足球，每次我都打前面（我后来才知道叫前锋），每次都是我踢进去，他们就是防不住我，每一次进球我都很高兴，算起来进了有50多个球了吧。这让我知道了足球的快乐和胜利的喜悦。那时在冬天我穿着大棉袄也要踢。

3. 就在9岁时我认识了一个小男孩，他叫什么已经记不清了。人家都管他叫小白。我们第一次相见是在足球场上，他和我一个组，我们相互配合打出了4比2的比分，就这样认识了一个最最最铁的哥们儿。他喜欢捉昆虫，我开始不喜欢，但是渐渐受他感染也喜欢上捉昆虫。我们把昆虫做成标本。这位最铁的哥们儿，让我有了玩伴，让我的人生有了乐趣，步入了快乐的轨道。

511，男

1. 在我4岁时，有一次夏天时我哥带着我去天坛玩，我们去捉蝴蝶。我说："哥，给我玩会儿！"哥哥便把捉住的蝴蝶给了我，我没拿住，蝴蝶飞了，但是飞得慢，我拿衣服一下子就把蝴蝶打下来了，它又要飞走，我毫不犹豫地一下把蝴蝶踩死了。

2. 六七岁的时候，妈妈给我买了辆自行车，因为那时候我十分羡慕骑两轮车的人。于是，中午我自己下楼练车去了，试着自己骑起来了，心里十分高兴，可是当我高兴的时候，妈妈下班回来了。我一看妈妈回来了，想下车炫耀一下，可是我骑起来没停过，就不知所措了，开始晃悠。啪的一声我从车上摔下来了，过了一会儿我的胳膊开始疼，妈妈就带我去医院照了张片子，医生说我的胳膊脱臼了。

512，女

1. 在一个炎热的下午，天是红色的，那天我和爷爷在原来的老房子里玩扑克牌。爷爷用牌给我变了一点所谓的魔术，其实要是现在，我早就知道，但是在当时，却是我觉得最神奇的事儿。爷爷穿着一身旧制服，而我穿着一件崭新的连衣裙（貌似，也可能是错的）。爷爷变魔术，当时我特兴奋，大声地说："爷爷，爷爷真厉害。"爷爷欣慰地笑了。我非常地高兴，现在回忆起来，爷爷变的魔术真没有什么，可在当时确实是我觉得最美好的事物。

2. 在5岁半的时候吧，我第一次帮奶奶拿东西，结果我好像给弄丢了。

3. 在上小学的时候，妈妈跟爸爸吵架吵得特别凶，因为我那时候也懂了一点事，所以就帮着劝。后来，我妈哭了，我也哭了，妈妈抱着我，说："女儿，你长大了一定要好好学习，为将来做准备。"她说的这句话，跟这件事完全没有关系，我现在知道是劝我的。我就在想，妈妈在自己受委屈的情况下，还劝我，母爱是伟大的。

4. 某一年我过生日时，爸妈给我唱生日歌，我心里特美。

524，女

1. 我记得在我3岁那年，爸爸妈妈带我去游乐园玩，在一个能转动的球上，我一不小心从上面摔了下来。我记得那天我穿着一件蓝色的上衣，米黄色的裤子，脖子上戴着白色的手帕。我从球上摔下来之后，什么感觉也没有。过了5秒钟以后我才感到嘴唇疼得要命。过后我才知道从球上摔下来时嘴唇被弄开了一个大口子。后来我爸抱着我，用手帮我按着嘴唇送我到医院。到了医院，医生对我爸说："你家孩子的嘴唇已经长上了。"

2. 在我上小学三年级时，有一次我和爸爸去玩，在外面我被蚊子咬了几个大包。回到家之后，妈妈帮我擦上了花露水，我就去睡觉了。可是到了半夜，我却从我的二层小床上掉了下来。我记得我打睡了小床后，这是第一次从床上掉下来。当时我从上面掉下来后都傻了。

603，男

1. 颐和园，绿色。和父母出去玩，我穿着白色的衣服，心情好，大概4~5岁。

2. 应该是在第一次上幼儿园的路上，右边是树，左边是一排蓝白色的房子，我和妈妈在一起，妈妈让我好好上课，听到了汽车声，我的心情紧张而激动。

3. 第一次学游泳，背景为蓝色，有教练，他穿黑衣服，我心里好怕，当时才三四岁。

4. 第一次滑雪,在滑雪场,我穿着蓝衣服,在场的有小姨、叔叔、小姨的同事、小姨同事的孩子,我当时的心情很好,那时8岁。

604,男

最早想起的事是,我从大卡车上摔了下来,当时是脚底一滑,从卡车上摔到地上,摔了一个"狗吃屎"。当天正在下雪,是白色的。那次我和朋友在一起玩,我捉他,就到了卡车上。我对他说:"看你往哪里跑?"然后,我便追上卡车,只听他"咔"一下跳了下去,我就想追下去。当我看到卡车到地面的距离时,我犹豫了一下,但还是跳了下去。因为当时才8岁,所以我要跳时没敢跳出去,而是摔了下去。当时我摔掉一颗牙齿,嘴破了好大一块皮,心想这下惨了。我就去找我妈,她带我去了医院。

607,男

1. 在我小的时候,看到很多新鲜的事情,都会对它们感到好奇。记得有一次,差不多是在二三年级发生的事。放学了,我和伙伴们高高兴兴地走在路上,看见了一种瓜,可能是丝瓜,也可能是葫芦什么的。我们几个对此感到好奇:这东西能吃吗?能种吗?总之,我们几个就兴奋了起来。我们来到瓜藤下,但只有我一个人去摘瓜,其他几个小伙伴都说去望风。这时我的心怦怦直跳,因为这个东西太吸引我了。我顺手一拽,把它们全都拽了下来,这时我什么也不管地冲回了家,途中好像还有一个老奶奶问我这瓜是从哪里来的,现在回想起来真是对不起那老人家。

2. 还是一个炎热的下午,我和同学闲得实在没事干,就买了一大包火柴,把我们最讨厌的老爷爷家的地毯给烧了。

3. 记得有一天,我爸爸给我买了很多盒铅笔芯,不知为什么我自己把铅笔芯全部都弄断了,从3楼扔了下去,后来还老是哭着让爸爸给我买铅笔芯。

4. 我小时候,爸爸正在休假,没事干,他就借了一辆出租车开。一天爸爸把我哄睡着了,大晚上去拉活儿。当我想上厕所时,一看,爸爸不见了,着急得我连衣服都没穿就跑到了楼下的传达室。爸爸回来时,把我抱上了楼。因为爸爸开始并不知道我在传达室,回家一看,门都没关,还开着灯,我也没了,吓了他一跳,呵呵。

608，男

1. 我和爸爸一起去天坛，大概在三四岁，那天我十分快乐，很开心。爸爸带着我玩，逛完了天坛公园之后，我们还去了自然博物馆，当时我还小，进到恐龙馆时好像还被吓哭了。

2. 我第一次去幼儿园，是在2岁半左右，开始不愿意去，在家里还哭了一会儿。在路上，我只顾玩了，忘记了去幼儿园的事。到了幼儿园，我也没有哭过，大概是只顾玩了，忘记了其他的事。

3. 在我4岁过生日时，爸爸妈妈还有我一起去了动物园。头天听妈妈告诉我后，我晚上根本睡不着，第二天早上很早就起来了。那次我们是带着相机去的，头一天还忘了买胶卷了，到了动物园才想起来。

4. 有一年冬天，好像在我4岁时。那天下雪了，是我记忆中第一次观察雪，爸爸妈妈带我出去玩雪，我们一起打雪仗。我玩得很高兴，跑着跑着，一不注意就摔了个跟头，爸爸还给我们照了相。

615，女

1. 在上幼儿园的时候，早上妈妈送我过去，我心里很不高兴。在路上，我很慢很慢地走，妈妈走在前面，离我大概有1米远左右。我在路上和别人玩了好一会儿，到了学校都10点多了，大概是迟到了1个小时。到了学校正好看见同学们在玩，我就跑了过去，玩了好长时间，才回到了班里。看见了同学们在玩幼儿园里的玩具，我就上去抢他们的。午休的时候，老师让我们去睡觉，我上去睡不着就和别人说话，乱玩，总是打扰别人。我早早地从教室里跑出来，去找那些玩具，我总是先拿，把好玩的东西抢到手先玩。等到妈妈接我的时候，我总是比妈妈快走好几步，先跑进家里。

2. 在小学二年级的时候，老师留的美术作业我给忘了，到了晚上10点多才想起来，我就坐在我的书桌台前，拿了一张8开的素描纸开始画。在纸上我用铅笔画了一会儿，把纸弄坏了。我又拿了一张纸来画，想一想又跑题了。大概到了11点，我拿来美术书看来看去，把所有的画综合了一下，画出了一幅画，看起来还是很好的。我用水彩笔给它涂上了各种颜色，但觉得还是不那么完美，这一闹就到了12点多。

617，女

1. 6岁那年，我和邻居家的小孩儿一起玩，当时我不大喜欢那个孩子，因为她很烦人，自私，爱哭，霸道。我们俩的关系近似于敌人。那时我们在小区的花园里，忘记为了什么事就吵了起来。我好像说："凭什么一切都由你定"。她说："我不管，你就得听我的。"然后，我就好像抓了一个什么东西，冲她扔，还打了她几下。接下来我就听到她哭，后来是她哭着跑回家了。我当时好像穿的是运动服，她穿的裙子，后来打架就弄脏了。一开始被人指挥不高兴，后来打赢了，我就很开心，眼前都是胜利的红色。

2. 再早点儿，好像是5岁，在姥姥家后院房子的顶上，我和姐姐上房顶上玩儿，我和姐姐穿着差不多类似的休闲装。我说我想爬到旁边的树上玩。姐姐好像是一开始不让，然后，拗不过我，就让我去了。我爬上了树，后来好像是树枝干枯断了，我只听到"咔嚓"一声就摔了下去。当时我差点儿要吓死了，很害怕。最后，忘记是掉在树杈上了，还是摔在旁边的旧沙发上了，反正我最后没伤着。下来后，我为自己没事而感到高兴，记得当时摔下来的时候，世界都变成灰色的了。后来没事时，世界又变成了温暖的红色和粉色的。

3. 再小点儿就想不起来了，不过还能记起大概4岁时的事。那时，我头脑发烧想练武术。妈妈就带我上体操班，让我练基本功。我在台上翻跟头时，一不小心手没撑住，翻下台子，重重地躺在了地上。眼前的景象立刻变得如白纸一般苍白。我听见老师问痛不痛。当时我都说不出话了，认为自己就要垮了。后来躺了一会儿，自己就爬起来走了。打那时起，我好像就再也不敢练了。9年过去了，今天我又突发奇想地想练武术了。虽然后遗症没有落下，可基本功也全都没了，真恨自己当初没有坚持，只好从头来了。

628，男

1. 刚入学的时候，在学校有一群孩子和我都穿着灰色或黑色的衣服。周围有许多哭声，我看到了我爸我妈。当时的心情是伤心的，想哭。

2. 一年级的时候，我和同学在学校的领操台上玩，周围都是我的同学。我穿着鲜艳的衣服。很高兴。

3. 不知道多大，我在家里，晚上，暗黑色。好像是我往一个菜里倒上水说做汤，结果把我妈气得够呛，我妈在骂我。

4.三年级的时候，老师出去进修，班里没有老师，一群班委在管纪律，谁说话就记下来。我不知道说了什么被记了下来，然后有一段时间没有说话，过了一会儿又说了几句，结果又被记了。后来老师回来了，我被老师一顿狂骂，不过还是没能改了这毛病。

5.好像是我在上幼儿园大班的时候，我在班里被老师罚写英文字母。因为什么都不记得了，我只知道那时候班里就七八个小朋友在，其他的小朋友都下楼玩去了。

经初步分析，这些早期记忆有以下几个明显特点：

1.早期记忆中动作内容多，很少静态画面，多数对动作描写得比较细致具体。最值得注意的是，从叙述的语气看，当事者关注的重点往往是动作本身，而不是动作的目的、原因、结果、人际关系、背景等，也就是说，这类孩子能从动作本身得到快感。

有此特点者10人：503，506，508，511，603，604，607，615，617，628。

2.早期记忆中显示好奇心强，而且这种好奇多是对动作本身的好奇，而不是对事物内部逻辑的好奇，也就是说，并非探究性的好奇。与此相关联的是，当事者对"第一次"产生某种动作印象深。

有此特点者7人：503，506，508，511，603，607，608。

3.从早期记忆的叙述看，他们中的一些人头脑似乎比较简单，给人一种不加思索、率性而行的感觉。

有此特点者7人：503，506，511，512，524，607，608。

这些特点，在其他同学身上不是如此明显。

我的初步结论是：上课小动作多，这个缺点有可能从早期记忆中看出来。

同时这也就启发我们，要克服或减轻这些学生上课小动作多的缺点，光"严格管理"是不行的，既然他们能从动作本身得到快感，教师就应该适当宽容他们，同时想办法引导他们从动作之外得到一些乐趣，以抵消一些动作的快感。如果他们能尝到一些思维的乐趣，在动作之外满足一些好奇心，他们的小动作或许可以减少一些。

在此之前，我也曾研究过上课爱说话这个特点能否从学生早期记忆中看出，初步结果是否定的,看不出来。我原来以为上课特别爱说话的孩子,他的早期记忆中应该说话的内容较多,结果不是这样。这究竟是怎么回事,我还没想明白。可能一个孩子的成长过程与人类整体的进化过程相似——动作在先,语言是很晚才产生的,所以留在早期记忆中的内容,动作是主体。我国古代的神话故事女娲补天、羿射九日、夸父追日等,都是动作性的,或许可以作为佐证。当然,这只是猜测而已。

"必然"的友谊

李 铜

班里有一对形影不离的好朋友,女孩小君和小蕊。我想,为什么她们两个这么好呢?分析她们的心灵档案,能否发现这种友谊里面的必然性因素?我决定试一试。

先来看看她俩的"五项图"(见本书第219页图4和第220页图5)。

我把两张图放在一起进行比较,吃了一惊。在她俩的五项图里,"别人"一项画的竟然都是对方。由此可见"朋友"的概念在二人心目中占有多么重要的位置。在她们心里,提到"别人",首先想到的不是父母,不是老师,而是朋友。

小君把自己和小蕊画在一起,俩人坐在一块石头上,面带笑容,同读一本书,可见这份友谊给小君带来了不少快乐。另外,通往房子的小路、自己添加的野花、白云、微笑的太阳公公,都显示了小君"阳光"的心理。

小蕊把自己的朋友小君画在了画面中间,这个位置说明了小蕊对小君的尊重。在画面里,俩人的距离比较大,一个屋里,一个屋外,而且各做自己喜欢的事,各得其所,都很快乐。这幅图里,小蕊与小君之间几乎没有互动,这可能说明小蕊对俩人兴趣不同存在轻微的焦虑,也可能说明小蕊在潜意识中对家庭的依赖仍然较重,朋友虽然重要,但也不想因为朋友而疏远家庭。

需要进一步探究的是,为什么这俩人会走到一起,她们为什么会选择对方做朋友而不是选择别人?她们之间彼此吸引的秘密又是什么?这样的问题从这两幅图中不好判断，需要尝试其他途径。

应该看看二人的早期记忆。早期记忆常常能反映一个人的个性特征、行为模式。早期记忆里，可能蕴含着二人的"友谊观"、交往倾向等重要信息。破译了二人的早期记忆，也许就能搞清她们为什么能互相吸引。

这是小君的早期记忆：

1. 在一个阳光明媚的星期一。我两岁多，那时候我第一次上幼儿园，进了幼儿园我哭了，抓着妈妈的手说："我不去幼儿园。"妈妈说："宝贝儿，你一定要去，你最乖。"说着妈妈亲了我几下，我不哭了，和妈妈一起去了幼儿园的小班。

2. 在幼儿园里，我交了一个特别好的朋友，叫小敏。我们总是一起玩，就连上厕所也是一起上。有一次上操，小敏想小便，但是她不敢说，她对我说："好朋友，求求你和我一起上厕所行吗？""好吧。"我立刻答应了。我们去找老师，谁知老师骂了我们一顿。

3. 在幼儿园我上了珠算班，在家长观摩课上，老师考我们摆珠算，我都会，但是小敏不会，我都助了她。

4. 有一次在上幼儿园的路上，下着雪，我对雪花很感兴趣，就尝了尝，它是甜甜的，凉凉的。我觉得很神奇。

5. 小时候，爸爸妈妈带我去公园玩，爸爸把我抱上一棵海棠树，我站在上面，感觉是自己爬上去的，很得意。

5个早期记忆，整体反映出一种健康积极的情绪，像交朋友、尝雪花、站在海棠树上等经历，带给小君的主要是一种满足感，这其实就暗示了小君的情绪倾向基本属于乐观快乐型。她对新事物感兴趣，对新经验记忆深刻，求知欲比较旺盛。在这个早期记忆里，第2和第3个尤其重要，直接描写了小君早期的交友经历，那时候，她就已经能和朋友"如胶似漆"地黏在一起，而且，她敢于为朋友"出头"去找老师，主动为朋友排忧解难，很讲"义气"。这应该代表了小君一生的交友倾向，投入，主动，对朋友忠心耿耿，甘于为朋友付出，在交友上属于积极付出型的。

再来看看小蕊的早期记忆：

1. 在我5岁那年，妈妈给我报了口算班，家长来听课。我的心跳得很快，很紧张。因为那时我的算术不是很好,我很害怕妈妈回家说我。我努力地算,但分数还是不高,后来妈妈没有说我,后面的我记不清楚了。

2.在很小的时候,我很喜欢用边推倒积木边装哭,来引起爸爸妈妈注意。我认为那样很好玩,爸爸妈妈看见我哭完了又笑,也都笑了。

3.在4岁的时候,我赖在床上不起来,爸爸催我,我就哭了,求爸爸带我去奶奶家,因为自己在幼儿园表现不好,老师老批评我。

4.在三四岁时,在小花园里,有一只狐狸狗追我,我围着亭子跑,特别害怕,喊"救命",妈妈听见了,把狗赶走了,我心里才踏实了。妈妈为我寻找狗的主人,想为我讨公道,我心里又害怕起来,怕她和狗的主人打架。

5.5岁的时候,在莲花池公园里有一个大舞台,好像电视台在录制一个节目,我上去跳舞,制片人送给我一个小闹钟,我很兴奋,很喜欢小闹钟。

小蕊的早期记忆整体上给人一种比较焦虑的感觉。她对外界的评价非常敏感,对"批评"则尤为恐惧。这在第1、第3、第5个早期记忆中表现明显。一个对外界评价过于在乎的人,很可能会迷失"自我"。在第2个早期记忆里,她明确表示出对父母关注的渴望,通过一些"小把戏"来吸引父母。更为关键的是,这一过程是被她自己明确意识到的,相比于潜意识的不自觉特征,小蕊的"关注"饥渴已经达到了一定的程度。再联系第4个早期记忆里的恐惧经历,小蕊这种对"关注"的饥渴、对外界评价的焦虑,其实可能都是缺乏安全感的表现,因为焦虑极易引发对关爱的病态需求。如果以上分析成立,那么我们可以得出结论:小蕊对友谊意义的理解,就是得到同伴的关爱和关注。

小君具有积极付出的交友倾向,她需要一个朋友来供她"付出";而小蕊具有一种渴望关爱的索取型的交友倾向,她需要一个朋友来给她提供"关注"。二人像磁石一样,相互吸引,彼此吻合,只要条件允许,自然会黏在一起,于是各自的情感需要都得到了满足。

现在两个孩子的"亲密"关系主要表现在课下一起玩,并没有什么负面行为,也没有你争我赶比学习的表现,所以从对集体的作用角度来看,她们的友谊是中性的。对这样的友谊,教师不必干涉,也不必加以赞扬。

王晓春点评：

这个案例告诉我们，想了解学生，需要综合运用多种检测手段。从"五项图"能看出小君和小蕊是好朋友，但到底把她们两个黏在一起的精神纽带是什么，看不大清楚。于是就要看早期记忆。早期记忆所含的信息量通常都比较大。

从早期记忆可以看出这两个孩子的安全感来源有区别。小君的安全感可以来自他人，也可以来自自己的成功。她的早期记忆2、3、4、5，都有自信的色彩。小蕊就不同，她的安全感，甚至她做事的动力，都来源于他人，尤其是成年人。这是一个需要别人拉着走、推着走的人。所以她容易失掉安全感，容易焦虑，喜欢求援。小君的生活姿态是主动的、自信的，小蕊的生活姿态是被动的、不自信的。前者喜欢帮助他人，后者喜欢寻求他人帮助，二者一拍即合，她们俩成为好朋友，正所谓"天造地设"。这是典型的"互补型友谊"。

教师若想拆散这种朋友，是非常不明智的。但是若其中有一个孩子学习成绩不好，或者某一个孩子做事令教师反感，或者两个孩子形影不离让教师看着有气（真有这种老师，心胸很窄的），教师就可能企图干涉她们的友谊。后果可想而知。教师顶多能使这两个人表面上不再亲热，而她们心里则恨死了老师。

明智的教师是不会做这种蠢事的。甭说她们的友谊是中性的，即使她们这个小团体对集体有破坏作用，只要她们的友谊有明显的互补性，就不能采用拆分的办法。你可以看出，这个小团体中，显然小君是牛鼻子，抓住小君，小蕊肯定会跟着走。这样，两个人的问题，就变成了一个人的问题，教师的负担就几乎减轻了一半。班级里有许多这样的小团体（小群体），教师如果能抓住各个小团体的牛鼻子，岂不整个班都带动起来了？要省多少精力！俗话说：会者不难，难者不会。管理一个班级，如果能抓住纲，其实并不难，然而前提是教师要深入了解学生的状况，掌握底细。建立心灵档案，就是做这个用的。

三、教师自我诊疗的案例

每个教师都应该调查一下自己的"心理装置"

王晓春

……在一个神经症的家庭里,为什么一个孩子的反应是歇斯底里,另一个是强迫性神经症,第三个是精神病,而第四个似乎根本没有反应呢?弗洛伊德也遇到过这个"神经症的选择"的问题,它使得父母情结失去了作为一种病源的意义,而把探究的核心转移到做出反应的个人及其特殊气质之上。

尽管弗洛伊德试图解决这个问题的努力让我很不满意,但我自己也无法回答这个问题。其实,我认为提出"神经症的选择"这个问题的时机还不成熟。我们必须更多地了解个人做出反应的方式,然后才能着手研究这个极其复杂的难题。问题在于:一个人如何对障碍做出反应呢?例如,我们来到一条小溪边,这里没有桥。小溪太宽了,我们走不过去,必须跳过去。为了做到这一点,我们要调动一个复杂的功能系统,称为心理动力系统。它是高度发达的,只需要启动它就可以了。但是在这之前,要发生一个纯粹的心理事件,也就是,要做出一个关于怎么办的决定。这个决定之后是以某种方式解决问题的活动,这些活动对于每个人都不相同。但是,具有重要意义的是,我们很少——如果不是从来不的话——把这些事件看做是某种特征,因为我们通常不能看到自己,或者只有到最后才看到自己。这也就是说,正如心理动力装置自动受我们支配一样,也存在着一个纯粹心理的装置供我们决定时使用,它也是通过习惯无意识地发挥作用的。

关于这个心理装置是什么样,人们的意见差别很大。只能肯定,每一个人都有自己习惯的做出决定和克服困难的方式。一个人会说他跳过这个小溪是因为这事很有趣;另一个人说是因为别无选择;第三个人说他遇到的每一个障碍都是克服困难的挑战;第四个人没有跳过小溪,因为他讨厌无益的努力;而第五个人克制住自己没有跳,因为他看不到到对岸去的迫切需要。

我有意识地选择了这个平常的例子,目的是表明这些动因看起来是多么毫不相干。确实,它们似乎完全无用,以至于我们把它们都推到一旁,想用我们自己的解释来代替它们。可是正是这些差异给我们提供了对个人心理适应系统的宝贵的洞察力。在其他的生活情景中,如果我们观察到因为获得快乐而跳过小溪的人,我们很可能会发现,他做或不做的大部分事情都可以用这件事能否带给他快乐来解释。我们会观察到,那个因为没有别的办法才跳过小溪的人在生活中非常谨慎,但很不情愿,他总是做出无可奈何的决定。在所有这些例子中,特殊的心理系统都随时准备马上执行决定。我们可以轻而易举地设想出这些态度多得不可胜数。它们之间的差异就像水晶石的差异一样多,但尽管如此,我们还是能够识别它属于哪个系统。正如水晶石表现出相对简单的基本的一致性一样,这些个人态度也表现出某些基本特征,使我们得以把它们归入特定的类型。(荣格:《未发现的自我》,国际文化出版公司,2001年1月第一版,第157—158页)

我们把荣格的思路迁移到教育中来,也举个例子。

比如面对一个出了名的问题生——

第一位教师心里想:这是个可怜的孩子,我要用爱把他冰冷的心融化。

第二位教师心里想:这是一个挑战,我必须战胜。

第三位教师心里想:这是一个有趣的研究课题,正好提高我的专业水平。

第四位教师心里想:阿弥陀佛!但愿他在我这个班不闹。他要是真的闹起来,我可怎么办呀!

第五位教师心里想:不行,我得想尽办法把他挤走,不然他肯定给我们班拉分。

第六位教师心里想:估计我管不了他。我就老找他家长,实在不成给教务处、校长送去。

如果您仔细观察这六位教师平日的言行(包括在家里),很可能会发现——

第一位教师是一个心软的、富于同情心的人,很情绪化,容易感动,爱看生活片，相信爱能改变一切。

第二位教师平日就是个强势的人，喜欢权力，喜欢指挥他人的感觉。如果这是一位女士，则她的老公很可能被迫患上"妻管严"。

第三位教师是一个比较冷静的现实主义者，喜欢思考，善于评估形势，逻辑思维能力强。

第四位教师性格软弱，遇事喜欢退缩，爱幻想，爱诉苦，总是一副无奈的样子。

第五位教师遇事喜欢逃避。逃避的方式，一是自己躲开，二是把麻烦转嫁给别人。

第六位教师无论在家或在单位，都喜欢依赖他人。这种人遇到任何事情，首先考虑的不是"我怎么办"，而是"我去找谁"。

愚以为，这就是荣格所说的"心理装置"。或许这种东西也可以称之为心理动力模型、心理活动模式。

每个人的心理装置都不同，遇事时该装置会自然启动，沿着习惯的方向运行，于是人就按照某种特定的方式动作起来。就是说，每个人的头脑中都有独特的"参谋部"和"执行机构"，不管当事者是否意识到了，它们都会忠实履行自己的职责，掌控人的言行。

可见，一个人的工作态度和他的生活态度原则上是一致的，因为它们是由一个共同的心理装置掌控的，工作态度只是生活态度在工作这个侧面的表现而已。工作只是生活的一部分。

所以，我们若想改变一个人的工作态度和作风，单纯在工作领域做文章往往是治标不治本。我们所谓的师德教育之所以成效不理想，这可能是重要原因。你不从一个个教师心理装置的特点出发进行个性化引导，只从外部灌输某些师德原则，它很难内化成教师自己的东西。

当前有一句流行语：态度决定一切。这句话有道理，可是态度又是什么决定的呢？态度是由每个人的特殊心理装置决定的。

所以，态度不容易转变。你会发现，你宣传某种正确的态度，即使某些人完全赞同你的意见，一旦临事，他还是会照原来的态度对待——他那个心理装置很顽固。此种稳定性非常厉害。这样想，你遇到学生"屡教不改"，就能增加几分宽容了，因为说到底，我们每个人几乎都是"屡教不改"的。我做教师培训工作时，就常常感到转变教师比转变学生更加艰难。

因此，如果你要推广某种新的态度，新的理念，新的思维模式，你千万不要幻想别人听懂了就会去做，这是不可能的。事实上，最先领会和实行新模式的只能是那些原有心理装置接近新模式的人。我们一般说这种人"悟性好"，其实可能主要不是悟性水平问题。如果他的心理装置与新模式相差甚远，他是很难"悟"过来的。

现在，您知道新课改为什么推行下去往往发生变形了吧？我看重要原因之一是很多参与课改的教师的心理装置根本就和课改的理念不相容。如果我们推行课改的时候，先把那些心理装置比较贴近课改理念的人找出来，由他们带头改，逐渐扩大影响，可能情况会比现在好得多。但是这要求课改主持者有相当的鉴别教师心理装置的能力。

如果说一个人的心理装置是完全先天的，不可改变的，那未免太悲观了，可能也不符合实际。作为教育者，我们不能这样看。但是我们也千万不要像如今很多局长、校长、教师那样盲目乐观，以为规定点条条框框，搞点检查评比，谈几次话，就能改变人们根深蒂固、稳定异常的心理装置。这未免太天真了。无论针对教师还是学生，这样想都只能证明当事人自己的心理装置有毛病，该想办法调整了。

上文是我的一则读书笔记，发在网上之后，引来了一位网友的问题：

爱在其中（k12语文论坛）
(2008.1.28, 23:49)

王老师：

那教师怎么才可以改变自己的心理装置呢？很多教师都是愿意接受新课改的理念的，而且也很想在教育教学实践中去尝试，只是一遇到难题、说到考试又回到原有的状态了！

答"爱在其中"老师（王晓春）

"爱在其中"老师提的这个问题非常好，我不一定回答得了，但是可以试试。

愚以为此事的前提是先要搞清自己的心理装置是什么样的。不了解自我怎能改变自我？为什么要变？往哪儿变？怎么变？都无从谈起。

对于课改来说，教师具备什么类型的心理装置比较适宜呢？

他最好是思考型的人，而不是非思考型的人。

他最好是自主性强的人，而不是依赖型的人。

他最好是交流型的人（既善于表达自己，也善于倾听他人，表达与倾听相结合），而不是喜欢单向传递信息的人（听是单向的、向内的接受，说是单向的、向外的发送，二者相隔离）。

您可以看出，如今多数老师都属于后一类人，这就注定了课改困难重重。

我不认为通过一次或若干次培训就能解决多数老师的问题。所以我主张，先培训前一种人（心理装置适宜课改的人），让他们搞课改，逐渐影响后一种人。

至于后一种人能否转变，有多少人能转变，这很难说。培训固然有用，关键是他自己的反思，别人能起的作用很有限。想用行政手段迫使他们迅速转变，那他们只能作假。逼迫别人转变者自己的心理装置有问题（自己没整明白，还想转变别人），情况会更加糟糕，目前很多地方的课改就是如此。

我相信有部分老师直到退休也无法真正理解课改精神，那就不要强求他们转变。允许他们用老办法教书，只要他们自己不太痛苦就行了。

愚以为能不能接受课改理念与考试不考试并没有必然联系，即使你取消考试，后一种人的教学理念也还是那个样子，教学方法也还是那个类型。考试，不过是他们拒绝反思的借口而已。教学体制或考试方法若有重大改革，更加宽松，只能给前一种人提供大展宏图的机会，后一种人可能反而会不知所措。

2008.1.29

我的早期记忆

王晓春

……到四五岁的时候,个体已经统一了自己的心灵,并且已经形成心灵与肉体间的关系。在此期间,他从周围环境中继承到各种品质,接受到各种观念,并将它们进行调节以适应自己对于优越感的追求。他赋予生命以意义。他所追求的目标,他的行事风格,他的情感特点,这一切都已成定局。这些在日后也可以改变,但他必须首先消除童年期形成的所有错误观点才行。他以前的思想及行为会与他对生命的诠释一致。现在也一样,如果他纠正了错误的统揽观,他新的思想及行为也会与新的诠释相一致。(阿德勒:《生命对你意味着什么》,国际文化出版公司,2000年10月第一版,第21页)

心理学家常常拿自己当个案进行研究,我也来模仿一下。

我感觉自己的早期记忆,确实能证明阿德勒的上述观点有道理。

我最早的记忆,时间大概是四五岁时,还没上学。记忆的画面是这样的:

在一条土路上,我推着一根木棍往前奔跑,木棍扬起的尘土飞向身后,我玩得很高兴,嘴里还发出"嘟嘟嘟"的声音。

请注意:这个早期记忆中没有他人,没有玩伴。这说明我是一个很自我的人。确实,我一辈子门前冷落,不热衷交往,最大的乐趣之一是自己在家里看书。我也有好朋友,但是并不常见面,属于"君子之交淡如水"的那种。

请注意:这个记忆画面比较阳光,氛围不错,这说明我是一个乐观的人。确实,我经受过很多挫折,也有过不少苦闷,但是从来没有真正悲观过,我本性不是悲观的。

请注意:这个记忆画面背景很模糊,我的注意中心不是周围有什么,而是自己的感觉,这说明我基本上是个内向的人。我的注意力重点向内,而不是向外。认识我的人往往误以为我性格外向,因为我很开朗,其实不然,我对周围的人和物不太注意,我甚至对他人给我什么评价也不大在意,我更关心的是自己对自己的看法。我似乎只能记住我真正关心的事情，而对不大关心的事情过目即忘。这有时会给他人一种高傲的印象，我有时也为此苦恼，但是很难改正。比如有一位女士，我们曾经在饭桌上见过，而且交谈过，后来见面，我居然问她："你是谁？"把她乐得够呛。这类事多次发生过。但是如果在某本书上见到一句精彩的话，我却可能立刻记住，而且终生不忘。我对观点的记忆能力远远超过对人、对形象的记忆能力。我观察能力不强，但是在我的工作范围内，我却可能有超出别人的敏锐，比如我可以从家长看他孩子的一个眼神锁定他们之间的关系，一般人可能根本不注意这种细节。

我这个早期记忆中最值得注意的，是那种"前进感"：向前跑，把尘土甩到后面去。这可能是我世界观的核心，是我赋予生命的意义。我一辈子可能就是为了这种感觉而活着，今后可能还会如此。这就是我的命运。

我是很晚（大概近十年之内）才认识到这一点的。当我对自己有这样的认识之后，我回过头去检视自己的经历，发现我这半个世纪的所作所为，其实还是四五岁时干的那件事——向前奔跑，把灰尘抛到身后，享受前进的乐趣。

我有一种"以诗言志"的习惯，喜欢用诗寄托自己的感情和思绪。最近我翻看过去写的诗，惊奇地发现，我早期记忆的那个画面，反反复复出现在我诗歌的意境中，一脉相承，大同小异：

小 船

(1984.1.19)

我的小船破浪向前。
它迎着太阳，
船尾拖着长长的亮线。
有人以为我是游艇，
有人以为我是渔船，
有人以为我是客轮，
有人以为我是军舰，

甚至有人以为
我是商船……
我不知道能不能
到达彼岸,
就是到了,
也未必有什么发现。
我的马达劳损了,
声音在颤;
我的船身老化了,
又没有帆。
有人劝我转弯,
有人叫我靠岸,
有人喊我停机,
有人盼我沉翻……
可是我无法自已,
我躲不开
远方的呼唤。
这声音来自大地深处,
已经响了数千年!
我生来就在航行,
我生命的轨迹,
就是这条航线。
不知终点,
没有港湾,
只有风送波涛远,
海浪拍船舷。
我的小船全速向前,
你看见了吗,

一个小小的黑点，
在天边？

路
(1984.7.11)

我在自己选的道路上，
跌了一跤，
又跌一跤。
爬起来还跑，
爬起来还跑……
人家简直怀疑我
有摔跟头的爱好。

不，我没有这种爱好。
跌跤是要疼的，
我并不比别人缺少
感觉细胞。
我也不是看不见
除此还有千条道。
可惜我独上高楼
望尽天涯路，
想来想去，
还是觉得这一条好！

静飞
(1985.12.26)

独立高山之巅,
我梳开万里天风。
独立地球之端,
我梳开如海的繁星……

无题
(1986.1.29)

大海看见了我!
霎时间,
有巨大的楔形激波
向我两侧喷射。
好啊,大海!
你听懂了我的歌!

开拓者
(1986.2.5)

开拓者
向荆天棘地走。
我大喊:
"你眼前没有路!"
他头也不回地说:
"路在我身后。"

梦青藏高原
(1999.1.5, 清晨)

> 青藏高原……
> 无尽的山峦……
> 万道山门,
> 层层虚掩,
> 一种巨大的纵深感,
> 引我的思绪
> 爬上蓝天,
> 翻越蓝天……

您看,不都是那个玩土的小朋友的形象吗?只不过有时土路变成了海路,土路变成了山路,甚至变成了地球的运行之路而已。那种前进的感觉,那种把前面的障碍劈开的感觉,那种使前面的东西飞向身后的快乐,真是"已成定局",一点没变!

可见,我是多么忠实于自己对生命意义的诠释——数十年如一日。我猜其他人也是一样的,只不过他们没有像我这样认真考察过自己。

因为我对生命的意义有这样的理解,所以我退休以后,就完全没有退休者常见的失落感。现在没有领导给我布置任务,生活和工作反而更加水乳交融了,效率更高了。比如,对我来说,目前的读书就是向前奔跑,而我写的读书笔记,就是那飞向身后的灰尘,电脑大概就相当于我儿时用的木棍吧。在我看来,重要的不是已经飞向身后的东西,而是前面未经探索的路……

有一次我和儿子聊天,他跟我谈到贝多芬的《命运交响曲》(我儿子懂点音乐理论,我则完全外行)。他说,如果您细听,就会发现它的主题只是不多的几个音符,那几个像敲门声似的音符,整个乐曲就是由这个主题的各种变奏组成的。我听了若有所悟。我想,人生也是如此,你的生命意义其实也是一个很简单的主题,而你的一生,不过是这个主题的反复变奏而已。

有趣的是，有一次我询问儿子的早期记忆。他告诉我，印象最深的是在沙土堆上推玩具坦克车。我想起来了，这确实是他上学前最爱玩的游戏。那是我们家自己用木块钉的很粗劣的坦克，但是儿子在沙土上推着玩，百玩不厌，而且旁若无人，只顾自己在那里享受前进的乐趣。这又是一个发现——我儿子的早期记忆和他老爸的很相似。哈哈，不亦乐乎！

我真的觉得早期记忆研究是一个很广阔的领域，它对教育的作用和意义，可能我们还没有真正认清。

2008.2.28

以上是我的一则读书笔记，读阿德勒的。可能有人会问，这样分析自我，有什么意义？对工作有意义吗？我认真思考过这个问题，结论是：意义太大了。

我说过，我是很晚才发现自己的心灵秘密的。等我想明白了之后，我的第一个反应是"相见恨晚"。唉！我要是早这样认识自我，该多好呀！我能避免多少烦恼，少浪费多少时间啊！要知道在我的青少年时代、壮年中年时代，我用了大量的时间反省自己的"骄傲自满""脱离群众"，常常每日和自己战斗，搞得身心俱疲。现在看来，这基本上是在浪费时间，我实际上多数情况下不是在和自己的缺点斗争，而是在和自己的特点斗争，幻想把自己变成另一个人。这可能吗？其实现在我和当年心态差不多，却很少有人说我骄傲自满，可见我当年的表现主要不过是个性鲜明一点而已，我何必用那么多时间和自己较劲呢。浪费生命！

我是过来人了。逝者如斯夫，无法从头再来。于是我就想，会不会有很多青年教师、中年教师，也像我一样，在傻呵呵地做人生的无用功，在看他人脸色折磨自己呢？这是完全可能的。教师对自己，也要"因材施教"，而要做到这一点，必须首先了解自己。所以我们的课题组做的第一件事情不是研究学生，而是各自分析自己的早期记忆。我们发现，分析之后，大家都轻松了，大家都知道该怎样走自己的路了。这肯定能提高工作的科技含量。各位老师请注意：要教育学生，先认清自己。

在分析他人的同时分析自我

王晓春

在医生和病人的关系当中，我们遇到一个不可思议的因素，它带来了互相的转变，在这种交流当中，更稳定、更坚强的人格将决定最终的结果。但是在许多病例中，我看到事实证明病人比医生更顽强，他抵制所有理论和医生的意图；当出现这种状况时，通常对医生不利，虽然并不总是这样。相互影响这个事实以及伴随着它的一切，是转变阶段的基础。经过1/4世纪还多的广泛的实践经验，我们才清楚地认识到这些表现。弗洛伊德本人也承认了它们的重要性，因此他也赞成我的要求：对分析家本人进行分析。

但是这一要求的更广泛的意义是什么呢？它意味着医生与病人同等程度地"处于分析之中"。他和病人一样是治疗的心理过程中的一部分，也同样受到转变过程的影响。其实，如果医生能或多或少地不受这种影响，那么他对病人的影响力也会相应地被剥夺，而如果他只是无意识地受到影响，他就会暴露出一种无意识的缺陷，这会使他无法正确看待病人。在这两种情况下，治疗的结果都会打折扣。（荣格：《未发现的自我》，国际文化出版公司，2001年1月第一版，第128页）

据我的体会，荣格的意思是说，心理治疗的过程是医生与病人互相影响的过程，精神分析则是同时对分析者和被分析者双方进行分析，绝不是单纯的医生分析病人。

医生也应该被分析。谁来分析他呢？医生可以进行自我分析，病人也可以对医生进行分析，当然，同行也可以互相分析。总之，所有人既是医生，又是某种程度上的"病人"。

我觉得这个原则同样可以用到教育上来。我们这里有一句名言：教育者必须先受教育。看起来不但要"先"受教育，而且应该随时地、永远地处于受教育状态，教育者应该一直在受教育、被分析，否则他无法很好地完成教育别人的任务。

20世纪70年代后期,我在中学教书。有一年我接了一个班,学生让我又爱又烦。纪律没问题,团结没问题,集体活动热情很高,参加各项比赛齐心协力,师生关系不错,星期日我经常带他们去做军事游戏——在沙丘中打仗。那时候全国都学解放军,学校以军事编制来命名,学生不把我这个班主任叫"王老师",而称我为"王排长"。本排长手下这些兵真可谓是"召之即来,来之能战"。我还有什么不满意呢?但学校毕竟不是部队,学生的主要任务是学习,而说起学习来,我可就郁闷了。怎么那么巧,好像全年级脑子最不灵活的学生都跑这儿来了,上课时学生一个比一个木,成绩实在不佳。那时没有什么升学压力,各班成绩也不排队,只要"革命"就行,按说我可以高高兴兴地教下去。可是我心里一阵阵烦躁不安。我喜欢聪明学生,我不怕乱,乱我有办法收拾,我怕的就是学生脑子不转。你跟他们发火吧,没有理由,你让人家做的事情人家都尽力做了,有何错误?不发火吧,心里难受,憋得慌。那时我年轻,自己懵懵懂懂,只觉得浑身不得劲儿,严重的时候甚至不愿意看见这些学生。我板着面孔不理他们,搞得他们莫名其妙,挺害怕,又不敢问。其实他们如果真的来问我,我也说不出所以然,这是一种无名怒火,越烧越旺。后来我忍无可忍,一到放假就要求领导给我换班。下学期我接了一个新生班,感觉有些轻松,却又很后悔——我离开他们才发现,其实我很喜欢他们的朴实。

现在想起来,我很惭愧,这不是无端离开朋友吗?其实这是逃跑。我没有足够健康的心态和充分的能力来适应他们,问题主要出在我身上。我那时既不会诊断班风,也不想分析自我,真的是在"跟着感觉走"。现在如果遇到这样的班,我会平静很多。我会很理智地做出判断:这个班的班风与我的个性不大符合。这种班我也许能带成优秀集体,但是成绩很难名列年级前茅。我必须接受这个事实。

教师有个性,班级也有个性,班级的个性就是所谓班风。一位教师和某个班级打交道,就像两个人交朋友一样,双方脾气是否相投,性格是否相似或互补,有没有缘分,都会影响交往的质量。两个人交朋友弄不到一块去,或者表面上客气却无法交心,或者干脆分手,你能轻易断定是某一方的毛病吗?恐怕不能。这就可见,班主任带班,今年教个优秀班集体,明年却成绩平平,这可能是很正常的，未必是这位教师觉悟降低了，干劲不足了，能力下降了。

带班如交友。

我们面对不同的朋友时，可能会重点展示我们性格的不同侧面。和有的朋友说闲话，和有的朋友谈工作，和有的朋友大谈哲学，和有的朋友深谈感情，而和有的朋友，只是一起打麻将而已。同样道理，一个经验丰富的班主任，面对不同性格的班级，也应该展示个性的不同侧面，有的要严厉，有的要宽松，有的要严肃，有的要活泼，有的要动用心计，有的要装傻充愣。我们应该在分析学生的同时分析自己，在改变学生的同时改变自己，在帮助学生进步的同时超越自己。至于哪个是主哪个是宾，哪个是因哪个是果，常常并不重要，重要的是大家都改变了。

交朋友的过程同时就是认识自我的过程，分析学生的过程同时就是教师发现自我的过程，从这个意义上说，教育完全是相互的，我们从学生身上学到的东西未必少于学生跟我们学到的东西。

2008.1.11

转变的不只是学生

李 铜

小赵在我们这所小学小有名气。老师们聊天一提到他，第一反应就是笑上几声。一年级时，学校的老书记和他聊天，他忽然指着天空对老书记说："快看！拉线儿飞机！"老书记回头张望，天上什么也没有，而小赵在那儿拍手笑成一团。三年级我接班，才发现他是个大麻烦。课堂上，他的热情演变成没有"刹车"的发言，说起来没完没了，答案和老师的问题经常"驴唇不对马嘴"。老师为了保护他的积极性，不忍打断他；但又为教学时间的浪费而心疼，面对小赵经常高举的小手，老师真有点"哭笑不得"。

课下，和小赵相关的告状接二连三。不是他把别人逗哭了，就是别人把他惹急了。有时其实就是一些小玩笑。老师对他进行教育，他总是说："我已经忍无可忍了!"把责任一股脑儿推给别人。要是他先招惹别人,他就说:"我和他开玩笑呢!"他自己只要觉得一受委屈,就爱哭,哭的时候双手攥紧拳头,脸上写满了愤怒。

小赵最大的问题是作业。他的字迹极为潦草,横不平,竖不直,撇尖捺角更做不到,汉字写得像英文。他的书写速度很慢,每天都重写,作业根本完不成,就这样,他的作业成了我的心病。问起数学、英语老师,她们和我的感受一样。

面对小赵的诸多问题,说教、表扬、惩罚等教育手段,我都用过。但感觉都不太理想。常常是三天热乎气儿。过不了多久,小赵就"涛声依旧"了。可以说,我对小赵的教育进入了"拉锯"阶段。

后来我参加了"心灵档案"的课题研究,我才发现了自己的教育一直是在原地踏步。我对小赵的问题还没有深入研究原因,就已经习惯性地开始"管"了。我的招数到底有没有效,心里没底,即使见了效,也是蒙上的。有效教育越来越少,无效教育越来越多,我则越来越急躁。

我改弦易辙,尝试通过给小赵做"心灵体检"寻找他的病因。他的早期记忆是这样的:

1.这一年,我已3岁了。有一次我在床上乱蹬,妈妈把我放到地上,就去干活了。过了一会儿,妈妈回来一看,我竟然走了起来,妈妈惊呆了。

2.有一次,爷爷教我算数学,我学会了以后妈妈就考我,我老不听话,于是妈妈想出了一个妙法,说:"考完了,你听话,我让你看电视。"我妈再一考,我全会,妈妈惊呆了,我也很高兴。

在第一个早期记忆里,他强调了自己能够突然"走了起来"(个体心理学认为:不用过分关注早期记忆的真假,而应关注被测试者赋予此事的意义),这可以理解为他认为自己具有很强的能力,这种能力超出别人(妈妈)的预料。他很关注别人对自己的态度和评价,"妈妈惊呆了"让他满意。第二个早期记忆,妈妈的考试成了他的又一块试金石。他出色地通过了妈妈的考试,又一次让妈妈惊呆了。两个早期记忆综合起来看,他应该是一个自信、愿意接受挑战、敢于表现自己的孩子。让别人"惊呆",可能是他喜欢寻找的感觉。如果这个分析基本正确的话,那么按照个体心理学的观点,这些个性特征将持久地在这个孩子一生的诸多经历中顽强地表现出来，尽管表现形式会有些许的变化。

我拿这个分析结果来对照小赵的日常表现，发觉他身上的好多故事都有了合理的解释，真有顿悟之感。比如，他骗老书记，他在课堂上扯闲篇，他和同学玩，无论是恶作剧还是做游戏，都是希望达到这个"惊呆"他人的目的。而当同学不认可他的表现时，他就极其愤怒。其实他的作业写不好，无法"惊呆"他人，自己也很着急，经常要写到很晚。后来通过细致观察和调查，我了解到，小赵有轻度的"感统失调"，书写速度慢、书写质量差都是很难避免的，并不是他不想把作业写好。

有了认识上的转变，我对小赵的教育方式也起了变化，开始"对症下药"了。概括起来主要有以下三点：第一步，创造机会，使他感觉自己能够给人惊喜，以此满足他的心理需要。比如课堂上，我对他的表扬经常以夸张的表情——"吃惊"的形式呈现。第二步，引导他区分不同"惊喜"的价值。我告诉他，恶作剧、开玩笑似乎也能让人"大吃一惊"，但是这些只是肤浅的"惊喜"，容易给人哗众取宠的印象。还有更高级的"惊喜"，比如学习进步、特长发展等，这类"惊喜"的价值更大。应该多创造高级的惊喜。为此，我和小赵商量，帮助他确立"惊喜目标"。他决定要在自己的特长"跆拳道"和"书写"两方面先做出努力。第三步，教给小赵一些人际交往的策略，自己应该率先表示出对别人的欣赏，才会有人真心欣赏自己创造的"惊喜"。调整教育策略后，大约半个学期以来，关于小赵的告状和其作业情况已有较大转变。他悄悄告诉我，跆拳道他已经拿下了黄带，寒假正在准备考下一级。

现在，我再听到老师们针对小赵的笑声时，心中已很平静。虽然有时我也会附和一两声，但心里有数，我知道他身上的问题到底是什么，更重要的是，我从心灵解码中窥见了他的特长和优势，我有理由期待他成为一个优秀的、幸福的人。

我对小赵的认识，大致经历了这样一个过程：从直觉印象到观察印象，再到心灵解码得出的人格印象。我自己感觉看他越来越准了，越来越接近真实（本质）的他了。回忆此前接班以来一年多的时间里，我对小赵的认识基本上停留在现象层面，教育也一直停留在"不问病因、直接抓药"的无诊断层面，浪费了时间。再回想起自己参加工作的前几年,更加感到愧疚,那时因自己的专业能力不强,方法简单生硬,和问题生闹僵过好几回,如果能够早些掌握心灵体检的方法,我的态度会是另一样,有些冲突是完全可以避免的。

在教育小赵的过程中,转变的不只是学生。

王晓春点评:

我们常常听到"师生共同成长""教学相长"这类说法,然而我们看到的实际情况却往往是,一贯正确的教师在教训老是犯错的学生。需要改变的是学生,需要成长的是学生,教师则已经"长成"了,他似乎不需要改变自己什么,他只要把自己的努力完全"外向",用于教导别人就是了。这是一种缺乏反思、重复自我的灰色的生存状态,极易造成"职业倦怠"。你会发现很多教师经常怀着一股无名怒火,他烦躁、焦虑,每天忙得四脚朝天,总结工作时却又头脑空空。此事恐怕不能单纯归罪于外部压力。"无成长"的生活方式足以让任何人的心灵枯竭。

李铜老师是我在网上认识的,我邀请他参加"心灵档案"的研究,他欣然同意了。不久周围的老师就发现他有变化,问他:"你怎么不跟学生发脾气了?"继而又发现他处理学生问题的思路越来越宽,主意越来越多,以至有些老教师遇事都愿意和他商量。小李在成长,他在超越自我,他越活越有滋味。他的进步不是简单的专业水平提高,而是生活质量提高了。所以我常说,教育问题,本质上不是怎样教育学生的问题,而是教师自身如何生存的问题。教师们的口头禅是"教学生做人",然而此事的前提是教师自己如何做人。而这个"做人",说到底是"你用什么姿态生存",并不是个单纯的道德水平高低问题。

所以我们课题组做的第一件事情是各自研究自身的早期记忆,搞清楚"我是一个什么样的人"。你得弄明白自己的个性,才能知道如何做人,才能知道什么样的工作方法适合自己,否则你自己每天过得无滋无味,又盲目照搬别人的经验,当然会麻烦不断。

我们再来看李铜老师对小赵的教育。开始,这种教育停留在外部行为干预上,头痛医头,脚痛医脚,接触了学生心灵档案的研究之后,情况就变了。李老师从小赵的早期记忆中敏锐地抓住了一个关键词:"惊呆",这可能是小赵个性的基本特点之

> 一、抓住了这个牛鼻子，小赵的零散的表现就显现出内在的逻辑和线索了。问题找到了，再采取的措施就真有对症下药的色彩，而不再是盲目笼统的"动之以情，晓之以理，约之以法"了。这也就是我们所说的，让教育走向科学，做智慧型的班主任。

在课题研究中成长

李 铜

能够参加到心灵档案的课题研究中，完全是一种幸运。我在k12教学论坛"王晓春平台"上发了一个班级教育的案例，得到了王晓春老师的点评。之后，他邀请我参加课题研究，我当然同意。在这参与到课题研究不到一年的时间里，我切实感到了自己的一些变化。下面谈几点体会：

1.高度决定视野，坚持独立思考

参加心灵档案的课题研究，读了几本心理学方面的书，自我感觉收获不小。在这些收获当中，具体的教育观点和结论只占一小部分，占绝大部分的，是这些心理学家思考问题的方式、科学严谨的态度以及富于挑战精神的研究气质给我的启示。

美国心理学家弗洛姆的观点深刻而且极有高度。他在《健全的社会》一书中，开篇便提出了这样一个大胆的假设，即我们生活的现代社会是不健全的，我们不能用多数人的种种"习以为常"作为评价社会健全的标准。他用这样一个比喻来证明自己的观点：两个人疯了和两百万个人疯了，并不能改变疯的事实。

他的观点给我极大的震撼！原来，真正的大师是这样思考问题的。在他们的面前，没有什么世俗的经验应该被轻易肯定，没有什么认知鸿沟不可逾越，也没有什么困难可以阻挡住探索真理的步伐。

所以我感悟到，一个真正的学者，在真理面前，要做一个站直了思考的人，不要做随声附和的传声筒。必须坚持独立思考，要有勇气挑战一切"习以为常"。一个人所站的高度，决定着自己的视野。欲穷千里目，更上一层楼。

要有勇气！因为当你这样做时，一定会有很多人已经开始批评你"狂妄"了。"你一个年轻人，看看你的职称，看看你的教龄，怎敢不听专家的话？""提什么意见和建议，你现在需要做的就是一步一步地学习老教师的经验。"……这样的声音一定会此起彼伏，压得你喘不过气来。它们当然也有些道理，但是我再不会去一概照搬，我会用自己的头脑思考。认为对的，我会吸纳；欠妥当的，适当调整；不合适的，坚决抵制。无论是谁说的话，我都要用自己的眼睛仔细审视一番。即使最后实践证明自己的确错了，我也要坚持这样的原则。因为这才是自我存在。我是一个人，不是一台机器，更不要做一个零件。真正的谦虚，绝不是一味地贬低自己，否定自我，而是首先应该承认自我，客观地认识自己的特点、优点、缺点，实事求是地承认这三点。然后，才是客观地自我评价。在这个问题上，我非常欣赏荣格的观点。他在《未发现的自我》一书的结语部分写道：我的声音只是一个声音，我的经验只是大海里的一滴水，我的知识并不比显微镜下的视野大，我心灵的眼睛只是一面反映出世界一个角落的镜子，而且，我的观点，只是一种主观的自白。多么优美的语言！多么真实的想法！一个人能够做到如此，在我眼里，就是最大的谦虚，远比那些自我贬低的假话听来舒服。自我评价，是一个人保持心灵健康的关键。别人说你狂妄，而我有自知之明，这就够了。

2.读书带来困惑，困惑引发读书

经常遇到这样的情况。读一本书的时候，书里引用到其他著作里的观点，这些一带而过的观点构成了理解本书的障碍。比如，心理学方面的这几本书，我就是一本接着一本读下来的。阿德勒的个体心理学脱胎于弗洛伊德的性本能说；而社会文化心理学派的弗洛姆和荷妮，他们的观点既有相同，也各有侧重；弗洛伊德、荣格、弗洛姆都对梦有研究，而持不同的观点。我认识到，要想对一个问题彻底研究，不持续地读书是不行的。所以，读着手里这一本，心里惦记着下一本。读下一本时，下下本又在心里排好了队。

这种读书状态，在我参加课题研究之后，越发明显起来。我原来也看书，但远不到如此的程度。原来我读书，读的多是类似《读者》《青年文摘》的文化快餐，再不就是长篇小说之类，很少啃专业书籍。一方面怕难，一方面觉得无用。读书的状态也基本上属于有时间多看，没时间少看或者不看，遇上"娱乐"节目（比如聚会、打球），读书就抛到一边去了。读书的功用是一种休息和放松。

现在好像不一样了，我愿意读一读比较难的书。读着读着，我觉得这些理论其实很有道理，自己也能多多少少有所领悟，逐渐享受到一种发现的乐趣，这种感觉非常美妙。比如说，阿德勒认为，人的性格早在6岁以前就已经大致形成，早期记忆是探究一个人性格的金钥匙。联系到自己从事的教育工作，我真有豁然开朗的感觉：准确而全面地认识每一个学生，是我们因材施教的起点，而阿德勒的理论不正是指引我们进行此项研究吗？

王晓春老师曾经说过：素质教育，素质教育，应该是高素质的人开展的教育。搞教育的人，自己的素质不高，甚至连素质到底是什么都不清楚，素质教育从何谈起！而教师要想提高自身素质，恐怕只有依靠自觉、自律地读书学习。在这一方面，我做得还很不够，但是我会继续努力，让读书成为自己的习惯，在读书中思考，在读书中积淀。

我现在越来越真切地体会到：一个人的知识越丰富，越会承认自己"无知"。已知领域的拓展，意味着未知领域的加倍拓展。一个问题的解决，往往带来更多的新问题。读书和研究，就好像是"鸡"和"蛋"的关系，很难分清谁先谁后。总之，一个引起另一个。读书带来思考，思考生成困惑，困惑激发探究，探究依靠读书……在这个链条里，环环相扣，自发作用，而人就是在这个循环里不断地提升自己。

3.保持平和心态，磨炼专业技能

今年是我工作的第五个年头。在这五年里，我所积累的工作经验，尤其在班主任方面，更多的是反面的案例。

比如说，我曾经责令一个极具破坏力的孩子停学；对有暴力行为的孩子以暴制暴，大声地训斥、挖苦甚至动手；也曾经对屡次不写作业的学生罚抄过课文。有人会说，你这都是违法的！我当然知道。可是，当时的我，就是控制不住自己的情绪。当时的我，也没有更有效的方法促使学生朝积极方向转变。这些恶性的教育措施都是在反反复复的"说教""师爱"之后的无奈之举呀！事后，我也非常后悔，一方面觉得对不住学生，一方面怨恨自己能力不足。看着身边的优秀教师，只有自惭形秽了。回想刚入职的时候，我是多么满怀信心、意气风发啊，一心憧憬着要在三尺讲台上干出一点事业来。可是,在残酷的现实面前,我迷茫了,找不到前进的方向。自信心也急转直下,怀疑自己不是当老师的料……那段岁月是我一生都不能忘怀的灰色年华。

直到接触到王晓春老师的《教育智慧从哪里来》,我才开始发生质的转变。那是一个很偶然的机会,我在一个朋友家的书架上看到了这本书。顺手翻开一看便不忍释卷,借走以后两天读完。这是一本以教育案例及点评为内容的专著。在那一个个生动的案例里,我仿佛看到了自己,也看到了自己的学生。王老师一针见血的点评以及富于逻辑的建议给了我极大的启发,原来,我的教育、我们的教育太缺少"科学"了。

我又买来王老师的其他专著一一研读,《问题学生诊疗手册》《做一个专业的班主任》《做一个聪明的教师》,都让我受益良多。他的观点客观而冷静,主张鲜明而富于创造性:面对学生问题,我们不要急于问"怎么办",而要首先搞清楚"为什么"。这才是教师的专业,这才是教育的起点。发脾气、死管理、一味地爱,是人人都会的。

我曾尝试运用王老师的办法解决班级中的一起偷拿事件,竟然破案了!感觉真不错。

现在,自我感觉最大的进步就是心态的调整。通过课题研究我终于明白,每个学生的问题行为背后,都是有原因的。班里有几个孩子不写作业。有的可能是因为认知问题,他不会;有的可能是因为习惯问题,他从小就不爱劳动;有的学生是因为心理问题,他厌学;也有的学生是因为讨厌这个老师;还有的学生是因为生理问题,他写字慢、写不完……这么多的情况,每一种背后又是什么原因呢?有的主要是家庭的原因;有的主要是学生身心发展缓慢的原因;有的主要是教师的原因;还有的是几种原因的综合。探究这些个性化的原因是教师第一位的工作,这是教师专业技术的主要内容。心灵档案就是干这个用的。探寻的心态需要平和,很自然地引导你和急躁、愤怒、失望、无奈这些负面情绪说"再见"!

至于怎么转化,怎么验证自己的教育措施有实效,如果失败,问题又出在哪里,怎样补救,这些又都是可供研究的小课题、小小课题。带着研究问题的心态工作,由不得你不去思考,也由不得你凭空运用教育手段。你会更加在乎对教育规律的探索,从而看轻一些外部口号和评价,从容地站在三尺讲台上,追求一种真实而有活力的生活状态。

为"破碎瓶子"老师解梦

王晓春

说明:解梦也是一种重要的心理检测方式,为什么在"心灵档案"中我没有选择解梦作为主要方式之一呢?因为解梦的技术很难掌握,对解梦者的"综合实力"要求甚高,而且梦往往反映的是人们近期的心态,除非是多年反复出现的梦。而作为档案,最好能反映长期稳定的东西。但是解梦对于教师的心理保健作用很大,且科学的解梦方式与现代教学方式异曲同工。所以我选一个给网友解梦的例子放在这里,供老师们参考。

(班主任频道 解梦专栏)

破碎瓶子
(2009.4.4)

王老师,您好!昨晚我做了一个梦。开始时是班上两名为人不错的男生和一个女生因为很晚了,就住在我家(但这个家是我奶奶老家的房子,并不是我现在的家)。早上两个男生等我刚醒就走了,没吃早饭。女生见两个男生走了,她也走了,我有点愧疚没有留学生在家吃饭。过了一会儿,我开始领着儿子在我奶奶家的院子周围逛(奶奶现在已搬家,不在老家住,房子现在应该是卖给别人了),顺便看见能回收的垃圾就拿起来。可是当我看到一个破了口的玻璃瓶,并且蹲下身子试图小心地把它拿起时,它突然发出巨大的爆炸声,我赶紧捂住双耳,但耳朵还是感觉特别难受。然后我拿来镜子看自己是不是被毁容了,因为当时离脸太近,我害怕玻璃会崩到脸上或头上(因为在几年前休产假期间,我曾被爆破的酒瓶子崩伤额头)。幸好,没有玻璃崩到我,然后我又想起了我的儿子,赶快找儿子,看他有没有危险,结果我没有看到儿子,或许他已经到屋里了。后来的事情我记不清楚了。

近期学校生活分析:最近一个学期,工作不是很忙,班级管理也不难,只是这一周班里男生接二连三地感冒回家，也有的是意外受伤，到周五班里走了6个男生。一下子感觉少了很多人，也有的老师说他们是故意的，但是根据我和学生的关系和现实情况来看，他们都是因感冒、头疼、宿舍太冷而要回家打针，当然，还有一个同宿舍的男生喉咙疼得已经说不出话来了，还依然坚持上课到周五。

家庭情况分析：儿子3岁多，我每天都是早上离开家，下午5点多到家和孩子相处。我奶奶住得离我很远，但是我从小是由她在老家抚养大的，所以我们感情非常深，由于距离远，虽然她已经81岁了，但我却不能时常去看望她，最多一年两次。

请王老师分析一下，我的梦到底说明了什么？

答"破碎瓶子"老师（王晓春）

我猜想，您这个梦的主题是"歉疚"。您可能是把对学生的歉疚、对儿子的歉疚、对奶奶的歉疚综合在一个梦里了。

几个学生住在您家，早晨走了，您没留他们吃饭，觉得对不起学生，这是一层歉疚。这个歉疚可能来源于最近学生生病请假的太多，您心灵深处觉得自己有责任，没照顾好学生，于是在梦中表现出来了。

领着儿子在奶奶家逛，包含两层歉疚。一个是对儿子的歉疚，关注儿子太少，所以梦中领着他，表示补偿。领着儿子在奶奶家逛，而不是在其他什么地方逛，这也是一种补偿，对自己不能经常回家看奶奶的歉疚进行补偿。

也就是说，您在现实生活中自己做不到或没有做好的事情，都在梦中去做了。您是在梦中弥补自己的错误。

那么，瓶子爆炸的细节如何解释呢？这可能是一种自我辩解。其意是说，我不是不想多照顾孩子，我也不是不想去看奶奶，只是那样做有危险（会有瓶子爆炸）。于是我原谅自己就有理由了。您看，人即使在梦中，也有自我保护的本能。

这个瓶子爆炸象征什么？可能象征您会在学校或家庭遇到比较大的麻烦，比如领导的批评或丈夫的不满等（我假定您是位女老师）。您正是为了避免这类麻烦，才不得不减少对奶奶和儿子的关注。您看起来不像一个胆大的人，而且可能很爱面子（这从您梦中对毁容的敏感可以看出）。

总而言之，您比较焦虑。如果我说的情况符合实际，我劝您尽可能抽时间关心一下奶奶和儿子（上有老，下有小）。至于学生请假多，也最好总结一下经验教训。春天天气变化无常，人应"乱穿衣"才是，可是孩子们只要脱下冬装就再也不愿穿上了，这样就容易生病。教师若有适当的对策，生病的孩子应该会少一些吧？

不知说得对不对，希望给一个反馈。

2009.4.4

破碎瓶子
（2009.4.4，11:57:25）

感谢王老师这么快回答了我的问题。不错，我是一名女老师。您的解释让我心里轻松了许多。的确，我是一个工作很勤奋的人，几乎把所有的精力都放在了教学上，所以工作很突出。尽管也有不开心的事，但我是一个完美主义者，在生活中没有大胆量，在工作中给人的印象却是争强好胜，然而我的性格依然是腼腆型，不喜欢把自己的优势说出来，只是付诸于行动。我平时除工作话题外不常和同事说三道四，也不谈论家常事，一心只是工作。对于孩子和我奶奶我从未停止过对他们的愧疚。因为在儿子不到1岁的时候，我接了最差的班级，当时把精力几乎全放在了工作上，学生的成绩提高上去了，可是我和孩子逐渐疏远了，直到孩子3岁，学校给我调整了年级，工作相对轻松下来，我才开始弥补自己对孩子的亏欠。一有时间我就照顾孩子，并且坚持每天晚上给他讲故事、做游戏、陪他睡觉，做自己能做的事情弥补。

我觉得您分析得很有道理，既然心里一直有这份愧疚感，所以我在梦中经常梦到他们那也不足为奇了，其实开始时我是担心有什么不好的征兆。

非常感谢王老师的解释！祝您周末愉快！

答"破碎瓶子"老师（王晓春）

很高兴您读懂了自己的梦。

我想您已经看出来了，科学的解梦，其主要功能并不是占卜吉凶，而是阅读人的心灵。这是科学与迷信的本质区别。

不过话说回来，其实迷信和科学在有一点上是相同的，即都想认识世界，都想找到事物之间的因果关系，只不过迷信采用的是非常简单粗略的、幼稚的"表面现象"联想，而科学则用的是逻辑分析方法。在这个意义上可以说，迷信是科学的童年时代，迷信是尚未长大的科学。换句话说，迷信把握事物之间的联系，用的是"蛮不讲理"的办法（比如说梦见打球，说明你将要继承财产，这就说不出任何道理，说不出二者之间的逻辑关系），而科学则不然，科学的解梦实际上和读书是一个道理，搞清作者身世和时代背景，才能读懂梦这篇文章的中心意思。所以凡是独立阅读能力强的人，学习科学解梦都比较容易。所以迷信的人绝大部分是文化水平较低、头脑简单、不爱动脑筋的人。他们没有独立分析能力，就比较容易相信"二诸葛"一类人物的武断结论。

科学的解梦不武断，它是一种推理和猜测，它认定梦最终只能由做梦者本人解释清楚，解梦者只不过是一个帮助者、启发者。所以，科学解梦是以做梦人为主体的，只有迷信才把算命先生捧到"主宰"的位置。二者的理念完全不同。这对我们的教育理念，应该是一个启示。

2009.4.4

附 录

运用早期记忆分析的方法解读《从百草园到三味书屋》

王晓春

……了解一个人的生活方式就如同了解一个诗人的作品。诗人只是用字词，但他的意义却远多于他所用的字词。意义的大部分必须通过研究或凭直觉推出。我们必须在字里行间仔细推敲，对于一个人的生活哲学这一最为丰富最为复杂的创造，情况亦是如此。心理学家必须学会仔细推敲，必须学会发觉隐藏意义这一本领。

（阿德勒：《生命对你意味着什么》，国际文化出版公司，2000年10月第一版，第43页）

有一天我到一所学校去给老师讲课，其间说了一句大话：告诉我，你都记住了什么，我就能告诉你，你是个什么人。

我之所以这样说，是因为一个人绝不会轻易地、长期地记住什么。人的记忆都是有选择性的，记忆是个筛子，不是一面镜子。其实这也是人的一种自我保护，人若把一辈子接触到的所有信息都记住，那恐怕早就累死了。我们的脑袋，都是各取所需，我们实际上只能记住我们最想记住的东西——与我们"有缘"的东西。

为什么早期记忆特别值得重视呢？因为早期记忆是人的经典记忆、基础记忆。它能历经那么多年不被忘却，对你来说一定是特别重要的东西，一定是最能反映你的生活模式的东西。我们提倡大家读历史上的经典作品，道理也是一样。人类也好，一个民族也好，都和一个人相同，只能记住自己想记住的东西，所以经典作品，其实就是人类的记忆库。这些东西经历千年万代，居然没有被时光抹去，它必定是反映了人类或者某个民族最本质的特点。不管你喜欢不喜欢，它肯定与你有关，你也肯定与它有关。

我们也可以用这样的思路解读文学作品。

比如鲁迅先生的《从百草园到三味书屋》。这是一篇回忆文，可以看做鲁迅先生早期记忆的重要部分。我们看看鲁迅先生记住了什么，没记住什么，就可以知道鲁迅先生大概是怎样一个人了（当然，只是一个侧面）。

读《从百草园到三味书屋》，你会发现，无论是百草园还是三味书屋，给鲁迅印象最深的首先是那些新的、奇的、怪的，让他不明白而又想搞清楚的东西。

在百草园，他印象最深的是那里的动物和植物，对城里的孩子，这都是新鲜事。其中尤其突出的是何首乌。"有人说，何首乌根是有象人形的，吃了便可以成仙，我于是常常拔它起来，牵连不断地拔起来，也曾因此弄坏了泥墙，却从来没有见过有一块根象人样。"显然，他想知道究竟有没有这回事，他要验证。

还有就是美女蛇。鲁迅对这个传说的态度和对何首乌一样，想知道个究竟。"这故事很使我觉得做人之险，夏夜乘凉，往往有些担心，不敢去看墙上，而且极想得到一盒老和尚那样的飞蜈蚣。走到百草园的草丛旁边时，也常常这样想。但直到现在，总还没有得到，但也没有遇见过赤练蛇和美女蛇。叫我名字的陌生声音自然是常有的，然而都不是美女蛇。"他也还是要验证。

两个传说验证的结果是："却从来没有见过有一块根象人样""然而都不是美女蛇"。有就是有，没有就是没有。一种求实的精神跃然纸上。

百草园里还写了一件事——捕鸟，对城里的孩子来说，这也是比较新鲜的事情。自己的捕鸟成绩远不如闰土的父亲，他也要问个"为什么"。"我曾经问他得失的缘由,他只静静地笑道:你太性急,来不及等它走到中间去。"

百草园的生活结束了,要去三味书屋了。鲁迅也要问"为什么"。"我不知道为什么家里的人要将我送进书塾里去了",这句话说得很幽默,然而含着一个意思,这个小孩心里在问:"人为什么要上学?"

鲁迅在三味书屋,读了好几年书,期间发生的事情一定很不少,可是我们看他都记住了什么。

突出的是"怪哉"这虫。鲁迅对这件新鲜事的态度与对何首乌、美女蛇的态度完全一样,想搞清它是怎么回事。此事无法自己验证,只好去请教老师,结果碰了个钉子。

再有一件突出的记忆是到三味书屋后面的园中玩,这是百草园游戏的翻版,新鲜而有趣。

还有就是读书了。这种人声鼎沸的读书场面,鲁迅很可能以前没见过,觉得新鲜而有趣,所以记住了。但是其中有一个镜头是耐人寻味的:

"后来,我们的声音便低下去,静下去了,只有他还大声朗读着:

'铁如意,指挥倜傥,一座皆惊呢……;金叵罗,颠倒淋漓噫,千杯未醉嗬……'

我疑心这是极好的文章,因为读到这里,他总是微笑起来,而且将头仰起,摇着,向后面拗过去,拗过去。"

鲁迅想知道,为什么老师读得如此沉醉。他自己的推断是"这是极好的文章"。

总而言之,我们可以很明显地看出,鲁迅从小就对新鲜事物特别敏感,而且有探究精神。《从百草园到三味书屋》几乎是由一连串的问号组成的。

一个具有创新精神和探索精神的思想者,已具雏形。对不对?

《从百草园到三味书屋》这篇文章内容含量很大,以上只是从一个侧面做了讨论。事实告诉我们,人是不会随便记住什么的,他只能记住与自己性格模式相适应的东西。你现在随便找一个人问他的上学经历,可能不少人都会对自己当年受到的表扬、奖励、批评记忆犹新吧?鲁迅在三味书屋因为迟到挨过老师严厉的批评,他连提都没提,鲁迅学习成绩很好,一定也受过老师表扬,他也没提。他印象最深的不是别人对他的看法,而是他自己对这个世界的探索,这正是思想者的特征。鲁迅后来成为思想家,绝不是偶然的,他要是不这样,那倒奇怪了。

人是按照自己对生命意义的诠释活着的,伟人如此,我们也如此。而我们要想知道一个人对生命意义的诠释究竟是什么,最好是去察看一下他的记忆库,答案就存放在那里。当然,你得会解读。

从百草园到三味书屋（原文）

鲁 迅

我家的后面有一个很大的园，相传叫作百草园。现在是早已并屋子一起卖给朱文公的子孙了，连那最末次的相见也已经隔了七八年，其中似乎确凿只有一些野草；但那时却是我的乐园。

不必说碧绿的菜畦，光滑的石井栏，高大的皂荚树，紫红的桑椹；也不必说鸣蝉在树叶里长吟，肥胖的黄蜂伏在菜花上，轻捷的叫天子（云雀）忽然从草间直窜向云霄里去了。单是周围的短短的泥墙根一带，就有无限趣味。油蛉在这里低唱，蟋蟀们在这里弹琴。翻开断砖来，有时会遇见蜈蚣；还有斑蝥，倘若用手指按住它的脊梁，便会拍的一声，从后窍喷出一阵烟雾。何首乌藤和木莲藤缠络着，木莲有莲房一般的果实，何首乌有拥肿的根。有人说，何首乌根是有象人形的，吃了便可以成仙，我于是常常拔它起来，牵连不断地拔起来，也曾因此弄坏了泥墙，却从来没有见过有一块根象人样。如果不怕刺，还可以摘到覆盆子，象小珊瑚珠攒成的小球，又酸又甜，色味都比桑椹要好得远。

长的草里是不去的，因为相传这园里有一条很大的赤练蛇。

长妈妈曾经讲给我一个故事听：先前，有一个读书人住在古庙里用功，晚间，在院子里纳凉的时候，突然听到有人在叫他。答应着，四面看时，却见一个美女的脸露在墙头上，向他一笑，隐去了。他很高兴；但竟给那走来夜谈的老和尚识破了机关。说他脸上有些妖气，一定遇见"美女蛇"了；这是人首蛇身的怪物，能唤人名，倘一答应，夜间便要来吃这人的肉。他自然吓得要死，而那老和尚却道无妨，给他一个小盒子，说只要放在枕边，便可高枕而卧。他虽然照样办，却总是睡不着，——当然睡不着的。到半夜，果然来了，沙沙沙！门外象是风雨声。他正抖作一团时，却听得豁的一声，一道金光从枕边飞出，外面便什么声音也没有了，那金光也就飞回来，敛在盒子里。后来呢？后来，老和尚说，这是飞蜈蚣，它能吸蛇的脑髓，美女蛇就被它治死了。

结末的教训是:所以倘有陌生的声音叫你的名字,你万不可答应他。

这故事很使我觉得做人之险,夏夜乘凉,往往有些担心,不敢去看墙上,而且极想得到一盒老和尚那样的飞蜈蚣。走到百草园的草丛旁边时,也常常这样想。但直到现在,总还没有得到,但也没有遇见过赤练蛇和美女蛇。叫我名字的陌生声音自然是常有的,然而都不是美女蛇。

冬天的百草园比较的无味;雪一下,可就两样了。拍雪人(将自己的全形印在雪上)和塑雪罗汉需要人们鉴赏,这是荒园,人迹罕至,所以不相宜,只好来捕鸟。薄薄的雪,是不行的;总须积雪盖了地面一两天,鸟雀们久已无处觅食的时候才好。扫开一块雪,露出地面,用一支短棒支起一面大的竹筛来,下面撒些秕谷,棒上系一条长绳,人远远地牵着,看鸟雀下来啄食,走到竹筛底下的时候,将绳子一拉,便罩住了。但所得的是麻雀居多,也有白颊的"张飞鸟",性子很躁,养不过夜的。

这是闰土的父亲所传授的方法,我却不大能用。明明见它们进去了,拉了绳,跑去一看,却什么都没有,费了半天力,捉住的不过三四只。闰土的父亲是小半天便能捕获几十只,装在叉袋里叫着撞着的。我曾经问他得失的缘由,他只静静地笑道:你太性急,来不及等它走到中间去。

我不知道为什么家里的人要将我送进书塾里去了,而且还是全城中称为最严厉的书塾。也许是因为拔何首乌毁了泥墙罢,也许是因为将砖头抛到间壁的梁家去了罢,也许是因为站在石井栏上跳下来罢,……都无从知道。总而言之:我将不能常到百草园了。Ade,我的蟋蟀们!Ade,我的覆盆子们和木莲们!

出门向东,不上半里,走过一道石桥,便是我的先生的家了。从一扇黑油的竹门进去,第三间是书房。中间挂着一块扁道:三味书屋;扁下面是一幅画,画着一只很肥大的梅花鹿伏在古树下。没有孔子牌位,我们便对着那扁和鹿行礼。第一次算是拜孔子,第二次算是拜先生。

第二次行礼时,先生便和蔼地在一旁答礼。他是一个高而瘦的老人,须发都花白了,还戴着大眼镜。我对他很恭敬,因为我早听到,他是本城中极方正,质朴,博学的人。

不知从那里听来的,东方朔也很渊博,他认识一种虫,名曰"怪哉",冤气所化,用酒一浇,就消释了。我很想详细地知道这故事,但阿长是不知道的,因为她毕竟不渊博。现在得到机会了，可以问先生。

"先生，'怪哉'这虫，是怎么一回事？……"我上了生书，将要退下来的时候，赶忙问。

"不知道！"他似乎很不高兴，脸上还有怒色了。

我才知道做学生是不应该问这些事的，只要读书，因为他是渊博的宿儒，决不至于不知道，所谓不知道者，乃是不愿意说。年纪比我大的人，往往如此，我遇见过好几回了。

我就只读书，正午习字，晚上对课。先生最初这几天对我很严厉，后来却好起来了，不过给我读的书渐渐加多，对课也渐渐地加上字去，从三言到五言，终于到七言。

三味书屋后面也有一个园，虽然小，但在那里也可以爬上花坛去折腊梅花，在地上或桂花树上寻蝉蜕。最好的工作是捉了苍蝇喂蚂蚁，静悄悄地没有声音。然而同窗们到园里的太多，太久，可就不行了，先生在书房里便大叫起来：

"人都到那里去了？"

人们便一个一个陆续走回去；一同回去，也不行的。他有一条戒尺，但是不常用，也有罚跪的规矩，但也不常用，普通总不过瞪几眼，大声道：

"读书！"

于是大家放开喉咙读一阵书，真是人声鼎沸。有念"仁远乎哉我欲仁斯仁至矣"的，有念"笑人齿缺曰狗窦大开"的，有念"上九潜龙勿用"的，有念"厥土下上上错厥贡苞茅橘柚"的……先生自己也念书。后来，我们的声音便低下去，静下去了，只有他还大声朗读着：

"铁如意，指挥倜傥，一座皆惊呢……；金叵罗，颠倒淋漓噫，千杯未醉嗬……"

我疑心这是极好的文章，因为读到这里，他总是微笑起来，而且将头仰起，摇着，向后面拗过去，拗过去。

先生读书入神的时候，于我们是很相宜的。有几个便用纸糊的盔甲套在指甲上做戏。我是画画儿，用一种叫作"荆川纸"的，蒙在小说的绣像上一个个描下来，象习字时候的影写一样。读的书多起来，画的画也多起来；书没有读成，画的成绩却不少了,最成片断的是《荡寇志》和《西游记》的绣像,都有一大本。后来,因为要钱用,卖给一个有钱的同窗了。他的父亲是开锡箔店的;听说现在自己已经做了店主,而且快要升到绅士的地位了。这东西早已没有了罢。

图1 小柯（四年级）的五项图

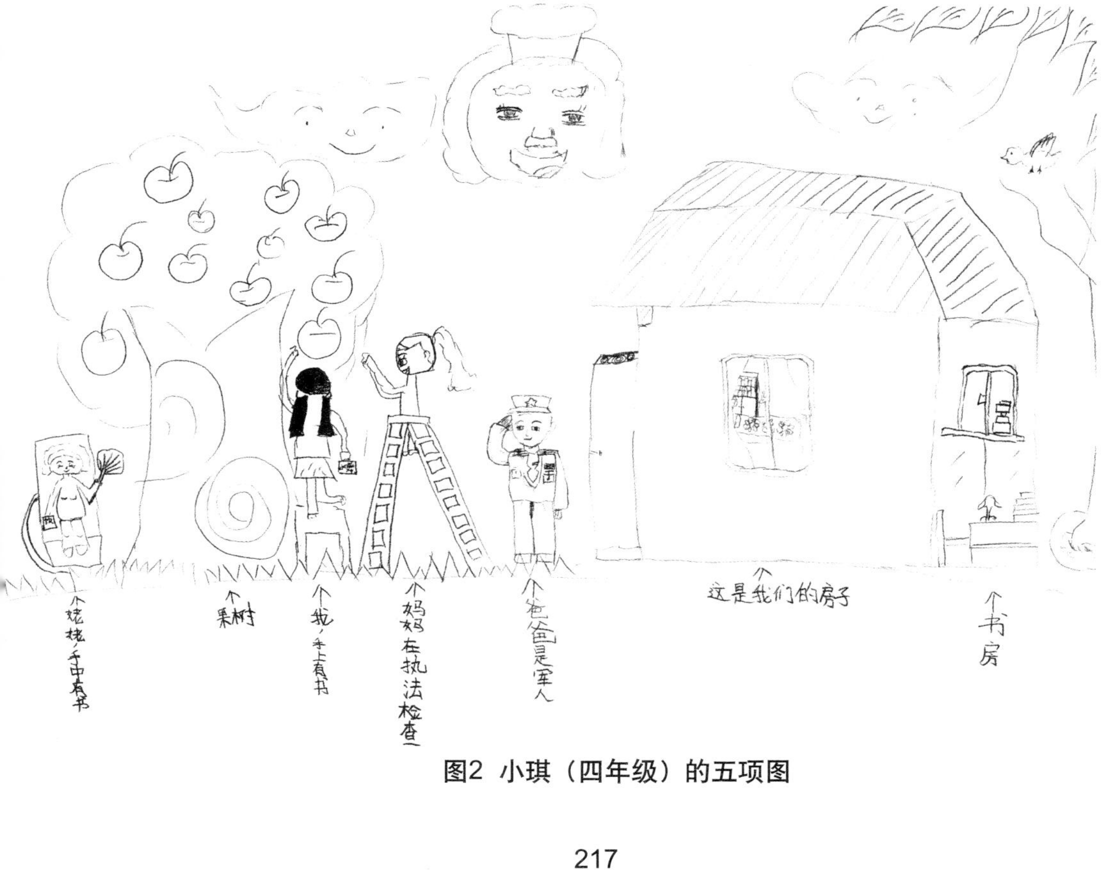

图2 小琪（四年级）的五项图

图3 小A（初二）的五项图

图4 小君(四年级)的五项图

图5 小蕊(四年级)的五项图